dtv

Acht stilistisch herausragende Essays über deutsche Literatur, in denen die in Fachkreisen für ihren frischen Ansatz und ihre Sensibilität hochgelobte Germanistin Ruth Klüger zeigt, was es heißt, gegen den Strich zu lesen. Neben Arbeiten zu Kleist, Stifter und Lessing enthält der Band »Literaturbefragungen zum Antisemitismus, die einem die Augen öffnen können ... Wer ihre Gedanken mitdenkt, wird sensibilisiert für den falschen Zungenschlag unterm scheinbar richtig Gewichteten ... In all diesen Arbeiten beweist Ruth Klüger nicht etwa Verfolgungswahn, sondern ein feines Ohr, Bildung und Qualitätsgefühl. Mit einem Nebensatz wird einem Literaturprodukt unmißverständlich sein Rang zugewiesen.« (Beate Kayser in der ›tz‹)

Ruth Klüger wurde am 30. Oktober 1931 in Wien geboren. Sie wurde nacheinander in die Konzentrationslager Theresienstadt, Auschwitz-Birkenau und Christianstadt verschleppt. 1947 wanderte sie in die USA aus und studierte dort Anglistik und Germanistik. Heute lebt sie als Literaturwissenschaftlerin in Irvine/Kalifornien – mit einem zweiten Wohnsitz in Göttingen. Mit ihrer ersten literarischen Veröffentlichung ›weiter leben‹ (1993) fand Ruth Klüger ein überwältigendes Echo bei Kritikern und Publikum, und sie wurde mit zahlreichen Preisen ausgezeichnet. 1996 erschien der Essayband ›Frauen lesen anders‹.

Ruth Klüger

Katastrophen

Über deutsche Literatur

Deutscher Taschenbuch Verlag

Von Ruth Klüger
sind im Deutschen Taschenbuch Verlag erschienen:
weiter leben (dtv 11950; auch als dtv großdruck 25106)
Frauen lesen anders (12276)

In memoriam
Heinz Politzer
Lehrer, Lyriker,
»rabbi of Dwinelle Hall«

Ungekürzte Ausgabe
September 1997
Deutscher Taschenbuch Verlag GmbH & Co. KG,
München
© 1994 Wallstein Verlag, Göttingen
ISBN 3-89244-056-5
Umschlagkonzept: Balk & Brumshagen
Umschlagbild: ›Gruppenbildnis‹ (1942) von Felix Nussbaum
Gesetzt aus der Adobe Garamond
Satz: Wallstein Verlag, Göttingen
Druck und Bindung: C. H. Beck'sche Buchdruckerei,
Nördlingen
Gedruckt auf säurefreiem, chlorfrei gebleichtem Papier
Printed in Germany · ISBN 3-423-12364-8

Inhalt

Vorwort
7

Gibt es ein »Judenproblem«
in der deutschen Nachkriegsliteratur?
9

Thomas Manns jüdische Gestalten
40

»Die Ödnis des entlarvten Landes«:
Antisemitismus im Werk jüdisch-österreichischer Autoren
60

Die Leiche unterm Tisch:
Jüdische Gestalten aus der deutschen Literatur
des neunzehnten Jahrhunderts
84

Der eingerichtete Mensch:
Innendekor bei Adalbert Stifter
108

Freiheit, die ich meine:
Fremdherrschaft in Kleists ›Hermannsschlacht‹
und ›Verlobung in St. Domingo‹
133

Tellheims Neffe:
Kleists Abkehr von der Aufklärung
164

Kreuzzug und Kinderträume in Lessings ›Nathan der Weise‹
190

Vorwort

Was uns ein geliebtes oder auch ein nur anregendes Buch sagt, ist nicht dasselbe wie das, was »der Dichter uns sagen will«. Wir haben jeder und jede unsere eigene Sprache, und diese Sprachen sind so unterschiedlich wie die Handschriften und die Fingerabdrücke. Die Autoren sprechen *eine* Sprache, wir eine andere, sie sind gesättigt von ihren, wir von unseren Erfahrungen, sie werfen uns mit ihren Büchern ein Seil zu und ziehen an dessen einem Ende, wir am anderen, zwischen uns ist die Spannung.

Von Lessings ›Nathan der Weise‹ etwa will ich wissen: Wozu die Kulisse eines bitterbösen Krieges hinter so viel Menschenfreundlichkeit? und merke: hier ist das erste moderne Geschichtsdrama, und zwar dank dieses katastrophalen Kreuzzugs, der die Aufklärung relativiert.

Bei Kleist frage ich: Wieso schon damals diese Katastrophen, diese Feuersbrünste, Invasionen, Revolutionen, Massenmorde und Massenbewegungen – geniale, überreizte Gestaltungen von dem, was noch kommen sollte? Und die Antwort lautet: Eben, schon damals.

Adalbert Stifter frage ich nach der Angst, die hinter den Barrikaden lauert, die er wie buntes Spielzeug vor einem immanenten Terror aufbaute. Verschiebt man seine biedermeierlichen Verschanzungen, so flackern die erahnten Katastrophen in den Ritzen auf, und ihr Licht fällt noch durch unsere Fensterscheiben.

Schließlich steckt in mir die Empörung und Nostalgie der Nachzüglerin, die von jenen 200 Jahren zwischen Aufklärung und Endlösung, als die Juden teilhatten am deutschen Kulturleben, nur noch einen letzten Zipfel erwischen konnte, und ich ziehe kräftig an diesem Zipfel eines Seils, unter dem sich der Abgrund der jüdischen Katastrophe auftut.

Auch davon handelt das vorliegende Buch.

R. K.

Gibt es ein »Judenproblem« in der deutschen Nachkriegsliteratur?

In Shakespeares England, ähnlich wie im heutigen Deutschland, gab es praktisch keine Juden. Sie waren im Mittelalter vertrieben worden. Trotzdem stand eines Tages im Jahre 1594 ein merkwürdiges Scheusal auf der Londoner Bühne, ein Mann, der nichts im Kopf hat als Geld und Haß, der sich wünscht, seine Tochter läge als Leiche vor ihm, falls ihr Tod den Verlust seiner Dukaten rückgängig machen könnte, und der seinem Feind kaltblütig und öffentlich das Herz aus dem Leib schneiden würde, wenn ihn eine kühne, hochherzige Christin nicht im letzten Augenblick daran hinderte. In den Händen seines großen Schöpfers gewann der Jude Shylock, von dem hier die Rede ist, bei aller Groteskerie nicht nur eine gewisse Wahrscheinlichkeit, sondern er wurde mit der Zeit geradezu der Inbegriff des Juden in der Literatur. Wann immer wir von der europäischen Judendarstellung der Neuzeit sprechen, müssen wir auf Shylock zurückgreifen, denn er hat sich uns eingeprägt wie nur wenige Gestalten der Weltliteratur.

Zu Shylocks eben erwähnten Haupteigenschaften, nämlich Grausamkeit bis zur Mordlust und Habgier bis zur Verdrängung der Elternliebe, kommt aber noch eine dritte: die Rachsucht gegen seine Verächter. Shylock hat bekanntlich zwei große Reden, einmal im ersten Akt, dritte Szene, wo er in Blankversen sagt »Du nanntest mich ungläubig, einen Hund / Und einen Halsabschneider, und du spucktest / Auf meinen Judenkittel« (und doch erwartest du, daß dir der Hund Geld leiht), und die zweite, berühmte Prosarede im dritten Akt, die beginnt: »Ich bin ein Jude. Hat ein Jude nicht Augen? [...]« und endet, »wenn ihr uns vergiftet, sterben wir nicht? und wenn ihr uns Unrecht tut, sollen wir uns nicht rächen?« Auf Grund dieser beiden Gefühlsausbrüche ist es möglich, Shylock als Opfer des Judenhasses zu sehen, und so wird er auch auf modernen Bühnen oft und teils im Widerspruch zum Text als Verstoßener der erbarmungslosen Christenwelt dargestellt. Besonders in Deutschland, wo ›Der Kaufmann von Venedig‹ in den letzten Jahren auf dem Spielplan bemerkenswert vieler Bühnen erscheint, wird Shylock meist als eine Art pervertierter Nathan gespielt. Anders als Nathan, der Respekt einflößen soll (und daher das Publikum oft langweilt), ist Shylock in solchen Inszenierungen sowohl grauenerregend wie mitleidheischend. Doch da er ja kein tragischer Held, sondern der Schurke in einer Komödie ist, so erweckt er im Publikum wohl weniger den Jammer und Schrecken einer Katharsis als vielmehr eine Mischung von brutaler Ablehnung und sentimentaler Einfühlung. Und damit kommen wir zum eigentlichen Thema dieser Ausführungen, der Behandlung jüdischer Gestalten in der deutschen Nachkriegsliteratur, in der, wie zu zeigen sein wird, weitgehend dieselbe ungute Mischung vorherrscht.

Es ist mir hier nicht um Vollständigkeit zu tun, nicht darum, die ganze Skala des heutigen Kulturbetriebs zu mustern. Auch wie sich deutsche Kulturschaffende außerhalb ihrer Werke zu jüdischen Menschen und Problemen verhalten und äußern, ist relativ nebensächlich. Was uns beschäftigen soll, ist die eigentliche Darstellung von Juden auf verschiedenen Geschmacksebenen, einschließlich der Populärliteratur und des Films.

Hans Scholz' Roman ›Am grünen Strand der Spree‹ (1955) ist kein literarisch hochstehendes Werk, aber es war ein außerordentlicher Erfolg, als es erschien, ist noch immer als Taschenbuchausgabe zu haben und erfreut sich besonders in Berlin großer Beliebtheit. Der erste Teil besteht aus einem Tagebuch, das von einem deutschen Soldaten während des Feldzugs in Polen geschrieben sein soll und nach dem Krieg von seinen Freunden in Berlin gelesen wird. Dieser Soldat ist ein kritisch denkender Mensch, großzügig, ein Nazigegner, der sich über Grausamkeit und Gerechtigkeit Gedanken macht – mit anderen Worten, er ist ein moralisch verläßlicher Beobachter. In Polen wird er Zeuge der Judenverfolgung und verurteilt die Nazi-Maßnahmen. Aber merkwürdigerweise werden die eigentlichen Brutalitäten, die er wahrnimmt, von Juden an Juden verübt. Er schildert diese Juden ungerührt als abstoßend: »Sie tragen Gummiknüppel. Haben etwas Strizzihaftes, Luden, Luder. Hager mit Fuchsaugen [...]. Die Bengel lassen keine Gelegenheit aus, zwischen ihre Rassegenossen zu dreschen.«[1] Doch nun kommt das Moment der Rührung: Ein kleines jüdisches Mädchen sucht diesen »Rassegenossen«, die sie terrorisieren, zu entkommen und läuft dabei auf den Erzähler zu, den sie mit »Scheener Herr aus Daitschland!« tituliert. Dadurch, daß das naive Kind ihn vertrauenswürdig und »schön« findet, wird dem Leser die physische und moralische Überlegenheit des Deutschen sozusagen von außen vermittelt, gegenüber den Juden, denen sogar die eigenen Kinder aus gutem Grund mißtrauen. Scholz mischt also Mißbilligung für die Nazis mit Verachtung für ihre Opfer. Der Leser kann den Juden in Gestalt des Kindes bemitleiden und ihn gleichzeitig in Gestalt der Erwachsenen ablehnen. Vermutlich ist es gerade die Unwahrscheinlichkeit dieser Szene, die ihren Reiz ausmacht, nämlich daß ein ostjüdisches Kind in den 40er Jahren sich vor seinen eigenen Leuten schützen muß und ausgerechnet bei einem Deutschen in Uniform Hilfe sucht. Als Gegenbild dessen, was aus den Dokumenten und Zeitungen bekannt war, ist die Stelle angelegt, etwaige Schuldgefühle des Lesers zu beschwichtigen und Vorstellungen einer degenerierten Judenschaft wieder aufleben zu lassen. Übrigens gelingt es dem Erzähler nicht, »die kleine Taube« vor den blutigen Schlägen ihrer »Rassegenossen« zu bewahren.

Auch in dem ostdeutschen, 1958 erschienenen Roman ›Nackt unter Wölfen‹ von Bruno Apitz, der später verfilmt wurde und zu den »meistgekauften Büchern der DDR« zählt,² erscheint der positiv gezeichnete Jude im KZ in der passiven Gestalt eines Kindes. Hier geht es um einen kleinen jüdischen Jungen, der von Auschwitz nach Buchenwald geschmuggelt und dort von den kommunistischen Insassen versteckt und gerettet wird. Apitz ist ein bedeutenderer Schriftsteller als Scholz, und doch arbeitet er mit derselben Schablone, nämlich mit dem Juden als hilflosem Kind, das tatkräftige, erwachsene Deutsche beschützen. Im letzten Satz des Romans und in einem nachdrücklichen Gleichnis schwebt das Kind wie eine Nußschale über den Häuptern der heldenhaften Menge, die sich und das Lager befreit. Der Jude als Opfer des Holocaust wird verkleinert, sozusagen verkindlicht, als wären Juden nur halbzufällig und nebenbei Naziopfer gewesen, die dann von den eigentlichen, ideologischen Gegnern der Nazis gerettet wurden, von zielbewußten »Politischen«, die ihrerseits nicht passiv und kindlich litten, sondern mit Festigkeit kämpften und schließlich alles wieder gut machten. Die jüdische Katastrophe, einschließlich des großen Kindermords, wird aufgehoben oder bleibt ausgespart.

Unter westdeutschen Nachkriegsautoren hat sich wohl keiner so ausführlich mit dem »Judenproblem« beschäftigt wie Alfred Andersch. Seine bekanntlich vielgelesenen, existentialistisch gefärbten Romane stellen ethische Fragen, die der Autor, besonders in den früheren Werken, meist auch mit Ernsthaftigkeit und unüberhörbarer Sicherheit beantwortet. Seine Gestalten sprechen gern und flüssig über Willensfreiheit und Schicksal und bewähren sich in sinnvollen und lebensbestimmenden Entscheidungen.

In dreien dieser Romane, in denen Juden erscheinen, läßt sich ein Phänomen nachweisen, das ich als Wiedergutmachungsphantasie bezeichnen möchte. Das heißt, die Verfolgung von Juden durch Deutsche ist zwar der Hintergrund und die Grundgegebenheit in allen drei Fällen, im Vordergrund aber spielt sich das Gegenteil ab. Dort werden Juden von Deutschen ganz außergewöhnlich gut behandelt, und zwar mit der größten Selbstverständlichkeit, als seien solche Fälle eher typisch als Ausnahmen. Nun ist die Erfüllung geheimer Wünsche, oder das »Richtigstellen« einer rauhen Wirklichkeit, gewiß eine der therapeutischen Funktionen von Literatur; doch wenn Phantasie sich als Realismus gibt, dann wird daraus *per definitionem* Kitsch. Die Überhöhung der Wirklichkeit, wenn sie als ästhetische Methode ernst genommen werden will, muß dem Leser als solche deutlich sein. Besonders in bezug auf die historische Vergangenheit sollten Wunschträume nicht so tun, als spiegelten sie, was stattgefunden hat.

Der Roman ›Sansibar oder der letzte Grund‹ (1957) spielt in den dreißiger Jahren in einer kleinen Hafenstadt an der Ostseeküste. Die Hauptpersonen sind, kurz gefaßt, eine junge Jüdin, Fremde am Ort, die nach Schweden zu entkommen sucht; ein Pfarrer, der eine moderne, Barlach-ähnliche Holzskulptur ins Ausland schmuggeln will, bevor sie von der Regierung als entartete Kunst beschlagnahmt wird; ein junger Kommunist, der im Begriff ist, aus der Partei auszutreten und Deutschland zu verlassen, um sein persönliches Freiheitsideal zu verwirklichen; und ein alter Kommunist, der als Fischer ein Boot besitzt und die Jüdin wie das Kunstwerk schließlich mitnimmt, sich aber zunächst fürchtet, die Aufmerksamkeit der Behörden auf sich zu lenken und dadurch seine geistig gestörte Frau dem Euthanasie-Programm der Nazis preiszugeben. Der junge Kommunist hilft der Jüdin, indem er sie dem Pastor vorstellt, ohne sich aber letzten Endes ihrer Flucht anzuschließen: Er entscheidet, daß sein Weg ein schwererer sein muß. Wie, wird nicht weiter ausgeführt.

In dieser Gruppe von mehr oder minder gleichwertigen Gestalten ist die junge Judith keineswegs gefährdeter als alle anderen. Das ungeheuerliche »Untermenschentum«, das die Nazis den Juden auferlegten, kommt nicht zur Sprache. Konzentrationslager kommen als Möglichkeit ins Blickfeld, aber für den Kommunisten und den Pastor,[3] während Massenmord und die gewaltsame Trennung von Familien im Zusammenhang mit der Fischersfrau erwähnt werden. Die Gefahr, in der sich die Jüdin befindet, ist wie die Gefährdung des Kunstwerks: Beide sind hilflos ausgeliefert und moralisch nicht autonom in einem Werk, dessen eigentliches Anliegen das Problem der ethischen Autonomie ist und das dieses Anliegen mit Hilfe einer Rettungsaktion für die beiden »Objekte«, Jüdin und Schnitzwerk, artikuliert. Andersch läßt keinen Zweifel an diesem Tatbestand, wenn er seinen jungen Kommunisten denken läßt:

> Wir drei wollen weg – ich, der Klosterschüler [d.h. die Holzfigur], das Mädchen. Aber es ist ein Unterschied, dachte er plötzlich, zwischen mir und den beiden anderen. Ich will weg, aber sie müssen weg. Ich bin zwar bedroht, mit dem Konzentrationslager, mit dem Tod, aber ich kann trotzdem frei entscheiden, ob ich bleibe oder gehe. Ich kann wählen: die Flucht oder das Martyrium. Sie aber können nicht wählen: sie sind Ausgestoßene. (S. 80 f.)

Aus dem Zusammenhang geht keineswegs hervor, warum es der Jüdin nicht ebenso freistehen sollte wie dem »Arier«, zwischen so verzweifelten Alternativen zu wählen. Den Lebenskampf kann jeder freiwillig aufgeben. An jüdischen Märtyrern, wenn wir darunter Menschen verstehen, die ein ungewöhnliches Opfer bringen, war unter den Juden der Holocaust-Zeit auch kein Mangel. Der eigentliche Unterschied zwischen Gregor und Judith in bezug auf ihre Zukunft liegt darin, daß das Mädchen mit dem leblosen Kunstobjekt gleichgestellt wird, so daß beide zu Dingen werden, die allem ausgeliefert sind, was mit ihnen geschieht. Die Abwertung der jüdischen Gestalt im Verhältnis zu den anderen wird unfreiwillig deutlich in einer Anspielung auf den klassischen amerikanischen Roman

›Die Abenteuer des Huckleberry Finn‹. Der junge Gehilfe des Fischers, ein leidenschaftlicher Leser von Abenteuerbüchern, denkt nämlich, daß Judith auf seinem Boot dieselbe Rolle spielt wie Mark Twains Nigger Jim, also der entlaufene Sklave, dem Huck auf seinem Mississippi-Floß zur Freiheit verhilft. Amerikanische schwarze Leser haben wenig Sympathie für diese Gestalt, die sie als verzeichnet und vom Dünkel weißer Herablassung behaftet empfinden. Ähnlich steht es mit Judith, die nur die Fracht der Freiheit ist, in einem Buch, das die Möglichkeit des Freiseins voraussetzt, aber eben für Nichtjuden, einschließlich dieses Jungen, der sie mit der amerikanischen Romanfigur gleichsetzt. Der Junge ist nicht unwichtig: Er gibt dem Roman seinen Titel, und ihm gehört auch die letzte Szene, in der er aus freien Stücken aus Schweden nach Deutschland zurückkehrt.

Zwar versucht Judith, ihr Leben und ihre Flucht selbst zu gestalten, aber diese Versuche mißlingen aufs kümmerlichste. Bei einer Annäherung an einige schwedische Matrosen kommt sie bis auf das Schiff, das sie in Sicherheit bringen könnte. Doch die Schweden erweisen sich als zu besoffen und vertrottelt, um zu verstehen, was sie eigentlich will. Erst als sie beim Verlassen des Schiffs auf den jungen Deutschen trifft, ändert sich ihr Geschick. Abgesehen von Judiths Lebensunfähigkeit, taucht hier eine weitere Unterstellung auf, nämlich die Abwertung skandinavischer Hilfeleistungen für Juden, zugunsten der Deutschen. Nun ist zwar Vorsicht geboten, wenn man Romanfiguren und Romansituationen historisch verallgemeinert; bei einem historischen Roman kann man andererseits solche Verallgemeinerungen auch nicht ganz ausschließen, da er ja durch seine ausdrückliche Anlehnung an dokumentarisch Verbürgtes unser Geschichtsbewußtsein herausfordert.

Das Problem in ›Sansibar‹ ist nicht einfach, daß diese Fiktionen uns unwahrscheinlich vorkommen. Wie die meisten sentimentalen Geschichten spielen sie gerade noch innerhalb der Grenzen der Wahrscheinlichkeit. Das Problem besteht vielmehr darin, daß sie eine Quasi-Wirklichkeit entstehen lassen, die das tatsächlich Geschehene in Richtung eines Rehabilitationsversuchs der deutschen Bevölkerung von damals verschiebt. Mit der jüdischen Erinnerung an die Ereignisse jener Jahre überschneiden sie sich kaum.

Und wo stecken die Nazis in ›Sansibar‹? Niemand ist ein Nazi, und das Wort kommt nicht vor. Statt dessen gibt es »die Anderen«, und unsere kleine Stadt hat scheinbar keine Anderen. Ein Porträt des »Führers der Anderen« hängt an der Wand des Hotelrestaurants, von den Schweden überhaupt nicht, vom Deutschen dagegen mit Ekel wahrgenommen. Dem Leser wird durch diese Ersatzbildungen für die vermiedenen Vokabeln nahegelegt, daß wir, die guten Deutschen, eben ganz anders waren als Jene, die Anderen – Fremde unter uns. Nur ganz am Ende treten sie in Erscheinung, SS-Männer, die von außerhalb kommen und sich vom Auto her der Kirche und dem Pfarrhaus nähern. Der tapfere Pfarrer, der gleich darauf mit der Pistole das Böse bekämpft und dabei umkommt, beschreibt sie, als hätte er noch nie welche gesehen: »So also sieht das Gesindel aus: Fleisch in Uniformen, Teiggesichter unter Hüten.« (S. 206) »Zwischen Limousinen und Folterbänken vegetiert das stumme Gesindel schwarz dahin.« (S. 207) Es bleibt von den Nazis nichts übrig als diese maskierten Zielscheiben für die evangelischen Pistolenkugeln. Das »Wir« dagegen, drei Männer und ein Junge, mit denen der Leser sich identifizieren kann, haben die Kultur und die Menschheit gerettet, das schöne Kunstwerk und die junge Jüdin.

Die amerikanische Literaturwissenschaftlerin Judith Ryan schreibt in ihrem Buch zur unbewältigten Vergangenheit, daß die Schriftsteller der 50er und 60er Jahre das Thema Verantwortung oft behandelten und dabei fragten, »wie es denn gewesen wäre, wenn die Menschen anders gehandelt hätten«. ›Sansibar‹, so Ryan, sei einer der ersten Romane gewesen, in dem das Engagement des einzelnen bei der Vergangenheitsbewältigung gefordert wurde.[4] Unter diesem Gesichtspunkt kann der mutige Oppositionswille der Romanhelden als das, was leider nicht stattfand, aber hätte stattfinden sollen, gedeutet werden. Ihre Handlungsweise wäre somit als beispielhaft zu interpretieren. Nur müßte, so scheint mir, in diesem Fall der Autor auf irgendeine Weise, wie durch ironische Distanzierung, andeuten, daß er ein Spiel der geheimen Wunscherfüllung treibt, und zwar aus bestimmten Gründen, z.B., weil die Wahrheit ihm und seinen Lesern unangenehm ist. Daß das alles bei Andersch nicht stattfindet, wird vielleicht am nächsten Beispiel noch deutlicher werden.

In dem Roman ›Die Rote‹ (1960) spielt die Wiedergutmachungsphantasie keine wesentliche Rolle, ist aber um so einleuchtender. Die deutsche Heldin des Romans, Franziska, verkauft in einem venezianischen Juwelengeschäft einen kostbaren Ring. Der Juwelier ist Jude und erkennt sofort, daß Franziska dringend auf den Erlös des Ringes angewiesen ist. Er übervorteilt sie, indem er ihr den Ring so billig wie möglich abkauft. Gleich darauf trifft Franziska einen ihr bekannten früheren Nazi und Kriegsverbrecher, der zum Spaß und aus Judenhaß mit ihr in den Laden zurückgeht und dort den Kaufmann so gründlich einschüchtert, daß er eine weitere Summe für den Ring zahlt. Franziska jedoch fühlt das Abstoßende dieser Szene und geht zum dritten Mal zum Juden, entschuldigt sich für das Benehmen des Nazis, das sie zwar verursacht hat, aber nicht billigt, und gibt dem Juden das durch Drohungen erhaltene Geld zurück. Dabei vergleicht sie ihn offen, wenn auch nicht ohne Sympathie, mit Shakespeares Shylock. Der Jude ist zutiefst gerührt, und aus Dankbarkeit empfiehlt er der jungen Frau einen verläßlichen Frauenarzt, der willens ist, Abtreibungen vorzunehmen.[5]

In dieser merkwürdigen Szenenfolge gibt es also eine gewissenhafte Deutsche und einen niederträchtigen Nazi. Erstere will nichts mit letzterem zu tun haben, und zum Beweis händigt sie einem charakterlosen Juden Bargeld aus, auf das sie ein gutes Recht hat (denn er hatte ihr ja den Ring unter seinem Wert abgekauft). Der Jude ist ein nicht ganz unsympathischer Betrüger und Feigling. In seiner alten Rolle als Shylock rückt er eine nordische, gerechtigkeitsbesessene Porzia, jene Shakespearesche alles-wieder-gut-machende Heldin, ins rechte Licht. Unsere Bewunderung für diese wird durch seine Dankbarkeit erhöht, während die Zweideutigkeit seiner Gegengabe, nämlich die Gelegenheit zur Abtreibung, von der sie übrigens nicht Gebrauch macht, ihn hindert, über sein Parasitentum hinauszuwachsen.

1967 erschien Anderschs Ich-Roman ›Efraim‹, dessen Erzähler ein Jude ist. Die Zeiten hatten sich geändert. Der Eichmann-Prozeß in Jerusalem, der Auschwitz-Prozeß in Frankfurt hatten in Deutschland die Judenvernichtung ins Bewußtsein gerufen, wie es der Nürnberger Prozeß nicht vermocht hatte. Das Buch war wohl selbst als eine Art von Wiedergutmachung konzipiert und gewiß als eine philosemitische Geste gemeint. Im Jahr nach seinem Erscheinen wurde Andersch der Nelly-Sachs-Preis der Stadt Dortmund zugesprochen. In seiner Preisrede ging Werner Weber so weit, diesen Roman »zu den wichtigsten Erzählwerken deutscher Sprache« zu rechnen und ihn als »ein Protokoll für unsere Epoche« zu beanspruchen.[6]

Sicher ist ›Efraim‹ ein Werk, das sich mit einer zumindest oberflächlichen Gewissenhaftigkeit die Auseinandersetzung mit dem Holocaust zur Aufgabe macht. Anderschs Held Georg Efraim hat seine Jugend in Berlin verlebt, als Sohn wohlhabender jüdischer Eltern, die dann in Auschwitz vergast wurden. Während der Hitlerzeit kam Efraim nach England und wurde später Journalist bei einer angesehenen konservativen Zeitung. Der Roman beginnt im Berlin der frühen 60er Jahre. Efraim ist zu Besuch in seiner Heimatstadt, hauptsächlich um eine Halbjüdin, Esther, zu suchen, mit der er als Kind befreundet war und die im Alter von dreizehn spurlos verschwand. Zu Anfang des Romans ist er fast sicher, daß sie tot ist. Am Ende will es scheinen, daß sie doch noch lebt, und zwar vermutlich als Nonne.

Und nun wird die Sache spannend. Der Schurke in Esthers Geschichte ist nämlich kein anderer als Efraims Chef bei der Zeitung, ein Engländer und der natürliche Vater des Kindes, der sich aber vor Jahren weigerte, seine Tochter mit einem Visum für England zu versorgen, weil er die Verantwortung scheute. Andererseits setzten Esthers Lehrerinnen, deutsche Nonnen, ihre eigene Sicherheit aufs Spiel, um das Kind zu retten, was ihnen vermutlich auch gelang. Diese Nonnen gehören zu den vielen Deutschen, mit denen Efraim in Berlin Kontakt aufnimmt und die er schätzen und sogar lieben lernt. Sie alle setzen sich mit der Nazi-Vergangenheit beherzt und intensiv auseinander. Frühere Mitläufer oder gar frühere Nazis gibt es unter ihnen nicht. So wie es in der Kleinstadt von ›Sansibar‹ keine einheimischen »Anderen« gab, so sind die Spuren des Nationalsozialismus in diesem Berlin reduziert auf eine aus dem Dritten Reich stammende steinerne Heldengestalt, die in großen und natürlich symbolischen Fragmenten im Hause eines besonders sympathischen jungen Musikers herumliegt. Efraim nennt diese zerstückelte Statue »einen der Mörder meiner Eltern«.[7] Da erübrigt sich die Suche nach lebendigen Mördern. Eine sprachliche Taktlosigkeit nicht einmal antisemitischer Prägung ist das Unangenehmste, was ihm in Berlin zustößt. (S. 125) Und so geschieht's, daß trotz der vielen Deutschen, mit denen er in Berührung kommt, es am Ende nur *einen* Menschen gibt, der von sich sagen kann, er habe einen Mitmenschen verraten, nur einen, der sich schuldig fühlt und fühlen sollte, und dieser eine hat auf alliierter Seite gekämpft und ist Engländer. Diese dubiose Rolle des Ausländers ähnelt dem Versagen der Schweden in ›Sansibar‹.

Efraims Leben ist überschattet von seinem frühen Exil und vom Tod seiner Eltern in Auschwitz. Andersch erwähnt den

Holocaust mehrmals, und er zitiert gelegentlich direkt aus den Protokollen gegen Kriegsverbrecher. Anders als in ›Sansibar‹ wird die Verfolgung der Juden nun nicht mehr verallgemeinert, als wäre sie nur ein beliebiges Beispiel eines Terrors, dem die Kirchen und die Parteien womöglich noch mehr ausgesetzt waren als die Juden. Der Holocaust wird von Andersch heraufbeschworen als Vergangenheit für die Menschen der 60er Jahre. Doch sehen wir näher hin – was soll der Leser mit diesen Zitaten und Erinnerungen anfangen?

»Das Leben des Menschen«, sagt Efraim, »ist ein wüstes Durcheinander aus biologischen Funktionen und dem Spiel des Zufalls.« (S. 90) Von daher erübrigen sich alle Fragen nach den Ursachen, Folgen und Umständen der Judenverfolgung. Solche Fragen werden aufgeweicht in dem austauschbaren Begriffspaar »Schicksal und Zufall«, mit dem man, so oder so, dem Unerwarteten und Ungeklärten einen Namen gibt, ohne das Prinzip der Kausalität bemühen zu müssen. Der Erzähler versichert uns:

> Es ist purer Zufall, daß vor zwanzig Jahren jüdische Familien ausgerottet wurden, und nicht ganz andere Familien zwanzig Jahre früher oder später, jetzt zum Beispiel. Eine wirklich schlüssige Erklärung des Endes meiner Eltern habe ich bis jetzt nicht gefunden, und Leute die Erklärungen dafür bereit haben, sind mir höchst verdächtig. (S. 49 f.)

Und auf eine harmlose deutsche Familie hinweisend fügt er hinzu:

> Ebensogut wie Frau Heiß und ihre Töchter sich in einer halben Stunde zum Mittagessen setzen, könnten sie auch zu ihrer Ermordung abgeholt werden, wenn es der Zufall wollte. (ebd.)

Hier entlarvt die Sprache den Erzähler: Denn daß der Zufall etwas will, ist ja eine Art von sprachlichem Unsinn, besonders wenn damit das von Menschen Angestellte als nicht von Menschen Gewolltes entschuldigt wird. Indem Efraim behauptet, daß alle gleichermaßen für Massenverfolgung »anfällig« seien, entzieht er sich der Frage, warum gewisse Gruppen nun aber tatsächlich verfolgt werden. Mit der Unterstellung, Frau Heiß samt Kindern könnte jederzeit deportiert werden, ist der Antisemitismus ausgeklammert. Die historische Sicht wird dadurch keineswegs erweitert, sondern nur getrübt. Der Zufall tritt an die Stelle der Verbrecher, über deren Taten der Erzähler keine Erklärungen wünscht. Diese Kritik an Efraims Gedanken setzt allerdings voraus, daß Efraim ein verläßlicher Beobachter ist. Als gescheiter, anständiger Jude kann er sich Ansichten leisten, die aus dem Munde eines nichtjüdischen deutschen Zeitgenossen dem Publikum nicht so leicht zumutbar wären. Ohne dieses Sprachrohr könnte Andersch nicht schreiben: »Wer mir Auschwitz erklären möchte, ist mir verdächtig.« (S. 230) Der Satz zieht sich mit leitmotivischen Abwandlungen durch das Buch, ohne daß Efraim übrigens je erläutert, woraus denn eigentlich der Verdacht gegen die Erklärungssuchenden besteht. Der erfundene Jude entlastet den Leser, der sich nun nicht weiter mit Auschwitz auseinandersetzen muß und dem trotzdem die Genugtuung wird, er habe sich damit auseinandergesetzt.

Efraim mystifiziert die Konzentrationslager, was zu logischen Kurzschlüssen führt:

> Wenn ich bedenke, wie absurd es ist, daß ich Deutscher war und danach Engländer wurde, während ich immer noch Jude bin, kommt es mir vor, als könnte ich ebensogut Russe oder Massai-Neger oder ein Wolf oder ein Auto sein [...] daß, wenn mein Leben einen Sinn haben soll, auch der Umstand, daß meine Mutter in einer Gaskammer in Auschwitz

getötet wurde, sinnvoll sein müßte. Ich weigere mich jedoch, an den Sinn von Zyklon B zu glauben. (S. 179 f.)

Efraim erklärt also alle Unterscheidungen für absurd – und zwar aus Pietät. Um das Andenken seiner Mutter nicht zu entweihen, muß er glauben, es sei ebenso unsinnig, ein Jude zu sein, wie einen Juden umzubringen. Historisch denken sei nichts anderes, als den Massenmord geistig aufzuwerten. Die Fehlschlüsse liegen auf der Hand: Wenn alle Identitäten gleich sind, dann hätte ja auch Efraims Mutter ebensogut eine Katze oder ein Stück Brennholz sein können, und damit wäre Efraims kindliche Verpflichtung hinfällig.

Efraim ist Atheist, und trotzdem möchte er Auschwitz den Mystikern überlassen. Das orthodoxe Judentum und die christliche Gnostik, meint er, geben besseren Aufschluß über die »Endlösung« als Soziologen, Historiker und Mediziner, ein Trio, das er zweimal verächtlich zitiert. (S. 257 und 464) Solch wissenschaftliches Gerede, sagt er, »ödet mich an«, doch eine religiöse Erklärung »setzt meine Phantasie in Gang«. (S. 257) Was soll diese schnoddrige Ausdrucksweise bei einem solchen Thema? Die Antwort ist wohl die: Wenn man über die Voraussetzungen des Holocaust sowieso nicht ernsthaft reden kann, dann ist *eine* Mystifizierung so gut wie jede andere, ob man nun an sie glaubt oder nicht. Es wird immer deutlicher, warum hier eine jüdische Stimme zu sprechen hat: Andersch nimmt die Autorität des Opfers in Anspruch für die Feststellung, daß es keine feststellbare Ursache für Auschwitz gab. Das Unbeschreibliche, so hören wir, kann nicht die Wirkung eines Willens gewesen sein. (S. 229)

Nun ist Auschwitz aber beschrieben worden, bändeweise. Andersch zitiert sogar aus den Beschreibungen. Und doch fällt ihm zur jüdischen Katastrophe nur ein, daß man darüber nicht nachdenken sollte. Efraims metaphysische Tüfteleien haben denselben Zweck wie der Symbolismus der zertrümmerten

Heldenfigur im Hause des Musikers: Sie lenken ab von der banalen Wahrheit, daß die Nazis wirkliche Menschen und leibhaftige Deutsche waren.

Daß der Roman tatsächlich so, wie ich es darstelle, rezipiert wurde, geht aus Werner Webers schon zitierter Ansprache hervor. Was mir wie Eskapismus vorkommt, sieht Weber als tiefsinnig. Im Zusammenhang mit der Esther-Handlung urteilt er:

> Im Auflösen der Kerngeschichte, im Offenlassen begibt sich der Erzähler auf die Höhe des Ungeheuren, das nicht beredet werden darf. Dahin gehört das Wort: »Wer mir Auschwitz erklären möchte, ist mir verdächtig.«[8]

Das sind Worte, die im Leeren schweben ohne Anhaltspunkte in der Wirklichkeit, von der sie uns zu allem Überfluß noch mahnen, zu schweigen.

In Günter Grass' ›Blechtrommel‹ gibt es keinen Unterschied zwischen den vermeintlichen »Anderen« und den etwaigen Unsrigen. Grass hat dem Nazismus im Durchschnittsheim und im Durchschnittsmenschen nachgespürt und die Verbindung mit der Durchschnittsbosheit, mit dem, was Hannah Arendt die »Banalität des Bösen« genannt hat, unvergeßlich dargestellt. Doch ist es von da nur ein Schritt, auch das Ausmaß der Judenvernichtung durch ein klägliches Opfer sentimental zu verzerren und sie dadurch aufs Erträgliche zu reduzieren.

In der Gestalt des Sigismund Markus, des Spielzeughändlers, von dem Oskars Mutter Agnes die Blechtrommeln des Jungen kauft, übernimmt Grass eine ganze Reihe von stereotypen Lügen. Wie der typische Jude der Nazi-Presse ist auch Markus als Mann unattraktiv, doch voll Begierde nach einer arischen Frau. Als Mensch ist er lächerlich, denn er handelt und sieht aus wie ein Hund.[9] Als einzelner ohne jüdische Gemeinde oder Familie, ohne Tradition oder Religion, doch mit der Raffinesse des Trödeljuden ausgestattet, mit der er Agnes billige Seidenstrümpfe verschafft, führt er ein Parasitenleben, ohne Überzeugungen und in der sinnlosen Hoffnung, daß die Taufe ihm zu einem besseren Dasein mit Agnes in England verhelfen könne. (S. 85) Und da sein Leben nichts anderes zu enthalten scheint als eine törichte erotische Hörigkeit und einen Laden voll nicht gerade hochwertiger Gegenstände, so geht auch nicht viel verloren, wenn die Kristallnacht diesem Laden und Leben ein Ende setzt. Sicher ist Markus als Selbstmörder ein Opfer, aber über das Ende der Juden in Deutschland sagt diese nicht ernst zu nehmende Karikatur doch eigentlich nur aus, daß der Verlust zu verschmerzen war.[10]

Man könnte einwenden, Markus solle gar nicht so verallgemeinert werden, er sei nur eine von Grass' vielen grotesken Nebengestalten. Doch gibt Grass seinem Tod unmißverständlich eine Allgemeinbedeutung, erstens durch das historische Datum der Kristallnacht und zweitens durch Oskars berühmte Todesklage am Ende des ersten Buches. Dort heißt es in einem langen Prosagedicht:

> Es war einmal ein Blechtrommler, der hieß Oskar, und sie nahmen ihm seinen Spielzeughändler.
> Es war einmal ein Spielzeughändler, der hieß Markus und nahm mit sich alles Spielzeug aus dieser Welt. (S. 166)

Der Tod der Spielsachen steht hier doch wohl für das Ende der Kindheit und ihrer Illusionen, die jeder überwinden muß. (Denn Markus kann ja nicht tatsächlich, sondern nur bildlich »alles Spielzeug aus dieser Welt« genommen haben.) Der Leser wird eingeschaukelt durch den elegisch-lyrischen Ton dieser Passage, wie es beim Nachdenken über die Vergänglichkeit der Dinge im allgemeinen der Fall zu sein pflegt. Über die Einzigartigkeit und Willkürlichkeit der Judenvernichtung schweigt diese Stelle. Am ehesten ist sie dem Edelkitsch von Hauptmanns Kindertragödie ›Hanneles Himmelfahrt‹ verwandt.

Es ist kein Wunder, daß bei solchen literarischen Vorbildern der neue deutsche Film auch nichts anderes zu bieten hatte als den sauren alten Wein in neuen Flaschen. Nur waren die Flaschen diesmal mit marxistischen Etiketten versehen.

Volker Schlöndorffs hochgeschätzter Film ›Der plötzliche Reichtum der armen Leute von Kombach‹ (1970) handelt von einer Gruppe blutarmer hessischer Bauern, die 1822 einen Raubüberfall auf eine mit Steuergeldern beladene Postkutsche unternehmen. Der Anführer der Gruppe ist Jude. Er entwirft den Plan, veranlaßt die anderen, daran teilzunehmen, und ist für die Ausführung verantwortlich. Die Bauern werden schließlich alle gefangen, verurteilt und hingerichtet, sofern sie nicht Selbstmord begehen. Nur der Jude entkommt, nicht nur mit dem Leben, sondern auch mit seiner Beute. In den letzten Szenen, im Begriff, nach Amerika zu emigrieren, spricht er seine Meinung über seine Verbündeten aus: Er spricht von der Dummheit der Bauern, die emotional an ihre Heimat gebunden sind, zu treu sind, um diese zu verlassen, und zu ehrlich, um das, was sie gestohlen haben, zu verbergen. Er selbst ist frei von diesen behindernden Eigenschaften. Die Namen fremder amerikanischer Städte entströmen seinem Mund wie Beschwörungsformeln. Dem Zuschauer bleibt beim Verlassen des Kinos ein Bild des Kontrasts zwischen dem Juden, dem Fremden im Lande, der leicht weiter kann, und den dummen, aber liebenswerten Deutschen, die seinem Zweck gedient haben, wegen ihrer Anhänglichkeit an die Scholle sterben müssen, und deren Hinrichtungen uns der Film so drastisch vorgeführt hat. Das Elend der deutschen Bauern gedeiht ihm zum Glück: Er ist die Ratte, die das sinkende Schiff verläßt, während die treuen oder auch rebellischen Matrosen ertrinken.

Dieser Film soll auf einer wahren Begebenheit beruhen und gibt sich als Beitrag zur Sozialgeschichte. Gleich zu Anfang wird der Zuschauer mit zeitgenössischer Statistik traktiert. Zu der gehört nun auch, im Widerspruch zu den eben zitierten

Aussagen des Juden, daß damals ganze Dörfer in Hessen leer standen, weil ihre Einwohner aus Armut nach Amerika emigrieren mußten. Diese Bauern sind also einerseits so hilflos, daß sie auswandern müssen, andererseits zu hilflos, um auszuwandern. Im Film wird beides behauptet, während die Emigration des Juden eindeutig im Zeichen ausbeuterischer Schlauheit steht. Daß seinen Kameraden die Köpfe abgeschlagen werden oder daß sie in der Verzweiflung Selbstmord begehen, läßt ihn ungerührt.

Zwar ist der Raub durch die Armut gerechtfertigt, aber das kommt dem Bild des Juden nicht zugute. Schlöndorffs Bauern sind befangen in ihrer Familien- und Dorfgemeinschaft, und wir sehen sie inmitten der üblichen menschlichen Verwicklungen von Liebe und Zorn und Sorge für sich und andere, nur daß sich alles heftiger und unheimlicher abspielt wegen der menschenunwürdigen Armut dieser Leute. Darin liegt die Stärke dieses tatsächlich vorzüglichen Films, der unser Mitgefühl für die Bauern aus unserem Verständnis für ihre Situation und nicht einfach aus Einfühlung oder Identifikation entstehen läßt. Nur der Jude, so wie Grass' Sigismund Markus, hat keine Familie und keine Gemeinde, ist ein Trödler von irgendwo und nicht eingefangen in seinem Milieu und seinen Verpflichtungen. Diese an sich individuelle Situation des Junggesellen ist aber auch wieder ein Aspekt seines Jüdischseins. Er kann weg, weil er allein steht, und er steht allein, weil er Jude ist. Und schwingt nicht vielleicht die Andeutung mit: Sind solche wie der, die Cleveren, nicht auch in unserer Zeit ausgewandert und hatten es gut in Amerika, während wir unter den Nazis hungerten und litten?

Und schließlich gibt es in diesem Film keinen Antisemitismus. Alle Christen sind unserem Juden gegenüber ganz unhistorisch und unwahrscheinlich freundlich. Während Schlöndorff die Unterdrückung der Armen durch Gesetz und Klassenvorurteil in aller Einzelheit anschaulich macht, stellt er weder den spontanen oder volkstümlichen Judenhaß des frühen 19. Jahrhunderts noch die gesetzliche Diskriminierung der Juden auch nur zur Debatte. Damit nimmt er seinem Juden die letzte Entschuldigung für seine berechnende Gleichgültigkeit, nämlich Shylocks Reaktion auf Verachtung und Mißhandlung durch Christen. Das Vorurteil, das nicht zur Sprache kommt, wird eben dadurch im Zuschauer rege.

Schließlich entlud sich das schwelende Ressentiment gegen den angeblichen Philosemitismus der Nachkriegszeit in einigen erstaunlich aggressiv gezeichneten fiktiven Juden. Es entwickelte sich eine letzte und linke Form des Shylocktyps, in der nicht nur dem Opfer Schuld aufgelastet wird, sondern der Schuldige sich obendrein noch das schlechte Gewissen der Welt zunutze macht. Den Antisemitismus des 19. Jahrhunderts kann man zur Not verschweigen, die »Endlösung« des 20. Jahrhunderts muß man jedoch bei der Darstellung heutiger Juden in Rechnung stellen. So wird der Holocaust als Erklärung für angebliche aktuelle Untaten jüdischer Provenienz herangezogen.

Gerhard Zwerenz ist zwar kein hochrangiger, aber auch kein drittrangiger Autor, immerhin einer, der gelesen und auch oft ernst genommen wird. 1925 geboren, also der älteren Generation angehörend, hat Zwerenz seine Schriftstellerlaufbahn in der DDR begonnen, lebt aber seit 1957 im Westen. Noch 1981 schreibt der Präsident des deutschen PEN-Clubs, Martin Gregor-Dellin, Zwerenz' »Mut zur Konfrontation in jede Richtung bleibt zu bewundern«.[11]

Sein Roman ›Die Erde ist unbewohnbar wie der Mond‹, den der Fischer-Verlag 1973 veröffentlichte und später noch einmal als Taschenbuch brachte, handelt von einem Israeli namens Abraham, der in Deutschland geboren und nach dem Krieg mit seiner Mutter und Schwester zurückgekehrt ist. Noch auf dem Schiff, das sie »nach Hause« bringt, erzwingt die Mutter von ihrem Sohn ein Versprechen. Er soll in Deutschland die Menschen nach allen Regeln der Kunst übervorteilen.

Du wirst in diesem Land Geld verdienen, Abraham [...] Du wirst [...] mit niemandem Mitleid haben und jedem seine Markstücke abknöpfen. Versprichst du das, Abraham?[12]

Diese mißgünstige Frau wird in Deutschland sofort als Lehrerin eingesetzt und behält diesen Posten trotz ihrer immer offensichtlicher werdenden pädagogischen Unfähigkeit, dank der Schuldgefühle ihrer Vorgesetzten, als eine Art Wiedergutmachung, sozusagen auf Kosten deutscher Kinder. Der Sohn erfüllt sein Versprechen und wird ein Bauspekulant der ärgsten Sorte, der die Stadt in einen Asphaltdschungel verwandeln hilft.

Habgier und Gewissenlosigkeit in jüdischen Gestalten sind nichts Neues in der Literatur. Neu ist die Besessenheit dieses Abraham, der im Grunde ein Nervenbündel aus Angst und Haß ist, von dem Holocaust, dessen Opfer er nicht war. Abrahams schlechter Charakter ist zwar teilweise die Auswirkung dessen, was anderen Juden eine Generation früher angetan wurde, doch wo immer man die Wurzeln seines asozialen Wesens suchen will, der Jude bleibt Jude, d.h. ein Halsabschneider, der wie Shylock sowohl hinter seinem Profit als hinter dem Pfund Fleisch seiner Gegner her ist. Kaltblütig plant Abraham einen Mord, den er eigenhändig und ohne weitere Konsequenzen für sich an einem Angestellten, der gefährlich geworden ist, verübt. Den neuen Shylock, wie er in gewohnter Weise zwischen Geld- und Mordsucht sein Wesen treibt, spuckt niemand mehr an, und statt auf Judenhaß zu reagieren, macht er sich den Abscheu der Welt vorm Antisemitismus zunutze und profitiert von Deutschlands schlechtem Gewissen. Shakespeares Shylock, vor die Wahl gestellt, fand Rache süßer als Dukaten. Zwerenz' Abraham bereichert sich als eine Form der Rache.

Das neue Judenbild in dem Roman ist das eines Menschen, der seine Sittlichkeit und Menschlichkeit im Holocaust verloren hat: Sittlichkeit, weil er zu jedem Verbrechen fähig ist, und Menschlichkeit, weil er keine intimen Beziehungen durchhalten kann. Er ist ohne Frau und Kinder – zum dritten Mal fehlt hier die jüdische Familie. Allenfalls könnte man die Mißhandlungen, die Abrahams Mutter von ihrer Tochter erdulden muß, als Familienleben bezeichnen. Das Palästina, in dem Abraham aufgewachsen ist und an das er ungern zurückdenkt, ist ein Land, das, von sinnlosem religiösem Ritual beherrscht, niemandem Freiheit oder geistigen Lebensraum gewährt.

Ausführlich und langatmig schreibt Zwerenz über Abrahams liebloses Sexualleben, mit besonderem Nachdruck auf seiner Beschneidung, die ja schon immer das Mysterium im Zentrum aller Pornographie über Juden bildete. Abraham »trägt« seine Beschneidung »wie KZ-Insassen ihre eingebrannte Zahl, voll heimlichen Stolzes, doch auch mit Bedrückung.« (S. 262) Das liest sich, als ob jüdische Eltern ihren Kindern nicht weniger antun, als sie von ihren ärgsten Feinden erleiden mußten. Eine uralte Zeremonialhandlung wird zur Erniedrigung. Und wie Abrahams palästinensische Kindheit im Zeichen eines ungesunden religiösen Drucks stand, so scheint die jüdische Solidarität auf einem bis ins Säuglingsalter zurückreichenden Trauma zu beruhen, auf einem Leiden, das die Juden ihren Kindern auferlegen, damit aus bösen Erinnerungen eine Gemeinschaft werde.

Obwohl Abraham sein Judentum wie seine Kindheit verabscheut, unterhält er doch erstaunlich solidarische Beziehungen zu anderen Juden. Der einzige »gute« Jude in dem Buch, ein Staatsanwalt im Auschwitz-Prozeß, wendet sich mit größter Selbstverständlichkeit an Abraham, wenn er eine Gefälligkeit braucht. Sogar den verachteten Israelis gelingt es, Abraham für ihre geheimen und illegalen Zwecke einzustellen. Solche Widersprüchlichkeiten lassen alte Vorstellungen vom Weltjudentum und internationalen jüdischen Verschwörungen aufleben.

Dieses Buch, das sich übrigens als Sozialkritik geriert und ungeschickt gegen die Exzesse des Kapitalismus und der Geldwirtschaft in der BRD polemisiert, wurde Fassbinder zur Quelle seines Theaterstücks ›Der Müll, die Stadt und der Tod‹,[13] das 1975 bei Suhrkamp erschien, in Frankfurts Theater am Turm geprobt wurde und im Herbst 1985 fast zur Aufführung kam. Das Stück spielt in einer Unterwelt aus hetero- und homosexuellem Sado-Masochismus und Prostitution beider Geschlechter. Der Jude ist wie bei Zwerenz ein Bruchbudenspekulant und Miet-Hai und heißt einfach »der Reiche Jude.« Auch Shylock wird ja im Personenverzeichnis des ›Merchant of Venice‹ als »a rich Jew« bezeichnet. Bei Fassbinder repräsentiert er jüdisches Kapital mit internationalem Beigeschmack und hat daher, wie die Ausbeuter bei Brecht, weder Namen noch Persönlichkeit. Er hört sich so an:

Es muß mir egal sein, ob Kinder weinen, ob Alte, Gebrechliche leiden. Es muß mir egal sein. Und das Wutgeheul mancher, das überhör ich ganz einfach. Was soll ich mir auch ein schlechtes Gewissen auf den Buckel laden? (S. 103)

Wenn möglich, ist Fassbinders Schurke noch scheußlicher als der von Zwerenz. Bei Fassbinder ist er auch physisch abstoßend; und das Mordopfer ist kein Halbstarker, der selbst Verbrechen begeht, wie bei Zwerenz, sondern die sprichwörtliche Hure mit dem goldenen Herzen. Der Jude erdrosselt sie mit eigenen Händen. Krasser als im Roman bleibt er bei seinen Machenschaften von den Behörden unbehelligt, *weil* er Jude ist. »Die Stadt schützt mich, das muß sie. Zudem bin ich Jude.« (ebd.) Wie bei Zwerenz, aber noch obszöner, wird das Thema Vorhaut aufgetischt, nicht ohne einen Anhauch von Rassenschande, der im Mord der jungen Frau gipfelt. (»Hast du Madam gefragt, ob sie ein Stündchen Zeit für einen reichen Juden hat? Ich denke doch, sie hat, auch wenn mein Schwanz beschnitten ist,« S. 101.) Und während Abraham den Mord verheimlicht, so ist bei Fassbinder die Polizei mitverantwortlich, denn sie tötet einen Zeugen und zwingt einen Unschuldigen, sich zu der Tat zu bekennen, damit dem Juden nichts zustößt.

Bei Fassbinder wird der Holocaust noch deutlicher als bei Zwerenz die Ursache für den neuen Antisemitismus. Die Eltern des reichen Juden sind in den Gaskammern umgekommen. Den anderen tut es leid, daß der Sohn nicht auch dort gestorben ist.

> Er saugt uns aus, der Jud. Trinkt unser Blut und setzt uns ins Unrecht, weil er Jud ist und wir die Schuld tragen [...] Und Schuld hat der Jud, weil er uns schuldig macht, denn er ist da. Wär er geblieben, wo er herkam, oder hätten sie ihn vergast, ich könnte heute besser schlafen. Sie haben vergessen, ihn zu vergasen. (S. 115)

Der Sprecher dieser Zeilen scheint die vox populi zu sein. Seine Worte werden kritiklos in den Raum gestellt, und alles, was der reiche Jude sagt und tut, scheint die Ressentiments gegen ihn zu rechtfertigen. Was anderswo nur angedeutet, hier aber ausgesprochen wird, ist: Wenn es Antisemitismus gibt, so sind die Juden daran schuld.

Dieses Hexengulasch aus wirtschaftlicher und sexueller Ausbeutung, mit Zynismus gewürzt, kommt letzten Endes von der Nazi-Propaganda her, ist aber keineswegs identisch mit Nazi-Vorstellungen, erstens wegen des linken Kontextes, zweitens wegen der größeren Freiheit in Sachen Erotik, und drittens und vor allem, weil die Nazis ja in den Background eingebaut sind, durch die Anspielungen auf die »Endlösung«. Weder Zwerenz noch Fassbinder sind Nazi-Apologeten, und doch bedienen sie sich der übelsten Vorurteile jener Zeit, und gewiß nicht, um diese Vorurteile zu bekämpfen.

Am 16. April 1976 gab es eine Diskussion im Feuilleton der ›Zeit‹ über ein Theaterstück, das die Leser weder sehen noch lesen durften. Niemand gab sich die Mühe, zwischen Zensur und Kritik zu unterscheiden. Fassbinder hatte ganz recht, als er sich gegen die Zensur wehrte, nur tat er es mit der falschen Begründung, nämlich mit Hinweis auf den immanenten Wert seines Werks. Den Lesern der ›Zeit‹ wurde von den verschiedensten Autoritäten nahegelegt, daß Fassbinder »subjektiv« zwar kein Antisemit sei, daß er aber ein Stück geschrieben habe, das leicht mißverstanden werden könne, so leicht, daß es schon besser sei, wenn das Publikum sich erst gar nicht die Finger daran verbrenne. Zwerenz entblödete sich nicht, zu behaupten, daß es einen Antisemitismus der Linken nicht gebe, denn: »Für Rationalisten gibt es keine Judenfrage als Rassenproblem [...] Linke Kritik kann nicht rassistisch, biologistisch, nationalistisch argumentieren.« Er ignorierte dabei die vielen Spielarten des Judenhasses oder daß der mit Vorurteilen Belastete ja nicht logisch denkt. Wie Morgensterns Palmström schloß er messerscharf, daß nicht sein kann, was nicht sein darf. Fassbinder und seine Verteidiger aber trumpften immer wieder mit dem Schlagwort »Tabuisierung der Juden« auf, womit sie vermutlich meinten, daß über Juden und Judentum in der Bundesrepublik nur ungern gesprochen wird. Doch stimmt es einfach nicht, daß Zwerenz und Fassbinder sich in den erwähnten Werken gegen ein deutsches Tabu wenden: Was sie aufgreifen, sind wie eh und je jüdische Stereotype und eine Verkehrung tatsächlicher jüdischer Traditionen und Wertvorstellungen. In der Neuausgabe von ›Der Müll, die Stadt und der Tod‹ wehrt sich Fassbinder in einem als Nachwort gedruckten »Offenen Brief« gegen den Vorwurf des Antisemitismus und bestätigt ihn zugleich unfreiwillig, indem er die Machenschaften heutiger Bauspekulanten von jüdischen Schiebereien im 18. Jahrhundert ableitet und mit ihnen gleichsetzt.[14] Was diesen Behauptungen an Logik und historischer Kenntnis abgeht, ersetzten sie durch die Selbstgerechtigkeit, mit der Fassbinder auf seine »Haltung zu Minoritäten« und seine Sorge vor einem neuen Faschismus pocht.

Sowohl Zwerenz wie Fassbinder rechtfertigen sich damit, daß es unter den Frankfurter Bauspekulanten mehrere Juden gegeben habe. Wo die linke Kritik, so Zwerenz, wie in Frankfurt auf Juden treffe, »geht das nicht gegen ›die Juden‹, sondern gegen verfehlte und unmenschliche Baupolitik.« Und Fassbinder: »Dieses Stück ist eine spontane Reaktion auf eine Wirklichkeit, die ich in Frankfurt vorgefunden habe.« Beide behaupten also, daß es sich ja nicht um Verleumdung handeln könne, weil Juden tatsächlich an der Frankfurter Mißwirtschaft teilhatten. Doch ist das jüdische Element in der Charakterisierung der beiden Verbrecher alles andere als nebensächlich. Und es sind gerade die erfundenen, die fiktiven Züge, die sich so sehr mit der typischen antisemitischen Literatur decken. Das Verbrecherische ist ein integraler Bestandteil des Jüdischen, und umgekehrt. Dagegen sind etwa bei dem korrupten Beamtentum, das die beiden schützt, keine besonderen germanischen, volkseigenen Eigenschaften aufzuweisen und auch keine Spur von Selbstkritik. Schriftsteller fotografieren ja die Wirklichkeit nicht, sie interpretieren sie. Es ist klar, daß für Fassbinder und Zwerenz die Tatsache, daß man es in Frankfurt mit Juden zu tun hatte, von großer Bedeutung war. Wenn Dieter Zimmer in derselben Diskussion in der ›Zeit‹ zu bedenken gab: »Die deutschen Verbrechen an den Juden [...] verpflichten einen Autor [...] zu einer besonderen Verantwortung auch für die ungewollten Wirkungen, die sein Text auslösen kann«, so scheint mir ein solches Plädoyer für die Sonderstellung der Juden ganz unnötig. Denn Fassbinders Stück (Zwerenz war in dieser Diskussion entlastet worden) wäre in jeder Sprache und in jedem Land verächtlich. Würde Ähnliches über irgendeine andere Rasse oder ethnische Gruppe ausgesagt, so wäre die Verunglimpfung ebenso deutlich.

Fassbinders nächstes Projekt sollte eine zehnteilige Fernsehverfilmung von Gustav Freytags ›Soll und Haben‹ sein, in dem bekanntlich der ideale deutsche Kaufmann gegen den unehrlichen, schlüpfrigen und egoistischen jüdischen Händler ausgespielt wird. Der Westdeutsche Rundfunk lehnte das Projekt, wegen seiner antisemitischen und antislavischen Tendenzen, ab. Fassbinder drohte, nach Amerika auszuwandern.[15]

Zwar blieb er in Deutschland, doch von der Judenthematik ließ er noch immer nicht ab. 1980 drehte er den Film ›Lili Marleen‹, ein Wunschtraum vom Durchschnittsdeutschen, der vom Nazismus profitierte, ohne seiner Ideologie verfallen zu sein. Der Film erzählt, wie Willie (eigentlich Lale Andersen) mit dem Sohn einer reichen und prominenten jüdisch-deutschen Familie in der Schweiz verlobt war. Diese Snobs und Rassisten haben nicht die geringste Absicht, ihren Robert der kleinen, armen und sehr verliebten Nichtjüdin Willie zum Mann zu geben. Es gelingt ihnen sogar, sie aus der Schweiz ausweisen zu lassen, so daß es dann gewissermaßen die Schuld der Juden ist, wenn Willie eine Nazisängerin wird. Während der nächsten Jahre, als sie durch das berühmte Lied ›Lili Marleen‹ Karriere macht, nützt die Familie Mendelsson Willies Liebe zu Robert zur Förderung antinazistischer Aktivitäten aus. Willie riskiert ihr Leben und ist somit ein fast willenloses Werkzeug, einmal für die gute, dann wieder für die böse Sache. Doch im ersteren Fall wird sie von der Liebe geleitet.

Am Ende des Films muß sie erfahren, daß Robert eine Jüdin aus den höheren Schichten geheiratet hat und daß er ein erfolgreicher Dirigent geworden ist (nicht umsonst heißt er Mendelsson), während ihrem gebrochenen Herzen die deutsche Nachkriegsmisere entgegenstarrt. Trotz einiger schattenhafter Verfolgungsszenen, in denen vor allem Fassbinder in der Rolle des Widerstandskämpfers und Schriftstellers Günther Weisenborn zur Geltung kommt, hinterläßt der Film den Eindruck, daß die Juden am Ende triumphieren, daß nur die

Deutschen für den verlorenen Krieg zahlen müssen, und daß das deutsche Volk, von Willie vertreten, im Grunde gutmütig, leicht zu rühren und leicht zu überreden ist, wenn man an sein Herz appelliert. Die Juden hingegen kämpfen nur für die eigene Sache. Schon zu Anfang liebkost die Kamera geradezu die Wertgegenstände, die mit Hilfe der Mendelssons ins Ausland gerettet werden. Nicht auf Menschen, auf Kostbarkeiten scheint es ihnen anzukommen. Und wenn Menschen im Spiel sind, dann nur die der nächsten Familie: Als der von den Nazis verhaftete Robert in einem komplizierten Verfahren ausgetauscht wird, begehen die Juden Verrat, sprengen eine Brücke in die Luft und schneiden sich dadurch Befreiungsmöglichkeiten für andere Gefangene ab. Am Ende haben sie alles: den Glanz und das Geld, den Erfolg und die schöne Schweiz, wo auch nach dem Krieg keine Not herrscht. Willie hingegen hat wohl gesündigt, indem sie sich's während der Nazijahre gut gehen ließ, aber am Ende hat sie ja alles verloren, ihren Geliebten, ihre Karriere, ihr Geld und ihren guten Namen.

Im Rückblick ergeben sich Zusammenhänge. Da sind die Kinder und Halbwüchsigen bei Scholz und Apitz und in Anderschs ›Sansibar‹, denen von deutschen Nichtjuden geholfen oder doch beinahe geholfen wird. Dann gibt es die Händler bei Grass und in Anderschs ›Die Rote‹, kümmerliche Opfer ohne Selbstbewußtsein, die vor Ariern kriechen. Und Anderschs Efraim, der einzige dieser Gestalten, den wir respektieren und dessen Gedanken wir innerhalb der Struktur des Romans ernst nehmen müssen und der uns weismachen will, daß der Holocaust ein Zufall war, dessen Ursachen und Auswirkungen sich rationalem Denken entziehen; und Schlöndorffs Trödeljude, der Menschen, die noch ärmer sind als er selbst, zu Verbrechen anstiftet, die sie nicht durchziehen können und von denen nur er profitiert; und Fassbinders Robert Mendelsson samt Familie, die die Unschuld und Ansprechbarkeit eines jungen Mädchens für ihre Zwecke ausbeuten, die keinen Gedanken auf des Mädchens Glück und Wohlergehen verschwenden und nicht nur einen moralischen, sondern auch einen materiellen Sieg davontragen; und schließlich Zwerenz' und Fassbinders Abraham und Reicher Jude, Kriminelle, die sich am Fleisch einer erkrankten Gesellschaft mästen.

Sogar in den besten dieser Werke versagen die Autoren, wenn sie spezifisch Jüdisches zu beschreiben suchen. Kitsch oder Pornographie setzen sich durch, Sentimentalität oder Brutalität, schon immer die beiden Seiten derselben Münze. Zusammengenommen ergibt sich ein Bild, in dem es nicht um die Erinnerung an die deutschen Juden geht, sondern eher um die Abwehr dieser Erinnerung und um die Wiederbelebung einer Legende, nämlich der vom Shylock, Opfer und Täter, und seiner Feinde, den braven Christen im Umkreis des wackeren Antonio, die man ja nicht als Antisemiten bezeichnen darf, da sie so freundlich zu Shylocks Tochter Jessica waren. Neue Alpträume, alte Gespenster!

Nachtrag:
Gedanken zur Debatte um die verhinderte Uraufführung
von ›Der Müll, die Stadt und der Tod‹ im Herbst 1985

Erstens wurde, anders als vor neun Jahren, Fassbinders Vorlage, der Roman von Zwerenz, praktisch aus der Diskussion ausgeklammert, so daß es nun schien, als sei das Stück in direkter, spontaner Reaktion auf die Frankfurter Zustände entstanden. Ich habe im vorliegenden Aufsatz zu zeigen versucht, daß stereotype Judengestalten sich von endlos wiederholten literarischen Vorbildern ableiten, nicht von beobachteter Wirklichkeit, ein typischer Vorgang in der Bildung von Klischee und Kitsch. Fassbinder hat zugegebenermaßen den »realistischen« Gehalt des Romans vermindert oder, wie Zwerenz sagte, »poetisiert«. *Zweitens* wurde gelegentlich behauptet, Fassbinder habe ein partielles Selbstporträt in seinen Reichen Juden hineingedichtet. Sollte das der Fall sein, so ist es noch immer nicht mit Selbstkritik gleichzusetzen, sondern erhärtet nur die Sündenbockfunktion der Gestalt. *Drittens* begegnete ich mehrfach der Feststellung, Juden seien auf deutschen Nachkriegsbühnen bis jetzt nur positiv behandelt worden. Man erinnerte an Lessings ›Nathan‹ und ›Das Tagebuch der Anne Frank‹, als könnte die deutsche Nachkriegsliteratur, ohne Rücksicht auf Entstehungsdaten und Autoren, diese Werke einfach für sich beanspruchen. Und *viertens* deckten sich die Einstellungen der Berichterstatter und Briefeschreiber sehr genau mit den hier analysierten: einerseits Empörung über die ausbeuterischen Juden, die ihre Sonderstellung in der Bundesrepublik zur Vereitelung unbequemer Kritik gebrauchten, andererseits Herablassung für die armen geängstigten Juden, die überall neue Gasöfen wittern. Anders ausgedrückt: Die frechen Juden wollen uns erpressen, oder die armen, feigen und verschreckten Juden fürchten sich. Weder hier noch dort viel Respekt für den Mitbürger, ganz zu schweigen von einer sehr notwendigen Analyse des Stellenwerts eines solchen Dramas im heutigen deutschen Kulturbetrieb, unabhängig von der jüdischen Reaktion. Die zu stellende Frage ist: Welchen Phantasien entspringt die Gestalt des Reichen Juden, und welche Bedürfnisse befriedigt sie eigentlich im Leser oder Zuschauer?

Anmerkungen

1 Hans Scholz, ›Am grünen Strand der Spree‹, München 1983, S. 19.
2 Heidy M. Müller, ›Die Judendarstellung in der deutschsprachigen Erzählprosa (1945 bis 1981)‹, Forum Academicum, Königstein/Ts. 1984, S. 55. Müller weist darauf hin, wie nebensächlich die erwachsenen jüdischen Häftlinge Buchenwalds im Vergleich zu den Kommunisten

erscheinen. Auch ihre Ausführungen zu anderen Werken ergänzen und bekräftigen meine Thesen. Eine weitere Kindergestalt, die einem ähnlichen Zweck dient wie die beiden hier erwähnten, ist die Titelfigur von Gertrud von le Fort, ›Das fremde Kind‹, von Müller auf S. 28 – 31 behandelt.

3 Alfred Andersch, ›Sansibar oder der letzte Grund‹, Freiburg/Breisgau, 1957, z.B. S. 130, 204. Seitenzahlen werden fortan im Text angegeben.

4 Judith Ryan, ›The Uncompleted Past. Postwar German Novels and the Third Reich‹, Detroit 1983, S. 15 u. 80. Ryan sieht in Judith eine Entwicklung zur Selbständigkeit (Ryan, S. 72). Vgl. dagegen Heidy Müller, a.a.O., S. 102, die im Zusammenhang mit Judith von »süßlich-kitschigen Klischeevorstellungen« spricht. Auch sieht Andersch kein Exilproblem für das verwaiste Flüchtlingskind, sondern läßt im Gegenteil keinen Zweifel darüber aufkommen, daß Judith reichlich mit Geld versehen ist. Der Leser gewinnt am Ende durchaus den Eindruck, daß nur die Deutschen es in den kommenden Jahren schwer haben werden.

5 Andersch, ›Die Rote‹, Freiburg/Breisgau 1960, S. 212 – 220, 235 f.

6 Werner Weber, ›Über Alfred Andersch, eine Rede‹, Zürich 1968, S. 27.

7 Andersch, ›Efraim‹, Zürich 1967, S. 223. Seitenzahlen fortan im Text.

8 Weber, a.a.O., S. 32 f. Vgl. dagegen H. Müllers scharfes Urteil über die Zufallstheorie, a.a.O., S. 105.

9 Günter Grass, ›Die Blechtrommel‹, Neuwied und Darmstadt, Sammlung Luchterhand, S. 80. Seitenzahlen von hier an im Text.

10 In Schlöndorffs Verfilmung sind die satirischen Züge abgeschwächt und Markus zum religiösen Juden umstilisiert worden, wohl weil ein namhafter jüdisch-französischer Schauspieler und Chansonnier, Charles Aznavour, die Rolle übernommen hatte.

11 ›Lexikon der deutschsprachigen Gegenwartsliteratur‹, München 1981.

12 Gerhard Zwerenz, ›Die Erde ist unbewohnbar wie der Mond‹, Frankfurt 1973, S. 18. Seitenzahlen von hier an im Text. Neben Heidy Müller, a.a.O., S. 145 – 148, die dieses Buch m.E. ausnahmsweise zu vorsichtig anfaßt, vgl. Jean-Paul Bier, ›Auschwitz et les nouvelles littératures allemandes‹, Brüssel 1979, S. 171 ff. Bier behandelt mehrere Bücher, mit denen sich auch der vorliegende Aufsatz beschäftigt, allerdings mit anderen Methoden und Schlußfolgerungen.

13 Rainer Werner Fassbinder, ›Stücke 3‹, Frankfurt 1976, S. 91 – 128. Seitenzahlen fortan im Text.
14 Fassbinder, ›Die bitteren Tränen der Petra von Kant‹ [;] ›Der Müll, die Stadt und der Tod‹, Frankfurt 1984, S. 108 f.
15 Wolfgang Limmer, ›Rainer Werner Fassbinder, Filmemacher‹, Hamburg 1982, S. 118.

Thomas Manns jüdische Gestalten*

Unter den vielen Figuren, die Thomas Manns ›Doktor Faustus‹ bevölkern, gibt es auch eine kleine Nebengestalt, die nur drei der 800 Seiten des Romans beansprucht und an die sich kaum jemand erinnern wird. Ihr Name ist Kunigunde Rosenstiel, und sie ist aktive Teilhaberin in einer Wurstdarmfabrik. Außerdem ist sie – und hier zitiere ich den Erzähler, den Philologen und Gymnasiallehrer Serenus Zeitblom – »wie fast alle Juden, sehr musikalisch«,[1] dazu auf typisch jüdische Weise melancholisch. Sie schreibt ausgezeichnetes Deutsch in ihren langen, von Bewunderung überströmenden Briefen an den Romanhelden, den Komponisten Adrian Leverkühn, Briefe, die sich dann allerdings als ziemlich substanzlos entpuppen. In den Hungerjahren nach dem Ersten Weltkrieg versorgt sie Leverkühn mit Lebensmitteln und Tabak, die sie auf dem Schwarzmarkt erhandelt hat. Und wenn wir sie schon fast vergessen haben, taucht sie sechzig Seiten später noch einmal auf, als ein »umgetanes Frauenzimmer«, die »eine aus dem dreizehnten Jahrhundert stammende französische Versübertragung der Paulus-Vision, deren griechischer Text dem vierten Jahrhundert angehört« für Leverkühn besorgt und ihm damit die Quelle für eines seiner Hauptwerke verschafft. (VI, 472 f.)

Sie denken vielleicht, ich hätte mich auf Kunigunde Rosenstiel zu Anfang dieses Vortrags berufen, weil sie eine Gestalt ist, mit der ich, selbst Jüdin, mich ganz gerne identifizieren möchte. In ihrem zweifachen Kontext von Wurst und Kunst, als Lieferantin von Leckerbissen und antiquarischen Büchern ist sie ja der Inbegriff der jüdischen Mutter als Intellektueller. Vielleicht soll sie uns eine festliche Mahlzeit ins Haus liefern, und eingedenk der Tatsache, daß sie so gutes Deutsch schreibt, laden wir sie eines Tages, wenn wir gut gelaunt sind, sogar ein, eine Rede zum Thema »Thomas Manns jüdische Gestalten« bei unserem jährlichen feierlichen Abendessen zu halten. Doch, um es rund herauszusagen, bin ich nicht so gut gelaunt, sie als Kollegin in Kauf zu nehmen, diese »knochige Jüdin« mit ihrem »schwer zu bändigenden Wollhaar«. (VI, 417) Und der wahre Grund, warum ich sie hier zuerst erwähne, ist, daß sich in ihrer Gestaltung die ganze Herablassung, die Thomas Mann seinen jüdischen Gestalten zukommen läßt, manifestiert.

Manns Bücher stellen Juden in einem breiten Spektrum dar, von den stereotypen Neureichen der ›Buddenbrooks‹ bis hin zu den humorvoll individualisierten Patriarchen der ›Joseph‹-Tetralogie. Ich habe nicht die Absicht, eine Liste dieser fiktiven Juden vorzulesen, weder in der Reihenfolge, in der sie auftreten, noch in der Reihenfolge ihrer Aussagekraft. Statt dessen möchte ich Ihre Aufmerksamkeit auf die jüdischen Konstellationen in Manns Romanwelt lenken und dazu ein paar Fragen stellen, die sich von selbst daraus ergeben werden. Erlauben Sie mir also, *in medias res* fortzuschreiten und die anderen beiden Juden des ›Doktor Faustus‹ unter die Lupe zu nehmen. Wie wir alle wissen, hat Mann den ›Doktor Faustus‹ verfaßt, als es in Deutschland schon mit den Juden vorbei war. Der Roman war seine angestrengte Auseinandersetzung mit dem Phänomen, wie der Nationalsozialismus einer großen Kultur entsprang, die er dann zerstörte. Außerdem ist ›Doktor Faustus‹ ein Buch, das die deutschen Intellektuellen vor und nach dem Ersten Weltkrieg sowohl feiert wie kritisiert.

Chaim Breisacher ist ein solcher Intellektueller. Er ist von gleichem Schrot und Korn wie Leo Naphta aus dem ›Zauberberg‹ und ist wie jener von »faszinierender Häßlichkeit«. (VI, 370) Auch geistige Eigenschaften haben Breisacher und Naphta gemeinsam: Verachtung für die Idee des Fortschritts, den Hang zu einer arroganten Widersprüchlichkeit und Bewunderung für alles Primitive und Atavistische. Doch das Unangenehmste an Breisacher ist der Pränazismus seiner Ansichten, seine Ablehnung von Ethik und seine Aufwertung der Rituale der Gewalt. Er belächelt das humanistische Wertesystem und steigert sich zu rhetorischen Gipfelleistungen mit einem Vokabular von »Blut«, »Volk« und »Schlachtopfer«. (VI, 375) Zeitblom, der Allerweltsdeutsche, läßt seiner Antipathie für Breisacher freien Lauf. Ja, er behauptet sogar, daß er durch Breisacher überhaupt erst »die neue Welt der Anti-Humanität« (VI, 378) – womit er den Nazismus meint –, kennengelernt habe, von dem er dank seines lauteren Gemütes vorher keine Ahnung gehabt hatte. Diese Passage, in der der Jude als Proto-Nazi fungiert und der deutsche Humanist sich Vorwürfe macht, weil er dem Juden nicht rechtzeitig widersprochen habe, weil er der Unmenschlichkeit in jüdischer Gestalt nicht beizeiten die Stirn geboten habe, ist keineswegs ironisch gemeint. Mann zitiert eben diese Stelle in seiner ›Entstehung des Doktor Faustus‹ mit der Absicht, sie in ihrem Zusammenhang zu legitimieren. (Vgl. XI, 281) Dabei wußte er um die jüdische Katastrophe, als er den Roman schrieb, doch statt etwas über das große Verbrechen an den Juden einfließen zu lassen, führte er einen faschistischen Juden vor und macht so das Opfer zum Schuldigen. Der Schwarze Peter wird unter dem Deckmantel hoher Kunst weitergegeben. Das Beste, was man darüber sagen kann, ist, daß es sich um einen Fall von pervers schlechtem Geschmack handelt.

Der andere bemerkenswerte Jude im ›Doktor Faustus‹ ist Saul Fitelberg aus Lublin, ein polnisch-jüdisch-französischer Agent, ein Macher in Sachen Kunst, der Leverkühn aus seiner kreativen Einsamkeit herauslocken möchte, indem er ihm eine Konzertreise nach Paris anbietet. Wortgewandt wie alle Gestalten Thomas Manns, ist die Kunst für ihn ein Geschäft und ein Gesellschaftsspiel. Er ist auf eine klebrige Weise amüsant, doch ist er viel zu seicht, um Leverkühns Tiefe zu ermessen. Zwar legt ihm Mann einige interessante Bemerkungen über jüdisches Verständnis deutscher Kultur in den Mund, doch im ganzen hinterläßt er einen eher negativen Eindruck. Mann wußte das und verteidigte ihn trotzdem: Fitelberg sei seine »jüdische Riccaut-Figur«, meinte er. (XI, 280) Damit meinte er natürlich Riccaut de la Marlinière, den unsauberen französischen Kartenspieler aus Lessings ›Minna von Barnhelm‹, der wie Fitelberg ein Kauderwelsch aus Deutsch und Französisch spricht und den instinktiven Widerwillen der liebenswürdigen deutschen Minna erregt. Lessing, so Thomas Mann, habe sich bei der Erfindung dieser Gestalt dem (ungerechten) Tadel ausgesetzt, er beleidige die Franzosen. Ähnlich erginge es ihm, Thomas Mann, mit Fitelberg, der leicht einer antisemitischen Mißinterpretation anheimfallen könne. Dieser Vergleich ist entlarvend. Denn Lessing *wollte* ja die Privilegien der Franzosen im friederizianischen Preußen bloßstellen und die Gauner anprangern, die ihren Vorteil aus Friedrichs Frankophilie zogen. Dagegen waren die Juden im frühen zwanzigsten Jahrhundert ja nicht gerade privilegiert, und nur als Antisemit hatte man Grund, an ihnen Anstoß zu nehmen. Mann stritt auch jegliche anstößige Absicht ab und behauptete, sowohl Riccaut wie Fitelberg seien harmlos. Dabei übersah er den historischen Kontext. Lessings Riccaut ist ein gezielt eingesetzter Schwindler, dessen Auftritt kritisches Denken bewirken soll. Wenn man bedenkt, was den Fitelbergs aus Lublin und anderen europäischen Städten angetan worden war – und sowohl Autor wie Leser sind in der Nachkriegszeit im Bilde –, dann stockt einem doch ein wenig der Atem, wenn Mann die Szene als eine »erfrischende Episode [...] und sehr dankbar vorzulesen« (ebd.) empfiehlt. – Geschmacksverirrung ist auch hier die günstigste Deutung.

Während seines Aufenthalts in Amerika engagierte sich Mann oft in öffentlichen Auftritten für die Ostjuden, die er als ein großes Reservoir von Talenten, besonders musikalischen

Talenten, bezeichnete. Diese Menschen verdienen, am Leben zu bleiben, ruft er. Heute liest man diese Sätze, die ja wahrlich gut gemeint waren, mit einem unguten Gefühl. Welchen moralischen Unterschied macht es schon, frage ich mich, ob die Opfer große Pianisten oder mittelmäßige Hausfrauen waren? Doch Mann, der viel zu oft einen ausschließlich künstlerischen Standpunkt vertrat, beschrieb hier vielleicht einfach die Quelle für seine verspätete Einsicht, daß das Ostjudentum auch Wertvolles hervorgebracht hatte, wie zum Beispiel musikalische Unterhaltung für verwöhnte Ohren. Denn in seinen frühen Jahren hatte er die Widerwärtigkeit des Gettojuden als »Fettbuckel, krumme Beine und rote, mauschelnde Hände« (XIII, 461) gekennzeichnet. Allerdings war er sich schon damals, 1907, sicher gewesen, daß ein höherer Lebensstandard aus den Juden schließlich Europäer machen würde. Eine Veredlung »der zweifellos entarteten und im Getto verelendeten Rasse« müsse und werde stattfinden. Keine Würdigung des ostjüdischen musikalischen Genies in diesen Worten.

Um 1907 war Mann schon mit einer Frau verheiratet, die aus einer »europäisierten«, sprich assimilierten, jüdischen Familie stammte. Seine Einstellung zur »Judenfrage« war, abgesehen von den erwähnten Entgleisungen, aufgeklärt: Sie konnte und würde mit der Zeit und dank des Fortschritts gelöst werden. Das ist eine Einstellung, die im 18. Jahrhundert großartig war, als Lessing die Gestalt des weltoffenen, charakterstarken und gebildeten Juden in seinem frühen Drama ›Die Juden‹ einführte. Auf den Einwand, einen solchen Juden gebe es nicht, erwiderte Lessing, es werde ihn geben, sobald die Zeit und die wirtschaftlichen Umstände es zuließen. Doch Mann lebte im Jahre 1907 schon in einer Zeit, als die Judenfeindlichkeit in ihrer rassistischen und politischen Form um sich griff und deutlich zunahm. Und doch war Mann irritiert, als der jüdische Kollege Jakob Wassermann von den Hindernissen sprach, die er als Jude in seiner Laufbahn zu bewältigen gehabt habe. »Manche Ihrer Klagen«, schrieb er an Wassermann, »beziehen sich auf deutsche Verhältnisse überhaupt, und auch jeder nichtjüdische deutsche Romanschriftsteller könnte sie erheben.«[2] Wassermann habe doch große Erfolge als Schriftsteller zu verzeichnen und daher keinen Grund zur Klage. Wassermann antwortete, es ginge nicht um ein persönliches, sondern ein soziales Übel, das Thomas Mann überhaupt nicht verstände. »Was hätten Sie empfunden, wenn man aus Ihrem Lübecker- und Hanseatentum ein Mißtrauensvotum konstruiert hätte? [...] Dringt Ihre Phantasie nicht in diese beständig aufzehrende Lebenspein von Tausenden, den niedergetretenen Stolz, die freche Umgehung von Menschenrecht und Bürgerrecht?«[3] Thomas Mann lernte nichts aus diesem Briefwechsel. Jahre später verwahrte er sich gegen den Antisemitismus-Verdacht im Falle Fitelberg mit dem Hinweis, es gäbe genügend unsympathische Nichtjuden im ›Doktor Faustus‹. (Vgl. XI, 280)

Egon Schwarz hat im Gespräch darauf hingewiesen, daß der Antisemitismus, der doch in der erzählten Zeit des ›Doktor Faustus‹ ein wesentliches Moment in deutscher Kultur und Gesellschaft war, im Roman überhaupt keine Rolle spielt. Der Lesende könne gar nicht auf die Idee kommen, daß es so etwas gegeben habe. Zu dieser Beobachtung wäre noch hinzuzufügen, daß nichts in dem Roman den Nachkriegsleser darauf hinweist, daß in der Erzählzeit, also in der Zeit, in der Mann diesen Roman verfaßte, fast alle deutschen Juden ermordet oder emigriert waren. Man könnte einwenden, es sei eine heikle Sache, den Verfasser von Fiktionen für etwaige Unterlassungssünden vor Gericht zu ziehen. Serenus Zeitblom, der fiktionale Erzähler, schreibt ja während des Krieges und kann nicht alles wissen, was erst nach dem Krieg bekannt wurde. Und weiterhin ließe sich einwenden, daß der Roman nicht der Ort sei, an dem wir mit der Gleichberechtigung von Minderheiten oder mit Wiedergutmachungsstrategien rechnen dürfen. Doch wird man bei der Lektüre nicht irgendwann innehalten und fragen, was das denn für ein kurioses antisemitenreines Deutschlandbild sei. In Heinrich Manns Werk gibt es z.B. auch Judenfeinde, in dem von Thomas Mann nur Juden.

Thomas Mann betrachtete die Judenfeindschaft als eine ordinäre Sache, einen Versuch der Massen, sich als Elite aufzuspielen. »Der Antisemitismus ist der Aristokratismus des Pöbels«, sagte er 1937 auf einem Zionistenkongreß in Zürich. »Er ist auf eine sehr einfache Formel zu bringen: ›Ich bin zwar nichts‹, will er besagen, ›aber ich bin kein Jude.‹ Damit glaubt der Tropf dann immerhin etwas zu sein.« (XIII, 481) Aus so einer vereinfachenden Formel für Rassismus ließ sich keines der für Manns Bücher so kennzeichnenden geistigen Feuerwerke entwickeln, und so war der ganze Begriff unbrauchbar. Noch 1943 sagte er in einer Rede auf englisch (der deutsche Originaltext ist verloren gegangen): »Never could a spiritual, cultured and philoeuropean man in Germany be an antisemite. […] Also, it would be a total error to attribute to the great majority of the German people an antisemitism that would provide a popular basis for the Nazi crimes against the Jews.« (XIII, 496)[4] Im Jahre 1943 war die Mehrheit der Deutschen für Thomas Mann noch immer nicht antisemitisch eingestellt. Und da für ihn, sogar zu dieser späten Stunde, der Antisemitismus noch immer nur eine proletenhafte Lümmelei oder ein Rückfall in eine überholte Barbarei war, so konnte er ihn nicht als ein modernes Phänomen behandeln.

Er hat, wie gesagt, viele Juden erfunden, doch, soviel ich weiß, nur einen Antisemiten. Der jedoch ist nicht ohne Bedeutung. Er heißt Wiedemann und taucht gegen Ende des ›Zauberbergs‹ auf, in dem Kapitel ›Die große Gereiztheit‹, wo alle mit allen grundlos streiten, als sei die Aggressivität auch eine Art Krankheit. Eine elegante Russin spuckt Blut, nachdem sie sich mit einer Verkäuferin angelegt hat, ein junger Mann schäumt wortwörtlich vor Wut, weil man ihm lauen statt heißen Tee serviert hat und so weiter. In diesem komisch anmutenden Zusammenhang geraten sich der jüdische Patient Sonnenschein und der Judenfeind Wiedemann in die Haare und balgen sich auf dem Fußboden mit Händen und Füßen wie zwei kleine Jungen: Der Antisemit ist in diesem Kapitel nicht mehr oder weniger zu tadeln oder kindischer als der Jude, der sich zur Wehr setzt. Ein reifer Erwachsener steht über solchen Lächerlichkeiten.

Im Jahre 1921 bat Efraim Frisch, der Herausgeber des ›Neuen Merkur‹, Thomas Mann um einen Beitrag zu einem Spezialheft über das Judenproblem. Mann schrieb einen sehr persönlichen, autobiographischen Aufsatz, den er aber vor der Veröffentlichung, seiner Frau zuliebe, zurückzog.[5] Er wurde erst 1966 in der ›Frankfurter Allgemeinen Zeitung‹ abgedruckt. Darin erwähnt Thomas Mann die Hilfe und das kritische Verstehen, das ihm zeit seines Lebens von Juden zufloß, und spielt auch auf seine »Mischehe« an, indem er aus seinem epischen Gedicht ›Gesang vom Kindchen‹ zitiert. Wie immer in seinen öffentlichen Aussagen gab sich Mann als Philosemit. Doch gleichzeitig enthielt dieser Aufsatz drei jüdische Gestalten, das heißt Skizzen von Klassenkameraden, die er mit seiner ganzen novellistischen Begabung gezeichnet hatte, die so eindrucksvoll sind wie die Gelegenheitskritzeleien eines großen Malers. Diese Skizzen nun enthüllen, was die Aussage des Textes verhüllt, nämlich Manns Herablassung und den Hang, die Juden in minderwertige Positionen abzuschieben. Der eine ist Ephraim, »ein Knäbchen Carlebach, Rabbinersöhnchen, quick, wenn auch eben sehr reinlich nicht« (XIII, 467), der dem kleinen Thomas die Antworten bei mündlichen Prüfungen einsagt. Derlei Geschichten betonen meist die Kameradschaft der Schulkinder. Dem Erzähler Mann fällt nicht so sehr die Freundschaft des anderen ein, als »die unglaubliche Geschicklichkeit, mir der er mir beim Verhör einzublasen verstand«. (ebd.) Der Hochmut des Nichtjuden ist unüberhörbar. Der zweite Junge ist ein ungarischer Jude, gehört »einem Typus, prononciert bis zur Häßlichkeit« an (ebd.) und betreibt kleine Geschäfte mit und für den kleinen Thomas. Ein dritter ist wieder auf andere Art »typisch«: er legt »Vergnügtheit als Grundverfassung unter Juden« (XIII, 469) an den Tag, eine erstaunliche Behauptung, da Mann im selben Text und auch anderswo die Melancholie für typisch jüdisch hält. In Wahrheit ist nur eines hier wirklich typisch: Der Versuch, widersprüchliche Eigenschaften an gewissen Gruppen festzumachen, ist ein typisches Beispiel von Vorurteil gegen solche Gruppen.

Mann war sich bewußt, daß sein Judenbild nicht einwandfrei war und reagierte pikiert auf Kritik: »[...] am wenigsten angenehm waren mir immer jene Dissimulanten und Verdrängungskünstler unter den Juden, die bereits in der Tatsache, daß jemand ein so markantes Phänomen wie das jüdische nicht geradezu übersieht und aus der Welt leugnet, Antisemitismus erblicken.« (XIII, 472) Seine Irritation tritt deutlich in der rechthaberischen Wortwahl – »Dissimulanten und Verdrängungskünstler« – zutage, die eine differenzierende Diskussion von vornherein ausschließt, etwa über den Schaden, den die Angehörigen von Minderheiten durch Stereotypisierung erleiden. Und doch meinte Thomas Mann auch, daß die Germanen erst durch mediterranen Einfluß, nämlich durch das Christentum, zu Deutschen geworden seien und daß die Juden, wie die Kirche, dieses mediterrane, zivilisierende Element verkörperten. Daher war ihm der Antisemitismus ein Rückfall ins Vorchristliche, »ins Barbarische, ins Vorgeschichtlich-noch-nicht-Deutsche, sondern bloß Völkisch-Germanische«. (XIII, 483)

Als historische Einsicht ist diese Analyse wertlos: Der Haß auf die Juden ist nicht germanisch, sondern eine christliche Entwicklung und beginnt mit der Vorstellung von Juden als Christusmördern. Doch diese christlichen Wurzeln der Judenfeindlichkeit waren wieder einmal kein Thema für Manns schöpferische Phantasie, während er aus seiner unhistorischen

Idee einer Symbiose zwischen Kirche und jüdischem Geist die unvergeßliche Gestalt seines Leo Naphta schaffen konnte.

Naphta, der Gegenspieler von Settembrini im ›Zauberberg‹, der häßliche kleine jüdische Jesuit aus Galizien, der dem jungen Hans Castorp reaktionäres und terroristisches Denken nahebringt, ist gewiß eine der großartigsten und gelungensten Gestalten in Manns Werk. Offenbar sah er eine Logik des Zusammenhangs zwischen den überraschenden Bestandteilen von Naphtas Charakter, wie er ihn zwischen seinem angenommenen Katholizismus und seiner jüdischen Herkunft wahrnahm. Naphta als fiktive Gestalt übt eine Überzeugungskraft auf den Leser aus, die man bei den abstrahierenden Ideen seines Autors vermißt. Die Gestalt Naphtas entspringt leider auch Thomas Manns Ansicht, daß die Juden, gerade weil sie so intellektuell seien, öfter als andere gesündigt hätten und überdies andere zur Sünde verleiteten: »Es ist ihre eingeborene Liebe zum Geist«, schrieb er in dem Aufsatz für ›Der neue Merkur‹, der seiner treuen jüdischen Frau zu weit ging und daher nicht veröffentlicht wurde, »diese Liebe, die sie gewiß nicht selten zu Führern auf dem Sündenwege der Menschheit gemacht hat«. (XIII, 475) Anders gesagt, neigen Juden besonders zum Fanatismus und Aktivismus. Umsonst zerbreche ich mir den Kopf, wer diese »Führer auf dem Sündenwege« gewesen sein mögen. Herbert Lehnert meint, Mann hätte dabei Trotzki und außerdem Eugen Leviné, einen Anführer der kurzlebigen bayerischen Räterepublik, im Sinn gehabt.[6] Ein magerer Indizienbeweis, sollte man meinen. Selbstkritik der Juden zielt bekanntlich meist in die umgekehrte Richtung, nämlich daß sie in der Geschichte viel zu selten als Handelnde, als Aktivisten, tätig gewesen sind. – Thomas Mann konnte in seinem Denken recht abwegig sein.

Abwegig und an den Haaren herbeigezogen ist auch Naphta und bleibt trotzdem eine lebendige Figur, mit seinen unberechenbaren Widersprüchen bis hin zur Selbstzerstörung, seinem

Selbstmord. Trotz oder vielleicht sogar wegen seiner schäbigen Urteile und seiner inspirierten Ignoranz über Juden gelang es Thomas Mann, eine Gestalt zu konstruieren, die weder schäbig noch ignorant anmutet und uns mit immer neuen Überraschungseffekten fesselt. Die Geschichte von Naphta ist vom Antisemitismus, wenn nicht geprägt, so doch gefärbt – und der bleibt ein Makel, ein Abstrich, zumindest für mich, als jüdische Leserin – aber er geht nicht auf in dieser Rubrik. Wie Shylock ist Naphta ein faszinierendes Phantasieprodukt, in dem ein nichtjüdischer Dichter abendländische Ängste und Alpträume auf einen angeblich gefährlichen, destruktiven Juden projiziert hat.

Ein paar Gruppenbilder ergeben sich. Thomas Manns Juden sind entweder harmlos servile Schuhputzer und Handlanger der deutschen Kultur und ihrer Genies, vom Knäbchen Carlebach über die Wurstdame Kunigunde Rosenstiel bis zum Agenten Saul Fitelberg. Oder, wie Naphta und Chaim Breisacher, gefährden sie abendländische Werte mit Ideen, die aber nur in Manns Fiktionen jüdischen Ursprungs sind. Man fragt sich: Wo bleiben die schöpferischen Geister? Kreativität war doch immer Manns Hauptthema.

Nun, es gibt eine Gruppe Juden, die sich sehnen, kreativ zu arbeiten, denen es aber nicht gelingt. Einer ist Detlev Spinell in der Novelle ›Tristan‹. Er ist ein Schriftsteller, der nicht schreibt. Ein kurzer Roman ist ihm einmal gelungen, und seither sitzt er in seinem Zimmer und liest diesen Roman, weil ihm weiter nichts mehr einfällt. Er ist hochmusikalisch, spielt aber kein Instrument und bewundert schöne Frauen aus der Entfernung, ist aber wahrscheinlich impotent. Er ist Patient in einem Sanatorium, wo er sich in die Gattin eines vulgären und tüchtigen Geschäftsmannes verliebt. Er idealisiert und sentimentalisiert diese Frau und veranlaßt sie, für ihn Klavier zu spielen, obwohl es ihr aus gesundheitlichen Gründen verboten ist. Sie erschöpft dann auch ihre Kräfte über Wagners ›Tristan und Isolde‹, und am Ende der Novelle liegt sie im Sterben, während ihr Bewunderer die Flucht vor ihrem nur allzu vitalen Kleinkind ergreift. Es ist also eine Geschichte über einen dekadenten jüdischen Pseudo-Künstler, dem die Kunst, das Leben und die Liebe versagt sind, der, zu unproduktiver Sterilität verurteilt, die Gesundheit anderer, eines ästhetischen Kitzels halber, aufs Spiel setzt.

Man kann leicht einwenden, daß Mann seine eigene Ambivalenz gegenüber seinem Beruf und seine Zweifel über seine Zukunftsaussichten als Schriftsteller in die Gestalt des Detlev Spinell hineingedichtet hat. Das ist sicher der Fall, aber es ist eben auch eine Funktion von erfundenen Juden, daß ihre nicht-jüdischen Erfinder ihre eigenen Unsicherheiten und Selbstkritik an ihnen auslassen. Spinell ist die Schattenseite der künstlerischen Veranlagung, einer, der nimmt, ohne zu geben, einer, der verändernd in bestehende gesellschaftliche Strukturen eingreift, ohne sie zu bereichern. Spinell als Tristan ist eine lächerliche Parodie auf den großen Liebenden der Sage und der Oper. Nicht nur erotisch bewährt er sich nicht, auch seine Gefühle sind schwach und spielerisch oberflächlich, so daß der Geliebten Tod, an dem er doch Mitschuld trägt, keine bleibende Wirkung auf ihn ausüben wird.

Juden am Rande von Wagners Musik, sachverständig, aber unfähig, ins innere Heiligtum einzutreten, sind auch die handelnden Personen in seiner »Judengeschichte«, wie er sie nannte (XIII, 472), der Novelle ›Wälsungenblut‹ (1906). Es ist sein umstrittenster Versuch, ein jüdisches Ambiente zu beschreiben. Die Geschichte handelt von einem dekadenten Zwillingspaar aus neureichem Hause, namens Siegmund und Sieglinde Aarenhold. Der Vater ist ein selbstgemachter Millionär – die Quelle seines Wohlstands wird mit Ironie und Verachtung erwähnt –, die Mutter ist den Kindern peinlich, wegen ihrer schlechten Manieren und ihres jiddischen Akzentes. Die Kinder sind beinahe Karikaturen in ihrem vom Geld abgeleiteten

Standesbewußtsein. Die ganze Familie behandelt Sieglindes christlichen Bräutigam Beckerath mit der Herablassung, die einer verdient, der für seinen Unterhalt arbeitet. Sein Name enthält wohl eine Anspielung auf Brackenburg, Klärchens unglücklichen Werber in Goethes ›Egmont‹. Beckerath ist von der Familie Aarenhold weder aus Zuneigung noch aus Wertschätzung akzeptiert worden, sondern einzig und allein aus Snobismus, weil er aus guter Familie stammt und eine Stelle als Ministerialbeamter innehat. Sieglindes Ehe wird ein Schritt zur Assimilation sein. Seine nichtjüdische Herkunft ist einerseits von Vorteil für Beckerath in dieser Gesellschaft von opportunistischen Strebern, andererseits verachten sie ihn auch dafür. Siegmund nennt ihn »dieser Germane« (VIII, 395), womit er das Barbarische gegenüber der eigenen Kultur betont, und im berüchtigten letzten Satz der Erzählung nennt er ihn den »Goj«.

Während eines Opernbesuchs von Wagners ›Die Walküre‹ wird sich Siegmund bewußt, wie unkreativ und fern von echten Gefühlen er selber lebt. Wie Spinell, der sich einen Cognac einschenkt, als er erfährt, daß seine Angebetete im Sterben liegt, hat Siegmund eine Ahnung vom Wesen des Schöpferischen und der Leidenschaft (VIII, 404), aber nur als Außenseiter, als Ausgeschlossener. Er ist klug genug, um zu erkennen, woraus sein Leben besteht, nämlich aus einem Katalog antisemitischer Sottisen, die Thomas Mann aber nicht als solche anbietet, über den zersetzenden jüdischen Geist: »Weichheit und Witz, [...] Verwöhnung und Verneinung, Luxus und Widerspruch, Üppigkeit und Verstandeshelle, reiche Sicherheit und tändelnder Haß [...], kein Erlebnis, nur logisches Spiel, keine Empfindung, nur tötendes Bezeichnen.« (ebd.) Hans Vaget, ein hervorragender Mann-Kenner, hat den antisemitischen Unterton der Erzählung abgestritten, und zwar aus den schon oben, bei Spinell, angeführten Gründen, nämlich daß Mann seine eigene unüberwindliche Furcht vor künstlerischer Sterilität in dieser Figur darstellte.[7] Aber eine solche Absicht belegt ja nur die Sündenbockfunktion des Juden.

Die Novelle steuert auf ihren skandalösen Höhepunkt zu. Die Zwillinge, erregt durch die musikalische Darbietung, trotz der unvermeidlichen ironischen Kritik, mit der sie glauben, Sänger und Orchester belegen zu müssen, fallen einander in die Arme, in einem Akt von Inzest, mit dem sie das Bühnenerlebnis imitieren. Nach dem Vollzug erinnert sich Sieglinde an ihren Bräutigam. »Beckerath, Gigi [d.h. Siegfried] ... was ist nun mit ihm?« fragt sie den Bruder. (VIII, 410) Und nun betont Mann das klüngelhaft Exklusive dieser Juden, im Ausdruck wie in der Aussage. Siegmund antwortet nämlich, »und einen Augenblick traten die Merkzeichen seiner Art sehr scharf aus seinem Gesichte hervor«. (ebd.) »›Nun [...] was soll mit ihm sein? Beganeft [betrogen] haben wir ihn, den Goj.‹«[8] In der endgültigen Fassung stehen etwas konventionellere, nicht ganz so aufsässig jüdische Worte, die den Nichtjuden aber ebenso abwerten: »dankbar soll er uns sein. Er wird ein minder triviales Dasein führen, von nun an.« (VIII, 410)

Diese Novelle hat ihre eigene Geschichte. Bevor sie gedruckt war, wurde sie zurückgezogen, zirkulierte dann privat in München und gab Anlaß zu dem Gerücht, Mann habe sich an der Familie seiner Frau »rächen« wollen. 1921 erschien eine illustrierte Ausgabe als Privatdruck; 1931 erschien sie in französischer Übersetzung und ist erst seit 1958 dem deutschen Publikum voll zugänglich. Vaget und andere meinen, daß sie eine indirekte Kritik am Antisemitismus enthält, indem sie Nichtjuden ein verzerrtes Spiegelbild entgegenhält und so die Diskriminierung an und für sich geißelt. Doch mir erscheint diese Deutung zu raffiniert für einen nicht sehr feinsinnigen Text. Denn sie verlangt von uns, die Novelle so zu lesen, als ob Mann bewußt und kritisch den Rassismus auf die üblichen Opfer der Diskriminierung projizierte, um damit die wirklichen Rassisten unter den Nichtjuden zu treffen. Das ist wohl der Rechtfertigungsversuch einer späteren Generation von Thomas-Mann-Bewunderern, die ungern einsehen, daß ihr Idol, bei aller geistigen Größe ein Kind seiner Zeit und seines Landes war, und daß er trotz seiner jüdischen Ehefrau, und vielleicht sogar wegen ihr, dem europäischen kollektiven Unbewußten über die Juden Ausdruck gab.

Seit dem Mittelalter fragen sich Christen mit leisem Schauder, was die Juden eigentlich tun, wenn sie unter sich sind. Zum Beispiel am Pessachfest, wenn das christliche Personal nicht dabei sein darf. Aus dem Bodensatz abendländischer Kultur steigen immer wieder die wüstesten Antworten auf diese Frage auf. Die Juden sündigen, sie tun Unnatürliches, sie verüben Greueltaten, was sonst? Sie stecken Nadeln in Heiligenbilder, bis die armen Heiligen bluten. Oder sie töten Christenkinder und backen das Blut in ihre Matze, den Osterkuchen. Auch Thomas Mann stellt diese Frage und beantwortet sie wie das Mittelalter: Juden brechen Tabus, wenn niemand zuschaut, sie benehmen sich widernatürlich. Nur gibt Mann der alten Frage einen Fin de siècle-Anstrich, denn in seiner modernen Fassung ist die unnatürliche Tat nicht Mord, sondern Inzest. Doch selbst hier ist der Christ das Opferlamm. Denn die Juden täuschen nur vor, sie seien assimiliert, in Wirklichkeit ködern sie ehrliche junge Christenherren mit ihrem Geld und ihren schönen Töchtern und verkaufen diesen Unschuldsmenschen verdorbene, korrupte Ware. Liest man ›Wälsungenblut‹ nur ein wenig gegen den Strich, so erscheint Beckerath als der eigentliche Protagonist, die Figur, um die sich alles dreht, der Christ, den die Juden betrügen und seiner Ehre berauben. So gesehen, steht die Novelle in einer langen Tradition angstbesetzter christlicher Phantasien über die Juden.

Es gibt meines Erachtens nur eine einzige positive jüdische Gestalt unter Thomas Manns *modernen* Juden, und das ist der gute Dr. Sammet in ›Königliche Hoheit‹. Wie sein berühmterer Kollege Sigmund Freud glaubt Dr. Sammet, daß sein Außenseitertum ihn produktiver gemacht habe, und sieht es als ein

Privileg an, Jude zu sein. Über Diskriminierung läßt er sich nicht aus, auch nicht darüber, daß Feindseligkeit der Produktivität auch schaden könne. Wenn man Dr. Sammet zuhört, glaubt man, daß es den Juden so geht, wie es ihnen gehen soll, und daß keine Änderung notwendig sei.

Doch gibt es nicht nur moderne Juden in Manns Werken, es gibt auch die biblischen Juden der ›Joseph‹-Romane. Und die ›Joseph‹-Romane sind ein großartiger und begeisterter Tribut eines Nichtjuden an die jüdische Tradition, mit der sich eigentlich nichts in der abendländischen Literatur vergleichen läßt. Allerdings sind biblische Romane nicht unbedingt jüdische Romane. Das Christentum sieht die positiven Bibelgestalten (etwa die Patriarchen) gern als Hebräer und nur die negativen als Juden. Aus dieser Sicht ist Judas ein Jude und Jesus ist keiner. Mann jedoch machte aus seiner Tetralogie eine deutlich jüdische Geschichte, mit vielen Hinweisen auf späteres jüdisches Schicksal. Er selbst sagte 1937, daß er eigentlich gar nicht geplant hatte, eine Apologie des Judentums gegen den Antisemitismus zu schreiben. Er habe nicht »ein Juden-Epos, sondern ein Menschheits-Epos schreiben wollen«. (XIII, 486) Das Juden-Epos gelang ihm jedoch gerade deshalb, weil es ein Menschheits-Epos wurde. Hier sind die Juden nicht länger geistige Krüppel, Fanatiker und gescheite Narren, sondern sind eben Vertreter der Menschheit.

Herbert Lehnert hat bemerkt, daß Judentum in Thomas Manns Werken immer »Fremdheit« bedeutet und daß diese Fremdheit meist negativ besetzt sei.[9] Davon ist bis jetzt die Rede gewesen, auch davon, daß kreative Juden in diesem Werk fehlen. Die Ausnahme ist jedoch Joseph und vielleicht auch sein Vater Jaakob. Hier ist geistige Schöpferkraft voll entfaltet. Als Fremder in Ägypten ist Joseph der Außenseiter schlechthin, der Künstler mit der Last seiner Ungewöhnlichkeit. Gleichzeitig ist er der Jude in der Diaspora, und diesmal sehen wir ihn von innen und aus inniger, sympathetischer Sicht. Mann war selbst ein Exilant, als er die beiden Ägypten-Bände der Tetralogie schrieb. Der letzte, ›Joseph der Ernährer‹, ist »ganz unter amerikanischem Himmel entstanden«. (XI, 662) War Außenseitertum schon immer eines seiner Lieblingsthemen gewesen, so gewann es durch das Exil eine neue Dimension. Irgendwie fühlte sich Mann nun »jüdisch«. Auf jeden Fall gelang es ihm, jüdischer Geschichte und jüdischem Empfinden eine symbolische und mythische Allgemeingültigkeit zu verleihen. Er schrieb diese Bücher zu einer Zeit, als er politisch stark engagiert war. Morgens arbeitete er an ›Joseph der Ernährer‹, nachmittags hielt er im Radio Ansprachen über die Nazis. »Ärgern tue ich mich nur am Nachmittag.«

Thomas Manns Jaakob ist ein frommer, schlauer junger Jude und später ein weiser und gescheiter alter Jude, und gleichzeitig ist er ein Patriarch und eine legendäre Gestalt. So ist es auch mit Joseph, der einerseits Vorbote des Messias und Heilands ist und gleichzeitig ein junger Jude, der zwischen seinem geistigen Erbe und einer Adoptivkultur wählen muß. Denn besonders in den beiden Ägypten-Romanen zeigt Mann ein Verständnis für das Dilemma derer, die zwischen jüdischer Orthodoxie, traditionellem Judentum und Assimilation stehen, das man von seiner früheren Blindheit für solche Konstellationen nicht erwartet hätte. Jaakob ist der orthodoxe Vater, dessen Kinder den Lockungen der herrschenden, verfeinerteren und dekadenteren Kultur verfallen. Er bewahrt, was er kann, duldet, was er muß, sucht schlaue Ausweichmanöver. Er weiß, daß sein Sohn bei ägyptischen Ritualen, Götzendienst in seinen Augen, mitmacht, schüttelt mißbilligend den Kopf, läßt es geschehen, nennt es »räuchern«: »Räucherst du wohl auch gelegentlich der Sonne und den Gestirnen, wie deine Stellung es mit sich bringt?« (V, 1781) Statt den Pharao, wie es sich gehört, als einen Gott zu begrüßen, segnet er ihn bei einer Audienz auf jüdische Weise. Frömmigkeit und seufzende Kompromißbereitschaft verschmelzen in seinen Bemühungen, sich in der Fremde geistig zu behaupten. Sein Volk ernähren und seine jüdische Identität bewahren – diese seine Hauptanliegen sind seit je die der Juden in der Diaspora.

Sein Sohn Joseph kommt in den Bannkreis ägyptischer Kultur, lange bevor er das Land betritt. Doch im Angesicht der Sphinx weiß er »wes Geistes Kind man ist, und hält's mit dem Vater«. (IV, 746) Bei der Deutung von Pharaos Träumen klingt er wie ein immigrierter Psychoanalytiker, der seine Weisheit über Träume von weither bringt. Er sagt, daß jeder seine eigenen Träume deutet, und meint damit, daß sie das Symptom eines psychischen Zustands seien, und: »die Deutung ist früher als der Traum, und wir träumen schon aus der Deutung.« (V, 1355) Das hat er in der Jugend gelernt, als er sich im Traum über die Brüder erhob und der Vater ihm verwehrte, so zu träumen. Was er aus der alten Heimat an geistigem Gut mitgebracht hat, macht ihn wertvoll im Land seines Exils. Er wird und wird nicht zum Ägypter, er ist ein Ausländer in seiner ägyptischen Familie; in seine hebräische, als er sie wiederfindet, kann er sich nicht mehr integrieren. Er bleibt in der Schwebe einer ewigen Ambivalenz befangen, die zum Beispiel bei Jaakobs Begräbnis Ausdruck findet. Der Alte wollte bei seinen Vätern beerdigt werden. Um die Leiche so weit zu transportieren, muß sie jedoch mumifiziert werden, ein Ritual, das jüdischer Tradition gänzlich zuwiderläuft. Joseph, der vierzig Jahre in Ägypten verbracht hat, ist glücklich, seinen Vater auf diese umständliche, kostspielige, unjüdische Weise ehren zu dürfen.

In seinen modernen Juden scheint Mann nach Unterschieden, Absonderlichkeiten gesucht zu haben. In seinen biblischen Romanen war es ihm um anthropologische Bezüge zu tun, die sich in einzelnen jüdischen Gestalten niederschlugen. Die modernen Juden sah er vom Standpunkt des Alteingesessenen, sozusagen vom Standpunkt des Ägypters, während er in den beiden ägyptischen ›Joseph‹-Romanen den Standpunkt des Exilanten adoptierte, der sich unter Eingeborenen, die ihm fremd sind, zurechtfinden muß.

Thomas Mann sah seine vier ›Joseph‹-Romane gern als seinen ›Ring der Nibelungen‹, in Analogie zu Wagners »dramatische[m] Epos und Riesenmärchenspiel« (XI, 677), das ja auch vier Opernabende in Anspruch nimmt. Wie Wagner schrieb er eine moderne Mythologie aus alten Quellen. In seiner Jugend hatte er in den Novellen ›Tristan‹ und ›Wälsungenblut‹ jüdische Impotenz und dekadente Sensibilität gegen Wagners Musik mit allem dazugehörigen Deutschtum ausgespielt. In der Tetralogie diente ihm das Wagnersche Modell dazu, die abendländische Kultur zu ihren jüdischen Ursprüngen zurückzuverfolgen. Der Riesenroman ist vielleicht das einzige literarische Werk, das die oft beschworene deutsch-jüdische Symbiose von nichtjüdischer Seite her verwirklicht. Dabei ist es auch Manns christlichstes Buch, denn Joseph ist Vorläufer von Jesus und hat manche Züge des Christus, der noch kommen wird. Joseph ist nicht der Heiland, doch ohne ihn gäbe es keine Erlösung. Das ist so ziemlich die positivste Einstellung zum Judentum, die von einem gläubigen Christen zu erwarten ist.

Thomas Manns Werke widersprechen einander gründlich in ihren Darstellungen von Juden. Gerade ihrer Paradoxien halber sind sie vielleicht die einschlägigste, wenn auch die frustrierendste, literarische Einzelquelle für das Verständnis und Mißverständnis, die Faszination und den Haß, die Deutsche in der ersten Hälfte unseres Jahrhunderts dieser Minderheit in ihrem Land entgegenbrachten.

Anmerkungen

* Dieser Vortrag wurde 1987 auf englisch bei der Jahrestagung der *German Studies Association* in Albuquerque, New Mexico gehalten.

1 Thomas Mann, »Doktor Faustus«, in: ›Gesammelte Werke in 13 Bänden‹, Bd. VI, Frankfurt 1974, S. 417. Alle Angaben im Text beziehen sich auf diese Ausgabe.
2 Thomas Mann, ›Briefwechsel mit Autoren‹, hrsg. von Hans Wysling, Frankfurt 1988, S. 475 f.
3 Ebd., S. 478 – 480.
4 »Nie könnte ein geistiger, kultivierter und europäisch gesinnter Deutscher ein Antisemit sein. […] Auch wäre es ein totaler Fehler, der großen Mehrheit des deutschen Volkes einen Antisemitismus, der als Grundlage für die Naziverbrechen gegen die Juden dienen könnte, anzulasten.«
5 Vgl. Herbert Lehnert, »Leo Naphta und sein Autor«, in: ›Orbis Litterarum‹, Bd. 37 (1982), S. 58.
6 Ebd., S. 58 f.
7 Hans Rudolf Vaget, ›Thomas Mann – Kommentar zu sämtlichen Erzählungen‹, München 1984, S. 155 – 169.
8 Ebd., S. 156.
9 Lehnert, a.a.O., S. 58.

»Die Ödnis des entlarvten Landes«
Antisemitismus im Werk jüdisch-österreichischer Autoren

Ich untersuche auf den folgenden Seiten einige bedeutende Werke österreichischer Autoren jüdischer Herkunft von der Mitte des neunzehnten Jahrhunderts bis zum Ende der Hitlerzeit. Mein Ausgangspunkt ist die Frage: Wie haben jüdische Autoren sich mit dem österreichischen Antisemitismus abgefunden, wie haben sie ihn in belletristischen Werken dargestellt? Das Thema gewinnt, wenn man sich die Bewußtseinslage der heutigen Leser im Vergleich zu den Autoren vergegenwärtigt. Wir können nicht umhin, die Bücher, um die es sich hier handelt, von einem Standpunkt aus zu lesen, der den Autoren fremd war, nämlich mit dem Wissen um einen tödlichen Ausgang, während sie die katastrophalen Auswirkungen des »Judenproblems« unmöglich voraussehen konnten. Wir Heutigen wollen die Perspektive der Damaligen zwar bis zu einem gewissen Grad verstehen, doch ganz nachvollziehen können wir sie nicht und stellen unsere Frage aus dieser bewußt doppelten Perspektive.

Der österreichische Antisemitismus hat sowohl die geistige Entwicklung Theodor Herzls wie die Adolf Hitlers geprägt. Diese einfache Überlegung allein deutet darauf hin, daß in der modernen Geschichte der Diaspora Österreichs Judenfeindlichkeit mehr als eine unbedeutend provinzielle Variante einer europäischen Krankheit war, daß ihr im Gegenteil eine zentrale Bedeutung zukommt. Alle Schriftsteller, die auf den folgenden Seiten erwähnt werden, waren im österreichischen Kulturleben mehr oder minder integriert und sahen sich oft auf dem Weg zu weiterer Integration, ob sie diese nun Emanzipation oder Assimilation nannten. Um so auffallender ist die hellwache Intensität ihrer Reaktionen auf den Antisemitismus.

Vermutlich das erste jüdische Werk über den Judenhaß, das in Österreich allgemeines Interesse erweckte, war Hermann Mosenthals Drama ›Deborah‹ (1848). Dieses Stück erzielte einen außerordentlichen internationalen Erfolg, der aber wohl zum Teil auf das Konto seiner Liebesgeschichte geht. Es spielt in den Jahren 1780 und 1785 in der Steiermark, wo sich damals Juden nicht niederlassen durften. Doch begann 1780 auch die Alleinherrschaft Kaiser Josephs II. Dank des »barmherzigen Kaisers«, des Kaisers der jüdischen Emanzipation, haben die Juden im letzten Akt von ›Deborah‹ das Recht erhalten, im Dorf zu bleiben. Das Stück hat also einen politischen Rahmen und Hintergrund, der uns heute noch anspricht und zum historischen Nachdenken reizt, während andererseits das persönliche Drama, das sich im Vordergrund abspielt, verstaubt und veraltet anmutet. Es geht um zwei starke Heldinnen und einen schwachen Helden. Die beiden Frauen sind als Kontrastfiguren gezeichnet, beide sind sowohl menschlich wie erotisch attraktiv, die eine »wild«, dunkel und Jüdin, die andere mild, blond, hausfraulich und Christin. Der schwache Held liebt beide, zuerst die Christin Hanna, dann die Jüdin Deborah und läßt sich schließlich von Verwandten und Freunden in eine Ehe mit seiner ersten Liebe, der Christin, drängen. Diese Verwandten und Freunde treiben ihm nämlich seine Liebe zu der Jüdin aus, indem sie ihn überzeugen, sie sei nur habgierig und würde für eine Summe Geldes von ihm ablassen. Zwar entpuppt sich dieser Vorwurf als Verleumdung, doch rechtfertigt der Autor nichtsdestoweniger die Ehe der beiden Christen als die richtige Lösung, denn eine Mischehe hätte die Bekehrung der Jüdin erfordert. Eine solche Bekehrung hätte nicht ehrlich sein können und hätte sie ihrer Wurzeln, ihrer Traditionen und Kindheitserinnerungen beraubt. Es geht hier um das Problem völliger Assimilation, von der überall die Rede war, wo das »Judenproblem« zur Debatte stand. Mosenthal spielt diese Möglichkeit in einer Nebengestalt durch, einem getauften Dorfschulmeister, der seine jüdische Herkunft verheimlicht hat und sich sogar als Judenfeind tarnt, bis er schließlich erkannt wird und seine Feigheit bereut. Die Lösung, die der Text vorschlägt, ist nicht der Weg der Assimilation, sondern der Weg der Emanzipation und der friedlichen Koexistenz. Hanna ist die Vertreterin einer aufgeklärten Religion, die aus dem Neuen Testament die Rechtfertigung für die Verbrüderung von Juden und Christen ableitet.

Als das Stück zuerst auf die Bühnen kam, wurde es öfters, wegen seines Nachdrucks auf christlicher Nächstenliebe, wie Mosenthal sie in der Gestalt der Hanna entworfen hatte, von Juden als im Grunde judenfeindlich kritisiert. Die Kritiker wandten ein, daß der Autor seiner christlich-humanen Lösung die Rachephantasien der Deborah entgegengestellt hatte, die in einem Fluch gegen die Christen, die ihr geschadet und sie gekränkt haben, gipfelt. Diesen Fluch nimmt sie erst im letzten, versöhnlichen Akt zurück. Noch 1978 schrieb Charlene A. Lea in einem der wenigen Kommentare zu dem Drama: »Mosenthal hat die Juden in ›Deborah‹ von einem christlichen Standpunkt her gezeichnet, so daß der christliche ›Gott der Liebe‹ für die letztendliche Versöhnung aller Gestalten verantwortlich ist. Wenn man genau hinsieht, merkt man, daß die jüdischen Charaktere die unsympathischeren sind.«[2] Diese Kritik übersieht allerdings, daß Mosenthal sich ja an ein christliches Publikum wandte. Das Stück sollte Nichtjuden zum Nachdenken veranlassen und appelliert daher an christliche Einsicht, Fairneß und Großmut. Mosenthal beschönigt das Häßliche der Situation keineswegs. Er zeigt uns obdachlose Juden, die vor einem Pogrom in Ungarn fliehen mußten – eine brisante Thematik für das damalige Theater – und plädiert für ihre Integration in einer toleranten, pluralistischen Gesellschaft, die es ihnen erlaubt, ihren eigenen Sitten gemäß zu leben. Er scheut sich nicht, vor dem Antisemitismus der Bauern als einem latenten Brandherd, der sich in Mordaktionen entladen kann, zu warnen. Denn im Stück bringen die Dorfbewohner die Flüchtlinge fast um, und, abgesehen von den wenigen aufgeklärten Menschen, die unsere Sympathie heischen, sind sie den Außenseitern gegenüber durchgehend gehässig. Deborah ihrerseits vermittelt dem Publikum einiges über jüdische Folklore und Religion, auf anziehende Art dargestellt, ein offensichtlicher Versuch des Autors, die Zuschauer zu informieren und Vorurteile abzubauen.

Obwohl kein dramatisches Meisterwerk, kam in ›Deborah‹ so ziemlich jeder Aspekt jüdisch-christlicher Beziehungen zur Sprache, sogar der Zionismus, wenn auch in seiner vorpolitischen Phase, die man heutzutage leicht vergißt. Da gibt es nämlich den Juden Ruben, einen Auswanderer. Er spricht im vierten Akt von seiner Liebe zu seinem Geburtsland, das er das Gelobte Land nennt. Deborah widerspricht ihm, denn das Gelobte Land sei doch Jerusalem. Nein, erwidert Ruben, das sei nur ein schönes Märchen. Unsere Heimat ist das Land, dessen Sprache wir sprechen, wo unsere Wiege stand, wo wir ursprünglich verwurzelt sind. Österreich sei seine Mutter, behauptet Ruben, nur seine christlichen Brüder hätten es sich in den Kopf gesetzt, ihn zu vertreiben, doch früher oder später würden sie ihn als Angehörigen derselben Familie erkennen. Ruben verkörpert den patriotischen Juden oder, anders gesagt, die jüdische Fähigkeit zur österreichischen Vaterlandsliebe. In seiner langen Rede mischt sich Gedankengut der Aufklärung mit romantischer Heimatliebe, und sie gipfelt in der schüchternen Hoffnung, daß auch in der Diaspora die Juden sich schließlich heimatlich und ohne Anfeindungen einrichten werden.

Dieses politische Rückgrat des Dramas wurde zur Zeit seines Erfolges nicht unbedingt geschätzt. Franz Grillparzer, der Altmeister des österreichischen Theaters, meinte, Mosenthal hätte das »Tendentiöse« überhaupt auslassen sollen, denn es sei dem »Reinmenschlichen« abträglich. Eine Zigeunerin oder sonstige Landstreicherin hätte den Platz der Deborah einnehmen können und hätte dem dramatischen Konflikt besser gedient. Mosenthal, der Grillparzer bewunderte und uns diese Bemerkung überliefert hat, war bestürzt, daß der alte Herr so wenig von dem eigentlichen Anliegen seines Werks verstand oder verstehen wollte.[3] Falls dieses Gespräch um 1850 oder etwas später stattfand, so war Grillparzer damals selbst mit einem »jüdischen« Drama beschäftigt, nämlich mit der ›Jüdin von Toledo‹, und seiner dubiosen Verquickung von Judentum und Sexualität.

Grillparzers Ablehnung unbequemer wirklicher Probleme, gerade dort, wo sie eine differenzierte Behandlung erhielten, als zu zeitbedingt für Literatur, die Kunst sein will, ist auch heute noch nicht untypisch. Viele der hier behandelten Werke kommen kaum in den Literaturgeschichten vor. Die literarische Auseinandersetzung mit dem Antisemitismus wird von seiten einer Literaturwissenschaft, die sich noch immer an den höheren Werten orientiert, vernachlässigt. Ich fülle, beziehungsweise ich skizziere also eine Lücke der Literaturgeschichte.

Mosenthal, wie viele andere Künstler und Schriftsteller, war sowohl Patient wie Gast bei Dr. Johann Schnitzler. In seiner Autobiographie ›Jugend in Wien‹ erinnert sich Arthur Schnitzler, daß unter den vielen Dichtern und Schauspielern, die er in seines Vaters Haus kennenlernte, Hermann Mosenthal eine besondere Stellung einnahm, weil er das erste signierte Exemplar eines Buches zu der kleinen Bibliothek beisteuerte, die sich der Junge eben angelegt hatte. Das Buch war natürlich ›Deborah‹. Dem kleinen Schnitzler gefiel außer dem Autogramm auch der hübsche graue Buchdeckel.[4] In unserem Zusammenhang gewinnt die kleine Szene eine Bedeutung, die sie nicht einmal für den erwachsenen Schnitzler, der sie aufschrieb, gehabt haben kann. Als Mosenthals Stück seine

Bühnentriumphe feierte, war man noch berechtigt, über die Zukunft der Juden in Österreich optimistisch zu urteilen. Während der zweiten Hälfte des neunzehnten Jahrhunderts erlitt der österreichische Liberalismus entscheidende Niederlagen, und der Antisemitismus wurde zum Parteiprogramm der Rechten. In dem Österreich, in das Arthur Schnitzler hineinwachsen sollte, hatte er neue Dimensionen gewonnen.

Für die damaligen Nichtjuden gab es aber kein Problem des Antisemitismus, sondern nur ein »Judenproblem«. Grillparzers Gleichgültigkeit für den Ideengehalt von Mosenthals Stück entsprach auch weiterhin der Einstellung wohlmeinender Christen. Höchstens eine halbherzige Toleranz konnten die Juden von ihren Nachbarn erwarten, ohne Verständnis für die politischen und psychologischen Schläge, die sie erlitten. Denn seit der Niederlage des Liberalismus war der Antisemitismus mehr geworden als eine persönliche Abneigung gegen Juden, mehr als eine Abneigung, die sich durch Kontakte und Bekanntschaften vielleicht überwinden ließ, wie die Juden hofften und wie es Mosenthal bühnengerecht dargestellt hatte. Statt dessen war die Judenfeindschaft zu einem Ideal erhöht worden, eine Parole, die der Christenwelt Erlösung von allem Übel der Armut wie der Sünde versprach. Peter Rosegger, der kolossal beliebte österreichische Erfolgsautor, schrieb in einem Brief vom März 1889:

Wir unterscheiden zwischen der großen Idee und der sündhaften Ausführung derselben. Ich glaube aber, daß man eine große Idee auch zu Tode sündigen kann! Beispiele: Der Jesuitismus, der Liberalismus! – Mein fortwährender Schrei ist der: Schändet den hohen Zweck nicht durch verworfene Mittel! Ein geschändetes Weib, und wäre es uns früher noch so lieb gewesen, wir wenden uns naturgemäß von ihm ab, wir können ihm noch Mitleid zollen, aber nicht mehr begeisterte Liebe …

> Der Nationalismus und der Antisemitismus ist an und für sich edel und groß, denn der letztere bekämpft Böses, Zwietrachtstiftendes und der erstere strebt Gemeinsamkeit und allgemeines Menschentum an. Aber wie ihr, die antisemitisch nationalen Führer, Zeitungen und großen Massen heute national und antisemitisch seid, das ist verwerflich, denn es entspricht der Idee und dem Ziele nicht! ...
>
> Wenn ich den Antisemiten solche Vorwürfe machte, so mochten momentan die Juden jubeln, aber sie jubelten nicht lang![5]

Die falsche Moral der Metapher vom geschändeten Weib ist nicht zufällig: Die Judenfeindschaft erscheint darin als die reine Jungfrau, die, falls sie das Opfer einer Gewalttätigkeit werden sollte, die Liebe ihrer Verehrer verliert. Der hinkende Vergleich besagt, daß man die Juden schlecht, aber nicht zu schlecht, behandeln soll. Das Werturteil ist vom logischen, sprachlichen und ethischen Standpunkt aus völlig unzulänglich. Schuld und Unschuld von Frauen wie Juden fallen ja nicht ins Gewicht. Aber es geht auch gar nicht um Gerechtigkeit. Es geht um ein Gemisch aus Sentimentalität und Brutalität, gewürzt mit ein wenig Erotik, oder vielmehr Sexualität. Die Sprache ist Edelkitsch und enthüllt, wie sehr der populäre Antisemitismus der Jahrhundertwende allen Vernunftgründen unzugänglich war.

Dieses Verständnis der Judenfeindlichkeit als gesteigerte Äußerung des gesunden Volksempfindens – das ist es, worauf Schnitzler am Anfang seiner Erzählung ›Leutnant Gustl‹[6] anspielt, als dem Titelhelden beim Besuch eines Konzerts, in das er sich ausnahmsweise hinverirrt hat, die große Zahl der Juden unter den Zuhörern auffällt. Mißbilligend denkt er über Juden beim Militär: »Überhaupt, daß sie noch immer so viel Juden zu Offizieren machen –, da pfeif' ich auf'n ganzen Antisemitismus!«[7] Außer Frage steht für ihn, daß der Antisemitismus eine gute Sache ist. Unzufrieden ist er nur, weil die gute Sache sich nicht gründlicher durchsetzt.

Schnitzler hat, mehr als jeder andere jüdische Autor, versucht, die Christen seiner Umwelt in ihrer Haltung zu den Juden psychologisch zu erfassen und ihre Vorurteile und Abneigungen von innen her zu beschreiben. In ›Leutnant Gustl‹ geht es ihm allerdings erst in zweiter Linie um den Antisemitismus. In erster Linie macht die Erzählung einen veralteten Ehrenkodex lächerlich. Auch das Drama ›Professor Bernhardi‹[8] handelt nur nebenbei vom Antisemitismus, dagegen vor allem von Verpflichtungen und Berufssünden der Mediziner und Politiker. Uns jedoch interessiert das Stück nur noch, weil es den Kampf eines aufrechten Mannes schildert, dessen Autorität aufgrund seiner Zugehörigkeit zu einer Minderheit, den Juden, untergraben wird. Schnitzlers späte Novelle ›Fräulein Else‹[9] behandelt das Innenleben einer jungen Frau, die Selbstmord begeht, und hat auf den ersten Blick gar nichts mit Juden zu tun. Doch ihr Freitod und ihre vorhergehende Verunsicherung gewinnen an Bedeutung, wenn wir erfahren, daß Else Jüdin ist und sich Gedanken darüber macht, ob man es ihr ansieht.[10] Ebenso ist der 1908 erschienene ›Weg ins Freie‹[11] zunächst ein Künstlerroman und erst in zweiter Linie ein jüdischer Gesellschaftsroman. Man kann also sagen, Schnitzler habe dem sogenannten Judenproblem oder dem Antisemitismus nie ein ganzes Werk gewidmet. Und doch hat er uns das eindringlichste und differenzierteste Bild der letzten Generation Wiener Juden vor der Nazizeit hinterlassen.

Warum hat Schnitzler kein Drama, keine Erzählung geschrieben, in dem dieses Thema, das ihn doch offensichtlich plagte und nicht losließ, die Hauptrolle spielte? Wir müssen uns damit abfinden, daß sogar *er* meinte, es sei nicht so wichtig. Auch in seiner Autobiographie, wo das Problem zwar wiederholt auftaucht, steht es nicht im Mittelpunkt. Da spricht er von kommenden Generationen, die kaum noch verstehen würden, warum er und seine Zeitgenossen so besessen davon waren, und setzt voraus, es würde sich irgendwie von selbst lösen. Doch in seinem dichterischen Werk, dort wo er sich von seiner Phantasie, seiner Vorstellungskraft leiten ließ, da ist wenig Raum für Optimismus. Da zeigt er die Nachteile, die Juden im öffentlichen wie im Berufsleben belasten, und wie der Antisemitismus sogar die persönlichen Beziehungen von Juden und ihren nichtjüdischen Freunden und selbst von Juden untereinander vergiftet. Und er beschreibt die Situation in ihrer ganzen Ausweglosigkeit. Seine Gestalten probieren so ziemlich alle Alternativen aus, das ganze Spektrum von Assimilation zum Zionismus, und doch haben auch die besten Nichtjuden, wie etwa Wergenthin im ›Weg ins Freie‹, nichts Wirksameres zu bieten als eine milde Toleranz und fühlen sich abgestoßen, wenn ihnen psychisch Geschädigte über den Weg laufen.

›Der Weg ins Freie‹ ist zwar in der dritten Person, doch fast durchgehend aus dem Blickwinkel seines nichtjüdischen Helden, Georg von Wergenthin, erzählt, ein adeliger junger Komponist, der in jüdisch-intellektuellen Kreisen verkehrt. Es ist üblich, die beiden Aspekte des Romans, das Wergenthin-Künstler-Thema und die jüdische Komponente, streng voneinander zu scheiden und das Buch womöglich für diese Trennung zu kritisieren. Ich meine jedoch, die beiden Themenkreise sind eng verbunden.

Schnitzler schildert das jüdische Leben in Wien zu einer Zeit, als der Antisemitismus zunahm und Juden gleichzeitig oft gut verdienten und eine wichtige Rolle in Wiens Kulturbetrieb spielten, wobei man nicht vergessen darf, daß die Stadt gerade damals kulturell außerordentlich produktiv war. Die Handlung des Romans kreist vor allem um Wergenthin, doch der Hintergrund ist eine komplexe und farbige Szene jüdischer Reaktionen auf diverse Ausgrenzungen, beobachtet mit den kühlen Augen eines Mannes, dessen Wünsche erfüllt werden.

Georg ist gern bei Juden, solange sie ihn unterhalten, sein Selbstgefühl fördern und zum Wiener Künstlerambiente beitragen. Wenn sie sich nur nicht so aufführen und bemitleiden würden! Es ist ihm peinlich zu hören, was sie alles durchstehen müssen. Es fällt ihm nicht ein, sich einzufühlen, ihnen Fragen zu stellen oder sie sonst als seinesgleichen zu behandeln. Letzten Endes steht er zum »Judenproblem« wie zum Problem seiner Geliebten, die ihm zwar teuer ist, die er aber nicht zu heiraten gedenkt. Wergenthins Privatleben mit seiner Gleichgültigkeit für die Bedürfnisse anderer, zum Beispiel die Distanz, die er seiner Geliebten gegenüber aufrecht erhält, spiegeln und ergänzen seine leicht angeekelten Rückzugsmanöver vor den gesellschaftlichen Problemen seiner jüdischen Freunde. Ich kann, wie gesagt, nicht umhin, das Buch mit dem besserwisserischen, weil mehr wissenden Hirn einer später Geborenen zu lesen. Was ich lese, ist, daß Wergenthins Mangel an Bereitschaft, sich einzusetzen, wenn auch nur durch ein paar sympathisierende Sätze oder durch Zorn gegen Ungerechtigkeit, letztendlich, wenn auch indirekt, das Schicksal dieser Juden besiegelt. Am Ende des Romans sind sie keinen Schritt weitergekommen. Den Weg ins Freie gibt es nur für den Nichtjuden. In dieser doppelten Gleichgültigkeit überschneiden sich die Stränge des Romans, und hier liegt der gemeinsame Nenner. Wenn die Juden keine besseren Freunde haben als die Wergenthins dieser Welt, dann ist Hopfen und Malz verloren, ob sie sich taufen lassen, für den Sozialismus ins Gefängnis wandern oder den Zionismus finanzieren. Wir wissen, daß Schnitzler politisch nicht weit von Mosenthal entfernt war, daß er nämlich eine gemäßigte Assimilation für richtig hielt und sich selbst zu einem nichtreligiösen, kulturell geprägten Judentum bekannte. Das bedeutet allerdings nicht, daß er sich mehr als Österreicher denn als Jude fühlte. Er war ein österreichischer Jude, zwei gleichwertige Bestandteile seiner Identität, die sich bei ihm ebensowenig trennen lassen wie bei den von ihm geschaffenen Figuren. Es ist das Verdienst des Romans, daß er uns die vielen vergeblichen Versuche, einen Ausweg aus dem dadurch entstehenden Dilemma zu finden, vor Augen führt.

Es ist wie gesagt sinnlos, unser Wissen um den Holocaust ausschalten zu wollen, wenn wir Schnitzler lesen. ›Der Weg ins Freie‹ beginnt im Jahr nach dem ersten Zionistenkongreß von 1897, von dem auch hier und da die Rede ist. Die jungen Leute in dem Buch, die noch unverheiratet sind und viel in Gesellschaft gehen, sind die Generation meiner Großeltern. Die Menschen, die ihnen in der Wirklichkeit entsprachen, wurden im Alter gezwungen auszuwandern oder in die Gaskammern geschickt. Wir lesen also ein Buch über eine zum Untergang verdammte Gruppe Menschen, was der Autor, dessen eigener Sohn in Amerika starb, nicht wußte. Was er jedoch wußte, war, daß ihre Schwierigkeiten alles andere als trivial waren und daß diese sich nicht von heute auf morgen auflösen würden. Wir wissen, daß es noch ernster war, als er annahm, und daher rührt auch die Faszination seines Romans. Nur wenige Jahre trennen Hitlers Wien von dem Wien, das Schnitzler in ›Der Weg ins Freie‹ beschrieb. Was dachten sich die Wiener Juden damals, als Hitler seinen Antisemitismus in eben diesem Wien lernte? Haben sie nichts gesehen, konnten sie nichts tun? Schnitzler beantwortet die Frage: Sie sahen alles, sie taten alles. Sie haben den Zionismus erfunden, sie versuchten die Öffentlichkeit für sich einzunehmen und strengten sich verzweifelt an, sich anzupassen. Nichts, was sie unternahmen, konnte das kommende Unheil verhindern. Mit dieser Überlegung nähern wir uns den Gestalten des Romans zwar anders, als der Autor es beabsichtigte, aber nicht anders, als wir etwa das Tagebuch der Anne Frank lesen, mit unserem Wissen, das nicht ihres war, daß ihr Versteck nicht von Dauer sein sollte.

Vom heutigen Standpunkt sind es diejenigen Gestalten, die am meisten unter ihrem Judentum und der damit verbundenen Diskriminierung leiden, diejenigen, die am besessensten davon sind, die am ehesten recht haben. Schnitzler gibt uns eine ganze Palette von jüdischen Haltungen, auch wenn er die Akzente anders setzt als wir. Der zornige alte Mann des Romans, der wohlhabende Kaufmann Ehrenberg, der sich als Jude von allen politischen Parteien verraten vorkommt und meint, man könne keinerlei Hoffnung auf die arische Mitwelt setzen (das Wort »arisch« war schon geläufig), ist für heutige Leser ein Prophet. Als Ehrenberg die Feinde der Juden an den Galgen wünscht, bemerkt ein jüngerer Mann namens Nürnberger, daß der Ältere »dieser Frage nicht mit der wünschenswerten Objektivität« gegenüberstehe. Ehrenberg fragt wutschnaubend, ob der andere getauft sei:

»Ich bin nicht getauft«, erwiderte Nürnberger ruhig. »Aber allerdings bin ich auch nicht Jude. Ich bin längst konfessionslos geworden; aus dem einfachen Grunde, weil ich mich nie als Jude gefühlt habe.«
»Wenn man Ihnen einmal den Zylinder einschlägt auf der Ringstraße, weil Sie, mit Verlaub, eine etwas jüdische Nase haben, werden Sie sich schon als Jude getroffen fühlen, verlassen Sie sich darauf.«[12]

»Konfessionslos« konnte man in Österreich sein, doch Ehrenberg hat recht, daß es mit diesem juristischen Begriff nicht weit her war. Und nicht weit her ist es auch mit Wergenthins leichtfertigem Urteil, daß man sich als Jude über antisemitische Äußerungen »erhaben«[13] fühlen müsse. Wenn ich diese Stelle fast neunzig Jahre nach ihrer Niederschrift lese, denke ich an eine andere Stelle in Elie Wiesels Auschwitz-Buch ›Nacht‹, wo der Vater den gelben Judenstern mit der achselzuckenden Bemerkung quittiert: »Der gelbe Stern? Daran stirbt man nicht.« Sein Sohn denkt anders: »Armer Vater, woran denn sonst bist du gestorben?« Hier wie dort ist es die verflossene Zeit, die uns die Augen geöffnet hat, so daß wir die damaligen Diskussionen gewissermaßen besser verstehen als ihr Autor. Mit einer werkimmanenten Interpretation ist Schnitzlers Buch und seinen Lesern nicht gedient.

Ein weniger begabter Dramatiker, aber berühmterer Zeitgenosse Schnitzlers, hat seinerseits das jüdische Thema sehr direkt und mit viel Vehemenz in einem Stück namens ›Das neue Ghetto‹,[14] behandelt, das in Wien im Jahre 1898 uraufgeführt wurde. Es mag richtig sein, daß die Dreyfus-Affäre in Frankreich für Theodor Herzls Wende zum Zionismus verantwortlich war, doch für seine geistige Entwicklung war Wien ausschlaggebend. Das war der Ort, der ihn prägte. Sein Roman ›Altneuland‹,[15] in dem er für das zionistische Programm in fiktionalisierter Form warb, beginnt in einem Wiener Kaffeehaus, wo arbeitslose und überqualifizierte junge Juden ihre Zeit vertrödeln, weil ihnen als Juden der Beamtenstand verschlossen ist und ihre Väter ihnen eine bessere Zukunft als die im Laden oder Geschäft zugedacht hatten.

Herzls heute vergessenes Stück behandelt dieselbe jüdische Mittelklasse, die wir in ›Der Weg ins Freie‹ kennengelernt haben. Herzl schrieb es im Jahre 1894, also vor dem ersten Zionistenkongreß, doch wurde es erst kurz nach diesem Kongreß uraufgeführt. Das neue Ghetto des Titels ist die sittliche Verwahrlosung und geistige Isolation, in der die nichtreligiösen emanzipierten Juden, laut Herzl, neuerdings leben. Der Held ist ein idealistischer junger Rechtsanwalt, der gratis für die entrechteten Bergarbeiter tätig ist. Er wird in einem Duell getötet, in das ihn sein Ehrbewußtsein getrieben hat. Herzl stand offensichtlich nicht über diesem Ehrbegriff, ihm fehlte die Ironie, mit der Schnitzler, und übrigens auch Koestler, in seiner Autobiographie ›Pfeil ins Blaue‹, über diese archaische Sitte den Stab brechen. In Herzls Stück ist Duellieren eine sinnvolle Bestätigung jüdischer Männlichkeit. Jakob, der gute Anwalt, ist von Verwandten und Bekannten umgeben, die dem landesüblichen Bild der Geldjuden entsprechen. Zwar sind sie unattraktiv und haben keinen Sinn für das Höhere, doch sie sind von Umständen geprägt, die ihren schmählichen Materialismus verursachten. Die Christen, vom Adel bis hin zu den Dienstmädchen, verachten sie, wenn sie arm sind, und nützen sie aus, wenn sie Geld haben. Diesem neuen geistigen Ghetto wäre das alte, die eigentliche Judenstraße, vorzuziehen, weil dort manche menschlich wertvollen Tugenden im Schoß der Familie gediehen, die, wie der alte Rabbiner des Stücks traurig bemerkt, jetzt aussterben. Die Juden haben sich in ein ärgeres Ghetto als das vorige verirrt, und ihre Kontakte mit der christlichen Welt sind zu zerbrechlich, um ihnen als Stützen und Wegweiser zu dienen. Jakob hat einen nichtjüdischen Freund, der ihn verläßt, teils aus politischen Erwägungen und teils weil ihm Jakobs Verwandte mißfallen. Er kehrt erst zurück, nachdem Jakob sich durch sein Duell »bewährt« hat und auf dem Sterbebett liegt. Jakobs Eltern klammern sich zwar an die alten Familientugenden, und doch verlieren sie ihren Sohn. Eine andere Alternative, dem Ghetto zu entrinnen, ist die Taufe. Sie scheint eine Möglichkeit zu sein, wenn auch keine verläßliche, die Herzl erstaunlicherweise mit Sympathie darstellt. Auch die scheinbare Geldsucht der Juden besteht nicht um ihrer selbst willen, sondern ist ein weiterer Fluchtversuch aus dem Käfig ihres Außenseitertums. Jeder dieser Versuche scheitert. Jakobs letzte Worte sind ein Schrei oder ein Gebet um Ausflucht. Für ihn führt der Weg aus dem Ghetto in den Tod, den er dem Leben als moderner Jude vorzieht.[16]

Da Theodor Herzl der Autor des Stückes ist, wissen wir so ziemlich, was der wirkliche Ausweg sein soll, wie der Minderheitenstatus abzuschütteln ist. Doch im Stück bleibt der Zionismus unerwähnt. ›Das neue Ghetto‹ begnügt sich damit, die Situation, in der die Juden sich befanden, aufzuzeigen.

Die Literatur, die vor der Nazizeit entstand, ist zwar für heutige Leser von der Nazizeit belastet, gerade das verleiht ihr aber oft ein erhöhtes Interesse, weil wir diesen Büchern einen breiteren Rahmen geben können als ihre Autoren. Der neue Kontext ist bei der nächsten Generation jüdisch-österreichischer Autoren, zu denen Hermann Broch gehörte, schon deutlich ins Blickfeld gerückt. Broch hat nicht direkt über den Antisemitismus geschrieben, doch verfaßte er während der Hitlerjahre einen symbolischen Roman, nämlich ›Die Verzauberung‹[17] (auch unter den früheren Titeln ›Der Versucher‹ und ›Bergroman‹ bekannt), in dem es jüdische Ersatzgestalten gibt. Hier geht es um die psychologische Ausstrahlungskraft des Faschismus. Ein österreichisches Bergdorf verschreibt seine Seele einem zugereisten Fremden, der den Dorfbewohnern ein neues politisch-religiöses Heil verspricht. Die »Juden« in dieser Geschichte sind die Mitglieder der Familie Wetchy, die einer protestantischen Sekte angehören und deren Bräuche sich daher von denen der ortsansässigen Katholiken unterscheiden. Außerdem sehen die mißtrauischen Dorfbewohner in den Wetchys die feindselige merkantile moderne Welt, die, wie sie meinen, die alten Werte zerstört. Vater Wetchy ist Vertreter für landwirtschaftliche Maschinen, für Radios und für Versicherungen, Dinge, die das Dorf entweder braucht oder haben möchte, die es aber unter dem Einfluß von Marius, dem neuen charismatischen »Heiland«, als verwerflich ablehnt. Die Wetchys müssen als Außenseiter, Fremde schließlich das Dorf verlassen und in die Stadt zurückziehen. Bevor sie jedoch so weit sind, wird Vater Wetchy von einem Rudel junger Betrunkener gefesselt und gefoltert.

Wetchy und Marius, der faschistische »Versucher«, stehen einander ein letztes Mal gegenüber. Marius verficht eine Blut- und-Boden-Philosophie und drückt seine Verachtung für Stadtbewohner aus, die, weil sie von ihren Wurzeln losgerissen sind, die Kriege entfachen. Die Stadt, behauptet er, mache die Menschen habgierig, gottlos und unmännlich. Wetchy erwidert überzeugend, daß Habgier auch im Dorf grassiere, und besteht auf seinem eigenen Glauben an Gott und an die menschliche

Seele. Sein Wertesystem sei unabhängig vom weltlichen Beruf des Gläubigen, denn es handle sich dabei um rein Geistiges. Seine Liebe für seine Familie sei eng verbunden mit seinem Glauben an eine Transzendenz.[18]

Es ist ziemlich offensichtlich, daß jüdische Sitten und jüdisches Denken diesem Austausch zugrunde liegen. Warum dann ein Sektierer statt eines Juden? Die Antwort ist, daß Broch damit die Bedeutung des Ausgesagten verallgemeinert und erweitert. So kann er absehen von dem traditionellen und bis zum Überdruß bekannten christlichen Vorurteil gegen Juden und statt dessen die Grundlagen des modernen Vorurteils gegen Minderheiten als solche aufs Korn nehmen. Anders ausgedrückt, durch den Sektierer kann er sich auf das Eigentliche konzentrieren, nämlich auf das Neue, das er in den dreißiger Jahren hochkommen sah, den subversiven und revolutionären Aspekt des Faschismus. Die Haltung des Erzählers in der Wetchy-Episode ist bezeichnend für die Komplexität der Entwicklung, die der Roman darzustellen sucht. Dieser Erzähler ist ein Landarzt, der den Versucher zwar versteht und sogar mit manchen seiner Forderungen sympathisiert, ihm jedoch nicht auf den Leim geht. Für diesen Mann ist Wetchy ein jämmerlicher Fall, ein Kerl, den er bemitleidet, aber nicht achtet, sogar dann, wenn er Partei für ihn ergreift. Der Erzähler rettet Wetchy vor seinen Folterern, aber er ist nicht empört. Im Gegenteil, er entschuldigt sie noch: »Sie waren ja schließlich alle nicht schlecht, sie waren nur stinkbesoffen.«[19] Die Folterszene ist so aufgebaut, daß die Leser zunächst nur wissen, daß Wetchy geohrfeigt wird. Erst später, nachdem der Arzt ihn untersucht hat, erfahren wir das Ausmaß seiner Verletzungen. Die Dorfjugend hat ihm einen Zahn ausgeschlagen, eine Rippe gebrochen und in die Hoden getreten. Als Leserin kann ich mich an dieser Stelle nicht mehr der Gleichgültigkeit entziehen, mit der der Erzähler mich infiziert hat. Denn der Arzt ist, auch während er die traurige Diagnose erstellt, nur irritiert von diesem Menschen, den er samt dessen Angehörigen wegwünscht, um Ruhe zu haben, obwohl und vielleicht weil auch er aus der Stadt ins Dorf gekommen ist.

Die Dorfbewohner sind dem Erzähler nach wie vor weitaus sympathischer als ihre Opfer, auch dann, wenn er ihnen kritisch begegnet. Wie Schnitzlers Wergenthin will auch dieser Arzt sich nur in Grenzen, die er selber setzt, mit Minderheiten einlassen. Er ist kein verläßlicher Zeuge für die Ereignisse, die er beschreibt, sonst müßten wir annehmen, daß Broch, ein jüdischer Autor in den dreißiger Jahren, gewalttätige Banden und ihre gefolterten Opfer mit demselben kühlen Abstand betrachten konnte wie sein nichtjüdischer Erzähler. Doch bleiben die Wetchys auch als Opfer ein wenig lächerlich, ein wenig verächtlich, in ihrem kleinbürgerlichen Familienleben, heimgesucht von Ängsten und Neurosen, klein von Statur, mit ihren sinnlosen religiösen Sitten und Zeremonien. Sie sind letztendlich unwesentlich für den Umsturz, den Marius im Dorf heraufbeschwört. Daher ist ihre Rolle weitaus geringer als die der Juden im Nazidenken. Auch mögen Broch noch andere Modelle als Hitler für seinen Marius Ratti vorgeschwebt haben, vor allem natürlich Mussolini. Jedenfalls bleibt seine Einstellung zu seiner Außenseiterfamilie ein wenig rätselhaft und undurchsichtig. Sein Landarzt ist eben nicht ganz unverläßlich, obwohl sein erzählerischer Standpunkt sicher unter anderem die Charakterfehler der Mehrheit, der er angehört, entlarvt. Brochs Standpunkt kann nicht identisch mit dem des Erzähler-Arztes sein, doch ist er auch nicht grundsätzlich anders. In ihren eigenen Augen wie in jenen ihrer Feinde waren die Juden Österreichs kein vorbildliches oder auch tragisches Volk. Sie verstanden nur zu gut, wie sie für die anderen dastanden, und ihre Einfühlung in den Abscheu, den sie, wenn auch ohne ihr Zutun, erregten, läßt sich an ihren Selbstporträts ablesen.

Ein solches Judenbild ist der Stoff von Werfels Komödie ›Jacobowsky und der Oberst‹[20] von 1943. Es ist eine merkwürdige Idealisierung oder Verherrlichung des komisch-heroischen Juden, den Werfel gegen einen polnischen Siegfried-Typ ausspielt. Der Oberst Stjerbinski steht für den Helden als Soldaten: dumm, sportlich, ritterlich-sentimental und tapfer. Das Stück war, in einer Fassung von S. N. Behrmann, ein Bühnenerfolg in Amerika und als Film noch im Jahre 1958 unter dem Titel ›Me and the Colonel‹ mit Danny Kaye in der Hauptrolle sehr beliebt. Es wurde *die* Komödie der Flüchtlinge. Wenn man das Stück heute liest, so kann man sich zwar immer noch nicht seinem Witz und Charme entziehen, doch seine Voraussetzungen, die ja mit dem Antisemitismus zu tun haben, sind brüchig geworden. Der Schauplatz ist das von den Deutschen besetzte Frankreich des Jahres 1940. Die drei Hauptpersonen sind erstens der jüdische Intellektuelle Jacobowsky, in Polen geboren, in Deutschland erzogen, nach Österreich und dann nach Frankreich geflüchtet, und jetzt auf der Suche nach dem nächsten Zufluchtsort; zweitens der antisemitische, ritterliche und romantische Oberst Stjerbinski, der Juden verachtet; und drittens Marianne, die Geliebte des Obersten, die bereit ist, mit ihm nach England zu fliehen. Der Oberst ist beauftragt, geheime Dokumente nach England zu schmuggeln, und ist ganz offenbar ungeeignet für eine solche Aufgabe. Er braucht einen Helfer, der schneller denken kann als er selbst, während Jacobowsky einen Chauffeur für das Auto, das er gekauft hat, benötigt, da er nicht fahren kann. So machen sie sich zusammen auf den Weg. Indem sich Jacobowsky immer nützlicher macht, wird er Marianne immer sympathischer, und in der letzten Szene überläßt sie dem Juden ihren Platz auf dem Rettungsboot. Dieses Dreiecksverhältnis und das Ambiente einiger Szenen, besonders die letzte Abschiedsszene, die hingebungsvolle Liebe und Kriegspropaganda vereint, erinnern an den Film ›Casablanca‹. In beiden wird das bunte Spielgeld eines Wunschtraums dem Publikum als bare Münze angeboten. Während der Krieg alles kurz und klein schlägt, flüstert eine tröstende Stimme: »Ende gut, alles gut.« Die Welt ist heil, weil es in ihr anständige Leute gibt. Was hier nicht gesagt wird, ist, daß etwas Unwiederbringliches in diesem Krieg verloren ging, daß die Wunden sich nicht nahtlos schließen und alles wie früher sein würde. Abgesehen von Humphrey Bogarts Sex-Appeal beruht der anhaltende Erfolg von ›Casablanca‹ auf dieser Verkitschung des Zweiten Weltkriegs. In Werfels Fall geht der Optimismus noch weiter als bis zum erhofften Sieg der Alliierten. Der Sieg der guten Sache bedeutet in dieser Komödie nämlich auch die Überwindung des Antisemitismus. Das Stück wirkt veraltet, weil es die Ungeheuerlichkeit des Holocaust einfach ausläßt. Der Antisemitismus, um den es sich in ›Jacobowsky und der Oberst‹ handelt, ist das, was man damals »den guten alten Risches von neunzehnhundertzehn« nannte, also die harmlose Eidechse, aus der der Drache wurde. Werfels Komödie ist heiter. Doch wenn überhaupt Humor für dieses Thema, dann hat es schwarzer Humor zu sein.

Die judenfeindlichen Spitzen des Polen sind so stumpf, wie die Antworten des Juden spitz sind. Werfel gibt uns die Substanz wirklicher Bosheit und kehrt sie durch Jacobowskys witzige Abwehr in Triumphe, die wir genießen können. Diese Triumphe sind mehr als Wortspiele, denn Jacobowskys Schlauheit rettet alle drei. Am Ende sind die beiden Gegner in einer Art gegenseitigem Respekt und sogar einer Art Freundschaft vereint. Das Stück sagt so ungefähr aus: Abgesehen von den Nazis läßt sich sogar mit Antisemiten einigermaßen leben. Man muß nur versuchen, sie zu überzeugen, daß man es gut meint.

Werfel wollte tatsächlich etwas Derartiges vermitteln, seine Gestalten sind repräsentativ gemeint. In einer surrealistischen und analogen Nebenhandlung radeln der Heilige Franziskus und der Ewige Jude auf einem Tandem durch Frankreich auf dem Weg nach Amerika.[21] Nun kann man sich zwar den Juden dieser Komödie als eine Verkörperung des Ewigen Juden vorstellen, doch der Oberst ist kein Heiliger, und schon gar nicht eine Franziskusgestalt. Das ist eine symbolische Darstellung, bei der der Antisemit viel zu gut wegkommt. Marianne ist, wie ihr Name besagt, Symbolgestalt für »la douce France«. Ihre Liebe zu Stjerbinski ehrt und rechtfertigt ihn mit allen seinen Vorurteilen. Er ist es wert, der Befreier Frankreichs zu werden. Zwar sagt ihm Jacobowsky einmal ins Gesicht, daß er das Zeug zu einem Hitler in sich trage, doch wird dieser Vorwurf im Verlauf des Stücks so aufgeweicht, daß eine Versöhnung der beiden Antagonisten möglich wird. Die Spannung zwischen den beiden wird zu einer Gegenüberstellung von These und Antithese verallgemeinert, die schließlich in einer Synthese aufgehoben werden kann. Doch diese Abstrahierung paßt nicht auf den konkreten Fall. Werfel errichtet eine falsche Analogie zwischen Juden und Antisemiten, denn man kann von Geburt Jude, doch nicht Antisemit sein.

Dank Jacobowskys Wortgewandtheit vergessen wir zu leicht, daß er trotz seiner verbalen Siege zu den Opfern und Stjerbinski zu den Tätern gehört. Ihre Gleichstellung in einem ewigen Kampf von Archetypen mündet in die Rechtfertigung des Antisemitismus als unvermeidlich.

Ist der Judenhaß der Nazis und der Polen in dieser Komödie auseinanderdividiert, so existiert die französische Variante überhaupt nicht. Die drei Franzosen in dem Stück, nämlich Jacobowskys Vermieterin im ersten Akt, Marianne und ein hilfsbereiter Polizist, sind alle gesittete, judenfreundliche Menschen. Diese populäre Komödie aus der Hitlerzeit, als man es schon besser wußte, vereinfacht den Judenhaß weit mehr, als die früheren Werke von Schnitzler und Herzl es taten. Leider war es wahrscheinlich gerade diese Vereinfachung, die zu dem außerordentlichen Erfolg des Stückes beitrug. Nach dem Krieg war der Antisemitismus ein Thema, das man sich lieber vom Leib hielt, und wenn man es doch zu sich nahm, dann lieber in leicht verdaulicher Form.

Werfels Stück ist die Komödie von Auswanderung und Flucht erwachsener Männer (Marianne bleibt im Hitler-Frankreich und ist als Frau vermutlich nicht gefährdet!), die sich zu helfen wissen. Dagegen ist Ilse Aichingers Roman ›Die größere Hoffnung‹[22] die Geschichte von Kindern, die im Vaterland, das zum Niemandsland geworden war, zurückblieben. Aichinger, ungefähr drei Jahrzehnte jünger als Werfel, erzählt von einem Mädchen in einer Stadt, die alles mit Wien gemeinsam hat. Sie wohnt bei ihrer jüdischen Großmutter, nachdem die Mutter das Land verlassen mußte. Der arische Vater ist eingezogen worden und verleugnet seine Familie. Die reale Welt dieses Romans ist beschränkt und eng begrenzt. Sie hat eingeflochtene phantastische Elemente, die vor allem aus der Entfremdung der Kinder, von denen diese Geschichte handelt, herrühren. Am Anfang ist Ellen, die Heldin, im Büro eines Konsulats eingeschlafen und träumt von den heimatlosen Kindern, die Europa verlassen möchten. Ellen bettelt um ein Visum. Ihre Spielkameraden sind Juden oder »jüdisch versippt«, dürfen in den Parkanlagen der Stadt nicht spielen, müssen den gelben Stern tragen und haben nur den Wunsch, ihrer Heimatstadt so bald wie möglich zu entfliehen. Jeder Ort, der außerhalb liegt, erscheint ihnen wunderbar und hat etwas Märchenhaftes, während die Stadt, in der sie leben, alptraumartig auf sie wirkt. Das Buch ist durchweg aus der Sicht des Kindes erzählt. Einerseits ist es historisch genau in seiner Beschreibung der tatsächlichen Judengesetze und ihrer Auswirkungen. In diesem Sinne ist es ein realistischer Roman. Doch diese Wirklichkeiten sind verwandelt in die Bewußtseinslagen eines Kindes. Die Kinder versuchen mit den Einzelheiten der Verfolgung fertigzuwerden, und wir lesen von diesen Verinnerlichungen, die das Geschehene verändern, ihm einen neuen Stellenwert geben.

Eines Abends sitzt Ellen mit ihren jüdischen Freunden auf einer Parkbank, wozu sie kein Recht haben. Da trifft sie ihren arischen Vater.

»Ihre Ausweise!!« verlangte eine Stimme. »Sind Sie berechtigt, hier zu sitzen?« [...]
Der Offizier in der Mitte begann ungeduldig zu werden; er fingerte aufgebracht an seinem Revolver.
»Ich habe gefragt, ob Sie berechtigt sind, hier zu sitzen!«
Herbert schluckte zweimal laut.
»Sind Sie Arier?«
Noch immer stand Ellen erstarrt im Schatten, versuchte den Fuß vorzusetzen und zuckte wieder zurück. Als der Offizier aber scharf und noch deutlicher seine Frage wiederholte, trat sie schnell in den Lichtkreis, warf das kurze Haar mit einer ihr eigentümlichen Bewegung aus dem Gesicht und sagte:
»Du mußt es wissen, Vater!«
Ihr Vertrauen umbrauste sie und ließ sie landen, in der Ödnis eines entlarvten Landes, mitten in der Qual und Bitterkeit ihrer Enttäuschung. Mit einem Sprung war sie an seinem Hals, und sie küßte ihn. Aber da hatte er sich schon besonnen, löste gewaltsam ihre Hände von seinen Schultern und stieß sie ein wenig von sich.[23]

»Die Ödnis eines entlarvten Landes«: in Aichingers Buch ist Österreich zu der privaten Hölle eines Kindes zusammengeschrumpft. Es ist nicht mehr ein Ort, wo eine Minderheit um ihre Bürgerrechte kämpft, es ist ein Ort, wo ein Kind sich an Strohhalme klammert auf dem Weg in den Tod, die Mutter im Exil, der Vater ein Feind.
Ich komme auf die etwas salbungsvollen Worte zurück, die Mosenthal seinem Ruben in den Mund legt, als dieser, ein Vertriebener, im Begriff ist auszuwandern. Er möchte in Österreich bleiben und meint, daß das Geburtsland und nicht ein fernes biblisches Land die Heimat eines Menschen sei. Mit Aichinger schließt sich der Kreis. Das Kind, das durch die Seiten ihres Buches stolpert, um ein Visum bettelt und verzweifelt

weg möchte, ist nirgends beheimatet als gerade hier, wo es am meisten abgewertet wird. Hier ist der Antisemitismus auf seinen letzten, intimsten Nenner gebracht. Der Antisemit ist nicht mehr der Einheimische, der den Fremden verstößt, sondern der Vater, der sein Kind von sich stößt. Ellen gehört genau dorthin, wo sie unerwünscht ist, und sie kann nicht wählen. Denn kein Kind wählt seinen Vater. Das Mädchen, das in diesem Buch stirbt, nachdem die anderen Juden ausgewandert sind, ist ein Geschöpf der Kultur, die sie tötet. In den früheren Werken, die ich erwähnt habe, war die Frage, die zur Debatte stand, ob und inwiefern die Juden dazugehörten, inwiefern sie Einheimische oder Außenseiter waren. Bei Aichinger ist diese Grenze, wie die zwischen Außen- und Innenwelt, weggefallen. Das ist kein Land, das eine ethnische Minorität abschiebt, sondern ein Österreich, das seine eigenen Kinder aussetzt oder verschlingt.

Anmerkungen

1 Salomon Hermann Mosenthal, »Deborah«, in: ›Gesammelte Werke‹, Bd. 2, hrsg. von Eduard Hallberger, Stuttgart/Leipzig 1878, S. 1–87.
2 Charlene A. Lea, ›Emancipation, Assimilation and Stereotype: The Image of the Jew in German and Austrian Drama (1800 – 1850)‹, Bonn 1978, S. 68.
3 Vgl. Mosenthal, ›Gesammelte Werke‹, Bd. 1, S. 280. Ein Bericht über den Erfolg, den ›Deborah‹ hatte, findet sich ebenda, Bd. 6, S. 33–38: ›Lebensbild‹ von Josef Weilen.
4 Vgl. Arthur Schnitzler, ›Jugend in Wien. Eine Autobiographie‹, Wien/München 1968, S. 31.
5 Zitiert nach: Guy Stern, »Präfaschismus und die respektable Literatur«, in: ›Der deutsche Roman und seine historischen und politischen Bedingungen‹, hrsg. von Wolfgang Paulsen, Bern 1977, S. 112.
6 Arthur Schnitzler, »Leutnant Gustl«, in: ›Die Erzählenden Schriften‹, Bd. 1, Frankfurt 1961, S. 337–366.

7 Ebenda, Bd. 1, S. 338 f.
8 Arthur Schnitzler, »Professor Bernhardi«, in: ›Die Dramatischen Werke‹, Bd. 2, Frankfurt 1962, S. 337 – 463.
9 Arthur Schnitzler, »Fräulein Else«, in: ›Die Erzählenden Schriften‹, Bd. 2, Frankfurt 1961, S. 324 – 381.
10 Vgl. ebenda, Bd. 2, S. 333.
11 Ebenda, Bd. 1, S. 635 – 958.
12 Ebenda, Bd. 1, S. 689.
13 Ebenda, Bd. 1, S. 670.
14 Theodor Herzl, »Das neue Ghetto«, in: ›Gesammelte Zionistische Werke‹, Bd. 5, Berlin 1935, S. 1 – 124.
15 Ebenda, S. 125 – 420.
16 Vgl. Herzl, a.a.O., S. 124.
17 Hermann Broch, ›Die Verzauberung‹, Frankfurt 1976 (Kommentierte Werkausgabe, hrsg. von Paul M. Lützeler, Bd. 3).
18 Vgl. ebenda, Bd. 3, S. 340 ff.
19 Ebenda, Bd. 3, S. 289.
20 Franz Werfel, »Jacobowsky und der Oberst«, in: ›Gesammelte Werke. Dramen‹, Bd. 2, Frankfurt 1959, S. 241 – 340.
21 Vgl. ebenda, Bd. 2, S. 302 – 305.
22 Ilse Aichinger, ›Die größere Hoffnung‹, Frankfurt 1966.
23 Ebenda, S. 41.

Die Leiche unterm Tisch
Jüdische Gestalten aus der deutschen Literatur
des neunzehnten Jahrhunderts*

»Meine geliebten Zuhörer, laßt uns«, heißt es an einer Weichenstelle der deutschen Literatur, wo die Konturen der Moderne sich vielleicht zum ersten Mal abzeichnen, »noch über's Kreuz pissen, damit ein Jud stirbt«.[1] Sie kennen die Stelle im ›Woyzeck‹: sie spricht von und zu einer Männerphantasie von angestammter Macht. Wie der Urinstrahl des ragenden Gulliver, der das große Feuer in Lilliput löscht, möchte sie über Leben oder Tod von andersartigen Menschen verfügen: Zwergen bei Swift, bei Büchner Juden.

Es liegen nur wenige Seiten, und auf dem Theater nur wenige Minuten, zwischen dem Wirtshaustisch, von dem her Büchners Handwerksbursche seine Predigt mit der eben zitierten Aufforderung beschließt, und dem jüdischen Trödelladen, wo Woyzeck das Mordinstrument einkauft. So führt ein roter Faden von der blasphemisch physisch-metaphysischen Bedrohung des Juden im allgemeinen zu seinem persönlichen Auftreten als Woyzecks Wegweiser in den Tod. Woyzeck geht zum Trödeljuden, wie der sündige Bischof im alten Theophilus-Spiel, jener Vorläufer des Faust, zum Rabbiner ging, um den Weg zum Teufel zu erkunden. Der Rabbiner wußte die Antwort, und Theophilus brauchte nicht weiter zu forschen. Auch Woyzeck erhält ohne viel Umstände, was er braucht.

Keinen Augenblick gibt Büchners Trödeljude vor, den Zweck des fatalen Ankaufs nicht zu kennen. Es geht um Tötung, der Jude weiß es, er tippt auf Selbstmord; ob ihm einfällt, Woyzeck könne auch morden, bleibt dahingestellt. Jedenfalls ist er sich im klaren darüber, daß ein Menschenleben auf dem Spiel steht, und ist skrupellos betreffs der Endbestimmung der

Waffe. Er verkauft Woyzeck, was dieser sich leisten kann: nicht den Tod mit der Kugel (die Pistole, die Woyzeck zuerst wählt, erweist sich als zu teuer), sondern den Tod mit dem Messer, den »ökonomischen Tod«, wie er es nennt. Woyzecks Einstellung zum Leben ist ihm gleichgültig, doch seine Haltung zum Geld ist von Belang. Wenn der Kunde ihm den Kaufpreis von zwei Groschen widerspruchslos und vielleicht verächtlich hinwirft, nimmt er Abstand von ihm mit dem Satz: »Als ob's nichts wär. Und 's is doch Geld. Der Hund.« Bei Büchner empört sich das Lebensgefühl des Juden nicht vor der Verzweiflung des Mörders oder Selbstmörders, sondern vor dem Verächter des Geldes.

Und nun die dritte oder eigentlich erste Erwähnung von Juden im ›Woyzeck‹, in einem feindseligen Gespräch über Sinnlichkeit zwischen zwei Frauen: Marie, Woyzecks treulose Geliebte und am Ende sein Opfer, reagiert unwirsch auf die Unterstellung der Nachbarin, sie könne, dank ihrer Mannstollheit, sieben Paar Lederhosen durchschauen, und sagt zu der Freund-Feindin in Abwehr und Ärger: »Trag Sie Ihre Auge zum Jud und laß Sie sie putze, vielleicht glänze sie noch, daß man sie für zwei Knöpf verkaufe könnt.« Ein unheimlich-groteskes Bild, wie man es bei E. T. A. Hoffmann erwartet, von Augen als käuflichen Knöpfen, die aus dem Zusammenhang von erotischer Begehrlichkeit metaphorisch zu eben dem Juden wandern, der mit allem handelt und alles zu Geld macht und der kurz danach das gar nicht metaphorische, für Marie tödliche, Messer mit Woyzeck verrechnen wird.

Damit sind aber auch, in Büchners eigentümlich genialer Art, die Themen umrissen, die das Bild des Juden in der nach- und gegen-aufklärerischen Zeit prägen: der todbringende Jude, der Geldjude und die erotischen und phallozentrischen Phantasien, die sich mit der Bewältigung dieser vermeintlichen Gefahr beschäftigen. Büchner war, soviel wir wissen, die sogenannte Judenfrage gleichgültig. Doch mit schlaglichtartigen

Stichworten erhellt er Bewußtseinslagen in bezug auf Juden, und zwar bei Menschen, die dem Druck von Armut im Leben, im Sterben und noch im Töten ausgesetzt sind.

Für Woyzeck sind am Ende die zwei Groschen nur Mittel zum Zweck, Befreiung aus dem Unerträglichen. Für den Juden ist das Geld irgendwie Endzweck, an und für sich wertvoll, ein Idol. In seinen Händen wird es abstrakt. Die zwei Groschen sind schlechthin Geld, das Respekt erfordert. Diese Verabsolutierung des Geldes ist aber eine säkularisierte Verteufelung; eine Art Satan wird in wirtschaftliche Entwicklungen einbezogen, denen die Durchschnittsmenschen zu Büchners Zeit hilflos gegenüberstehen. So bereichert die Gestalt des Juden die Darstellung des Kapitalismus oft um eine Dimension. Daß gerade das Volk des unsichtbaren Gottes zum Volk des verabsolutierten Geldes wurde, nicht nur zu Vertretern der Geldwirtschaft, sondern geradezu zu Anbetern des goldenen Kalbes, ist eine Ironie, die einer anderen gleicht, nämlich der, daß Juden in Texten und Kontexten auftauchen, in denen der eine oder der andere Aspekt der Aufklärung ad absurdum geführt wird. Die deutschen Juden der Wirklichkeit verdankten ihre Bürgerrechte und schließlich auch ihre Weltanschauung der Aufklärung und wurden, insofern sie emanzipiert und assimiliert waren, deren treueste und zäheste Anhänger. In der Literatur dagegen vertreten oder demonstrieren sie nicht selten den Irrationalismus.

So setzten die Romantiker selbst in ihren Märchen oft eine jüdische Gestalt in einen betont gegenaufklärerischen Kontext. Dazu drei Beispiele: Das erste ist ›Der Jud' im Dorn‹ der Brüder Grimm:[2] Es fängt an mit einem naiven Knecht, der so wenig von Geld versteht, daß er sich für drei Jahre Arbeit von seinem geizigen Herrn nur drei Heller bezahlen läßt und diese Summe für einen gerechten Lohn hält. Fröhlich mit seinen Münzen klimpernd, begibt sich der junge Mann auf Wanderschaft, während der Leser auf einen Ausgleich, auf Gerechtigkeit, hofft. Der frühere Knecht trifft auf ein übernatürliches Wesen, das ihm zur Belohnung für sein gutes Herz magische Geschenke auf den Weg gibt, eine Wendung, die die ursprüngliche Unterbezahlung wettmacht. Jetzt müßte eigentlich nur noch der geizige Grundbesitzer des Anfangs bestraft werden. Statt dessen gerät das moralische Gerüst des Märchens aus den Fugen: Der Wanderer stößt auf einen Juden, der einem Singvogel verzückt zuhört und diesen besitzen möchte. Und mit einem Schlag entwickelt unser Held hinterlistig-sadistische Züge, die allerdings innerhalb der Erzählung nicht als solche gewertet werden. Unter dem Vorwand, ihm den Vogel zu verschaffen, zwingt der lustige, freundliche Bursche mit Hilfe seiner Zaubergeige den Juden, der ihm nichts getan hat, in den Dornen zu tanzen, bis dieser so zerschunden ist, daß man später glaubt, ein bewaffneter Gegner, etwa ein Soldat, müsse ihn so zugerichtet haben. Dem Juden bleibt keine Wahl, als sich freizukaufen: ein Akt der Erpressung seitens eines jungen Menschen, der nicht den Charakter eines Erpressers hat und dem die Erzählung letzten Endes recht gibt. Denn der Jude gesteht vor Gericht, er habe das Geld gestohlen, und endet am Galgen.

Es beginnt also damit, daß ein Besitzender einen Besitzlosen betrügt, und endet damit, daß ein dritter hingerichtet wird. Insofern ist ›Der Jud' im Dorn‹ ein prägnantes Kurzbeispiel für die Sündenbockfunktion des Juden. Mit dem Geizhals des Anfangs wird uns Ungerechtigkeit und Ausbeuterei vorgeführt, die vom gehenkten Juden am Ende irgendwie gesühnt wird. »Irgendwie«, weil die Konsequenz ja nur in der Assoziation besteht, in einer Querverbindung, welche eine so kurze Erzählung von selbst, und ohne Hinweis des Erzählers, durchhält. Das anfängliche Unbehagen des lesenden Kindes über Ungerechtigkeit löst sich, sofern ein Schurke, wenn auch ein anderer, am Ende etwas abbekommt.

Die einprägsamste Szene des Märchens ist die im Titel angesprochene Qual des Menschen, der tanzen muß, obwohl der Tanz ihn zerfleischt, also der in sein Gegenteil verkehrte Ausdruck von Lebenslust. Heine beschreibt in einer seiner beißendsten und gleichzeitig humansten Satiren, dem Gedicht ›Das Sklavenschiff‹, Schwarze, die von Afrika in die Sklaverei befördert werden und die auf Deck in Ketten tanzen, weil der Schiffsdoktor verordnet hat, die hohe Sterblichkeit dieser menschlichen Ware durch forcierte Lustbarkeiten zu verringern. Die Empörung des Dichters über diesen (wörtlichen) Todestanz ist zwar ironisch, aber so unüberhörbar wie das Entsetzen in Celans ›Todesfuge‹ bei dem berühmten Befehl des Meisters aus Deutschland an seine Juden, »Spielt auf nun zum Tanz«. In dem Grimmschen Märchen dagegen (das übrigens in Celans Gedicht mitschwingen könnte, denn wann hätte ein jüdisches Kind dieses Haus- und Haßmärchen nicht als persönliche Drohung empfunden?) wird der Leser für die Tat eingenommen, weil der Quäler ein so patenter, netter Kerl ist, einer, der selber übervorteilt wurde und daher gewissermaßen ein Recht hat, den Übervorteiler par excellence, den Juden, und zwar den ersten besten, zu überrumpeln. Der Jude als Stellvertreter für den christlichen Ausbeuter ist kein bemitleidenswertes Opfer, sondern von vornherein ein Spitzbub, dem endlich Verdientes zustößt.

Wilhelm Hauffs Märchenzyklus ›Der Scheik von Alessandria und seine Sklaven‹ enthält die Erzählung ›Abner, der Jude, der nichts gesehen hat‹. Ein profilierter Erzähler tritt in Erscheinung, der seine Vorurteile und Absichten einleitend ausspricht:

»Juden, wie du weißt«, verkündet er, »gibt es überall, und sie sind überall Juden: pfiffig, mit Falkenaugen für den kleinsten Vorteil begabt, verschlagen, desto verschlagener, je mehr sie mißhandelt werden, ihrer Verschlagenheit sich bewußt und sich etwas darauf einbildend.«[3] Er verspricht eine Geschichte, in der dem jüdischen Helden seine Intelligenz, seine »Verschlagenheit«, nichts genutzt, ja sogar geschadet hat.

Nach dieser negativen Einführung der Hauptfigur entfaltet sich die verkehrte Welt des Juden Abner. Dieser »ist Arzt, ist

Kaufmann, ist alles, was Geld einträgt«, aber vor allem hat er die Eigenschaften eines Detektivs, d.h., er besitzt die Fähigkeit, das, was er nicht gesehen hat, von den geringsten Indizien abzuleiten. Sein Vergnügen an diesem Spiel des Intellekts wird ihm als Hochmut ausgelegt, und er wird dafür bestraft. Als er sich nun bei der nächsten Gelegenheit weigert, seine Intelligenz zur Schau zu stellen, wird er auch dafür bestraft. Er befindet sich also in der unmöglichen Situation, für seinen Verstand mit Geld- und Körperstrafen zahlen zu müssen, ob er nun diesen Verstand in den Dienst der Mächtigen stellt oder ihn zu verbergen sucht. Die einzige Rettungsmöglichkeit, ihm von einem Höfling höhnisch vorgeschlagen, ist Bestechung, auch das ein Verlustgeschäft.

Das Ganze spielt sich auf etwa zehn Seiten in einem moralischen Vakuum ab und demonstriert mit einer Art schmatzenden Frohsinns die Sinnlosigkeit der Ratio. Nun hat Hauff sämtliche Beispiele und Belege für Abners Logik und seinen Spürsinn dem dritten Kapitel von Voltaires Kurzroman ›Zadig‹ entlehnt. Doch der Held, der bei Voltaire die Strafe für seine Klugheit einheimst, ist gar kein selbstbezogener, berechnender Jude, sondern einer, dessen Schicksal die Ungerechtigkeit der Herrschenden ihren Philosophen gegenüber demonstriert und anprangert. Dabei bleibt bei Voltaire der innere Wert der Intelligenz unangetastet; zu verachten sind allein die Mächtigen, die sich ihrer nicht zu bedienen wissen. Die gezielt aufklärerische Tendenz ist unmißverständlich, auch und gerade wenn die Vernunft heimatlos, unbezahlt und sogar bedroht durch die Welt irrt.

Bei Hauff jedoch wird dieselbe Vernunft zur Pfiffigkeit degradiert und »verjudet«. Dem von Anfang an seiner Stammeszugehörigkeit wegen abgewerteten Abner kann bei allem, was er erleiden muß, nur recht geschehen, und der Zuhörer soll sich mitfreuen an der chaotischen Unberechenbarkeit einer Welt, in der der Gescheite scheitert. Gerechtigkeit und Logik werden zuschanden, ohne daß uns der Erzähler zu bedenken gibt, daß es anders sein sollte. Es herrscht also ein konsequent durchgehaltener anti-aufklärerischer Geist, der zwar durch die Voreingenommenheit des Erzählers relativiert ist und durch die orientalische Einkleidung weitgehend zur Spielerei wird; doch bleibt das Spiel eines, in dem eine ethisch und logisch geordnete Welt auf den Kopf gestellt wird. Zu diesem Zweck bedarf es eines Menschen, dem gegenüber man sich nicht folgerichtig verhalten muß, eben des Juden.

Das dritte Märchen ist Brentanos ›Gockel und Hinkel‹. Dieser Text scheint mir eine bewußte Parodie auf die Ringparabel in Lessings ›Nathan‹ zu enthalten, nämlich insofern, als Brentano ausdrücklich das Toleranzdenken der Aufklärung, einschließlich seiner Befürwortung der Judenemanzipation, aufs Korn nimmt. Es geht, kurz gesagt, um einen magischen Ring, der von König Salomon stammt und alle Wünsche erfüllt (»Ring von unschätzbarem Wert« bei Lessing), und es geht um drei unehrliche Juden, die wie die Söhne bei Lessing um den Besitz dieses Ringes streiten.

Brentano entwickelt das Motiv vom echten und falschen Ring, auf dem die Ringparabel beruht, wenn die drei Juden Salomons Ring entwenden und dabei einen gefälschten an seine Stelle setzen. Kurz nach dem Diebstahl bricht der Streit unter den drei Gefährten aus, weil sie alle gleichzeitig den Ring tragen wollen. Es ist vor allem diese Szene, die an die Ringparabel erinnert. Drei Repräsentanten des biblischen Volkes möchten das Erbe des weisesten der biblischen Könige antreten. Nur haben diese Nachkommen Salomons seinen Ring nicht geerbt, sondern gestohlen. Aus ihren Wünschen und Ängsten geht hervor, warum sie ihn gar nicht geerbt haben können. Die Wünsche sind so beschaffen:

Mache uns zu Hofagenten,
Hoffaktoren, Konsulenten,

> Rittern und Kommerzienräten,
> Kommissaren und Propheten!
> Gib uns Gold und Ehr' und Glanz,
> Stell uns hoch in der Finanz,
> Mach uns schön wie Davids Sohn,
> Den scharmanten Absalon!
> Mach uns glücklich ganz enorm,
> Orden gieb und Uniform![4]

Diese verkommenen Enkel Salomons wollen also lieber seinem verräterischen Bruder Absalom als ihm selber gleichen; sie wünschen sich die Erfolgssymbole der Assimilation, wobei sie absurderweise nicht nur Kommerzienräte, sondern *außerdem* Propheten sein möchten. Zweimal wünschen sie, die modernen Karrieremacher, sich an einen Hof, doch nicht an den eines weisen Herrschers. Im Traum sehen sie folgende Wunschobjekte:

> Louisdore und Dukaten,
> Echte Perlen, Diamant,
> Ritterorden, Ihro Gnaden,
> Hohe Bildung, Ordensband,
> Witz und Wesen, scharf und zart,
> Gänsefett und Backenbart.

Das sind die Wünsche. Sie enthalten ein Versprechen von Witz statt Weisheit und eine Paarung von geistigen und kulinarischen Genüssen, welche die ersteren in Frage stellt. Wie die drei Söhne der Ringparabel, die sich nicht einigen konnten, welcher den echten Ring habe, so sitzen die

> drei Betrüger um einen Tisch, in dessen Mitte der köstliche Ring lag, und stritten miteinander, wer in dieser Woche den Ring am Finger tragen sollte. Da sie gar nicht einig werden

konnten und lange geschrien und geschimpft hatten, weil immer der eine fürchtete, der andre möge ihm den Tod wünschen.

Das sind die Ängste: Sie könnten einander vermittels des Ringes umbringen. So wird die Kraft des Lessingschen Ringes umgekehrt, denn die bestand ja darin, »vor Gott und Menschen angenehm zu machen«. Der Mangel an brüderlichem Einverständnis und hiermit an Menschenliebe ist Ausgangspunkt beider Situationen. War bei Lessing für die Erziehung des Menschengeschlechts die ganze Ewigkeit verfügbar, so ist die Erziehung der Juden bei Brentano unmöglich: Alle anderen Gestalten sind am Ende reifer geworden, für die ungeduldigen Kinder ist die Zeit selbst aufgehoben, indem der Dichter sie über Nacht zu Erwachsenen werden läßt. Nur die drei Juden, diese kurzfristigen Ringbesitzer, sind für immer in Esel verwandelt worden.

Von den drei Juden geht alles Unglück der Titelhelden, einer verarmten Adelsfamilie, aus. Die Juden wissen von den Schätzen im alten Schloß und bestechen die Behörden, so daß Gockel mit Frau und Tochter vertrieben wird. Die Juden sind es auch, die aus Habsucht die sprechenden Wappentiere der Familie, Hahn und Henne, schlachten lassen, eine Tat, die im Märchen einem Mord gleichkommt. Einmal an der Macht, ruinieren die Juden die Wirtschaft des Landes, so daß in der Kirche die Menschen zu Gott um Hilfe gegen die Ausbeuter beten. In steter Steigerung warnt das Märchen vor den emanzipierten Juden.

Brentano hat die Sache mit außerordentlichem Geschick behandelt. Er verschmilzt nämlich die Angst vor den modernen Juden, die vermeintliche wirtschaftliche Bedrohung, mit der tiefer sitzenden Angst vor dem biblischen Volk, das von alters her in korruptem Wissen, Flüchen und Zaubereien bewandert sein soll. Die drei stiften Unheil als falsche Ausleger eines rätselhaften Spruches, von dem das Glück des Helden und seines Hauses abhängt. Dank ihres Verstandes können sie die Menschen von Unwahrheiten überzeugen. Dem Kind Gackeleia ist es verboten, mit Puppen zu spielen, aber die Juden verführen sie mit einem mechanischen Spielzeug, von dem sie behaupten: »Keine Puppe, es ist nur / Eine schöne Kunstfigur«, Verse, die sich leitmotivisch durch das ganze Märchen ziehen. Sie sind Meister der Haarspalterei, des »Drehs«. In dem typisch romantischen Konflikt zwischen Natürlichem und Gekünsteltem, von dem das Märchen weitgehend handelt, sind sie immer auf seiten des letzteren – Menschen, die von den lebenspendenden Ursprüngen entfernt sind. Dabei sind die Fehler der Juden auch bei den anderen Charakteren in gemilderter Form zu finden. Gerade darin offenbart sich der Sündenbock-Charakter dieser Gestalten. Sie sind die Prügelknaben der Selbstkritik und ziehen die bösen Eigenschaften an sich, von denen man lieber nicht behaftet sein möchte. Was das Märchen bei den anderen Gestalten als kindische Unart verharmlost, z.B. Habsucht, Gefräßigkeit, Verlogenheit, verteufelt es bei den Juden.

Wilhelm Hauff hat in seiner historischen Novelle ›Jud Süß‹ das Sündenbockmotiv mit merkwürdiger und letzten Endes ungelöster Problematik versehen. Ausgehend von der makabren Geschichte des berüchtigten württembergischen Finanzministers Joseph Süß-Oppenheimer, der 1738 in einem eisernen Käfig gehängt wurde, ist Hauffs Süß zynisch und verdorben, ein korrupter Minister, der das Land heruntergewirtschaftet wie die Juden in Brentanos Märchen und sich obendrein durch einen nichtjüdischen Schwager, den er notfalls durch Erpressung zu gewinnen gedenkt, in der württembergischen Gesellschaft zu legitimieren sucht.

Man darf wohl annehmen, daß solche Verkörperungen wirtschaftlicher Unterdrücker nicht nur einer Erinnerung an die wenigen Hofjuden entsprangen, die tatsächlich politischen

Einfluß hatten, sondern sich hauptsächlich aus der Angst und Abneigung vor der drohenden politischen und wirtschaftlichen Gleichberechtigung jüdischer Mitbürger ableiten lassen. Bei äußerster Vereinfachung der Charaktere (der Verfasser war immerhin blutjung) vereinfacht Hauff doch nicht alle Probleme. So muß Süß für die ganze korrupte Regierung leiden, wenn er als einziger hingerichtet wird, obwohl andere ebenso schuldig sind wie er. Die Ambivalenz dem Juden gegenüber, die dieses einseitige Strafverfahren dem Leser vermittelt, steht im Einklang mit unserer Anteilnahme an dem gestörten Liebesverhältnis von Süß' positiv gezeichneter Schwester Lea und ihrem wackeren schwäbischen Bewunderer. Die beiden werden einerseits von Süß ins Garn gelockt, andererseits durch die Grundsätze oder Vorurteile (der Leser schwankt, ob es sich um das eine oder andere handelt) der christlichen Familie an einer Vereinigung gehindert. Als drittes Moment steht daneben die Ausflucht ins Unerklärliche, das angebliche Mysterium um die Juden und der Fluch, der auf ihnen liegen soll, auch dann, wenn ihr Unglück sich handgreiflich von konkreten Menschen herleitet.

> Er schauderte über dem Fluch, der einen heimatlosen Menschenstamm bis ins tausendste Glied verfolgte und jeden mit ins Verderben zu ziehen schien, der sich auch den Edelsten unter ihnen auf die natürlichste Weise näherte.[5]

Noch am Ende des Jahrhunderts, in Fontanes Gesellschaftsroman ›Unwiederbringlich‹, spuken solche Gespenster. Da gibt es nämlich das Wort »Lieblings- und Leibjude«, ausgesprochen von einem charmanten Fräulein von Rosenberg am dänischen Hof, die sich bei näherem Hinsehen als nicht alt-adelig, sondern als neu-adelig, und zwar, wie sie es ausdrückt, als »Enkelstocher des in der schwedischen Geschichte wohlbekannten Meyer-Rosenberg, Lieblings- und Leibjuden Gustavs III.« entpuppt. Der angesprochene deutsche Edelmann erschrickt über dieses »unheimliche Epitheton ornans«, erholt sich allerdings rasch und findet die Sache »pikant«.[6] Auf die Fragwürdigkeit dieses Übergangs vom Unheimlichen zum Pikanten kommt es Fontane an.

In Hauffs romantischer Novelle ›Jud Süß‹ sind schon manche Konstellationen der realistischen Bildungsromane ›Soll und Haben‹ und ›Der Hungerpastor‹ mit ihren vereinfachenden und gehässigen Judenporträts vorgezeichnet. In diesen beiden Büchern geht es um eine ungleiche Rivalität, hier unter Kaufleuten, dort unter Intellektuellen, bei der die gewissenhafteren Christen oder Germanen nach angemessenen Prüfungen ihr Lebensglück erringen, während die Juden, dank ihrer Herz- und Gemütslosigkeit, zu Fall kommen: Rivalitäten zwischen Christen und neu emanzipierten Juden, bei denen, wie etwas später bei Fontane, auch das Thema der sogenannten Mischehe nicht unberührt bleibt. Bei Hauff, Freytag und Raabe spiegeln die negativ gezeichneten Juden Aspekte der modernen Gesellschaft, die man sich am liebsten vom Hals schreiben oder wünschen möchte. Nur war sich Hauff der Problematik seines Ausgangs, bei dem der Jude so schlecht abschneidet, weit bewußter als die beiden Realisten Freytag und Raabe.

Auch bei Freytag und Raabe haben christliche Gestalten teil an den schlechten Eigenschaften der Juden, indem kaufmännische Unredlichkeit einerseits, falsche Bildung andererseits auch bei Christen, wenn auch in viel geringerem Maße, zu finden sind. Diese sind dann allerdings Mitläufer der Juden, deren Seelenlosigkeit sowieso unübertreffbar bleibt. Derartige Christen, etwa die intelligente, doch in ihren Grundsätzen unstabile Frau von Raabes Moses Freudenstein, die von ihrem Mann schließlich mißhandelt wird, dienen als warnende Beispiele gegen eine nähere Verbindung mit Juden. Selbst die von Freytag so verachteten Polen verfügen gelegentlich über eine gewisse Ritterlichkeit, während die Juden noch in ihren Missetaten und bis hin zum Mord feige sind. Wenn sie dann dieser Missetaten überführt werden, so ist es wie eine säkularisierte Austreibung des Teufels, eine Befreiung der Umwelt, die einem Exorzismus ähnelt, eine Katharsis, die des Mitleids nicht bedarf, weil die christliche Welt mit Hilfe des jüdischen Sündenbocks erfolgreich erlöst oder gereinigt worden ist. Am Ende vom ›Hungerpastor‹ ist der assimilierte, getaufte Jude mit seinem Geld in Paris ein Spitzel geworden, während das Liebespaar einander und das einfache Leben gefunden hat:

> *Arbeit und Liebe!* zitterte es durch ihre Herzen, und sie wußten, daß ihnen beides gegeben worden war. Klar kam der Tag vom Osten, über der See zerrissen die Nebel – von der Freiheit sang das Meer, von der Wahrheit die Sonne; die Welt aber gehörte nicht dem Doktor Theophile Stein, der einst Moses Freudenstein hieß: über den Gräbern des armen Dorfes Grunzenow standen Johannes und Franziska und fürchteten in der Liebe weder das Leben noch den Tod.[7]

Der bezwungene Tod und der aus der Welt gedrängte Jude sind in diesem Zitat fast ein und dasselbe. Die Einbeziehung von Meer und Sonne verbannt den Juden sozusagen nicht nur aus der moralischen, sondern auch aus der natürlichen Welt. Der ganze Kosmos kommt ins reine, man ist versucht zu sagen, ins judenreine. Die Miseren des Industriezeitalters aus früheren Partien des Romans sind nun aufgewogen durch idyllische Armut und die Gründung einer deutschen Pastorenfamilie, die sich aus dem Großstadtleben entfernt und sich des jüdischen Elements entledigt hat. Raabe, dem ja später einige positivere jüdische Gestalten aus der Feder geflossen sind, nannte trotzdem noch am Ende seines Lebens den ›Hungerpastor‹ ein »Volksbuch«,[8] womit er vermutlich nicht nur die hohen Auflagen gemeint haben wird.

Die Gefahr bestand und besteht, daß Phantasiejuden für fotografierte Menschen gehalten werden. Vergleicht man damit den vielleicht bekanntesten fiktionalen Juden aus der Literatur des neunzehnten Jahrhunderts, Dickens' Fagin aus dem ›Oliver Twist‹, so fällt auf, wie systematisch, fast abstrakt linear das Schema »aufrechter Deutscher / korrupter Jude« in den deutschen Büchern durchgehalten wird. Dieser konsequente Zug fehlt bei Dickens, und sein Fagin suggeriert daher weit weniger ein allgemein gültiges Phänomen (d.h. Jude gleich Ausbeuter), als die Schurken bei Freytag und Raabe es tun. Einen Roman wie George Eliots ›Daniel Deronda‹, in dem die nichtjüdische Autorin Verständnis und Einfühlung für eine ganze Reihe von Juden aufbringt, gibt es im Deutschland des neunzehnten Jahrhunderts überhaupt nicht.

Dagegen versuchten verschiedene jüdische Schriftsteller, Vorurteile abzubauen, jüdisches Leben und jüdische Bräuche zu entmystifizieren und den christlichen Nachbarn näherzubringen. Heinrich Heine hat in seinem Fragment ›Der Rabbi von Bacherach‹ das Unheimliche im Bild des Juden auf seinen christlichen Ursprung zurückzuführen und durch Analyse zu entschärfen gesucht. Heines Rabbi entdeckt bekanntlich während der Sederfeier eine eingeschmuggelte Kinderleiche unter dem Tisch. Seine Reaktion wird uns perspektivisch durch die Augen der Ehefrau vorgeführt. Da ist zuerst ein »in grausiger Verzerrung« erstarrtes Gesicht, aus dem »seine Augen wie Eiszapfen hervorglotzten«. Darauf folgt eine unnatürliche Fröhlichkeit, »eine ihm sonst ganz fremde tolle Laune«, »die allmählich in jauchzende Ausgelassenheit überging«.[9] Bei der vom Fest erforderten Aufzählung der ägyptischen Plagen bespritzt der Rabbi die anwesenden Mädchen mit Rotwein, wie in Verharmlosung der eigenen blutigen Plage zu seinen Füßen. Diese Doppelschichtigkeit, d.h. die Fröhlichkeit, die mit der »Leiche unter dem Tisch« lebt und betet, hätte sich zum Leitmotiv eines Romans über jüdisches Leben zwischen Tradition und irrationalem Vorurteil der Außenwelt erweitern lassen. Das hat Heine nicht geleistet. Doch schuf er vor allem in diesem ersten Kapitel seines Fragments ein bleibendes Bild der Judenfeindlichkeit, wie es sich aus jüdischer Sicht bietet, in der Verbindung von Grausen, Humor und Lebenswillen.

Insoweit sich das über die wirtschaftliche Rivalität hinausgehende Vorurteil auf mittelalterliche Vorstellungen zurückführen ließ, hatte Heine das Problem ganz richtig an der Wurzel gepackt. Es gab aber von jüdischer Seite auch Versuche, das Leben der deutschen Juden der Gegenwart durch Gegenbilder zu den gängigen Judenkarikaturen in ein genaueres und helleres Licht zu rücken. Ich will hier nur den zu Unrecht gänzlich vergessenen Salomon Hermann Mosenthal erwähnen, der auch schon zu seinen Lebzeiten (er starb 1877) mehr Erfolg mit seinen Libretti und teilweise mit seinen Dramen hatte als mit seinen ›Erzählungen aus dem jüdischen Familienleben‹.[10] In diesen gescheiten und einfühlsamen Skizzen aus den deutschen Judenvierteln entwickelt er ein differenziertes Bild vom jüdischen Leben zwischen Tradition und Emanzipation, von der Armut der hessischen Gemeinden, von der Spannung zwischen den Orthodoxen und den Reformgesinnten, vermittelt im Dialog ohne Überheblichkeit eine Sprache, die zwischen Jiddisch und Deutsch schwankt, und sucht menschliche Beziehungen vor dem Hintergrund einer eng verbundenen Gemeinde darzustellen. Seit über hundert Jahren sind diese Erzählungen nicht wieder aufgelegt worden. Gegenüber den Millionenauflagen der »Volksbücher« von Freytag und Raabe hatten sie wohl nie die geringste Chance, das deutsche Publikum über die Juden unterhaltsam zu informieren.

Auch in den realistischen Romanen sind die Juden oft Archetypen, von denen eine tiefe Beunruhigung ausgeht. Ebenso wie ihre romantischeren und märchenhafteren Brüder sind sie verankert im Unterbewußtsein der Leser und Autoren. Gegenbilder, die der Wirklichkeit näherkamen, waren von vornherein weniger interessant. Freytags Itzig Veitel ermordet seinen christlichen Mentor, Raabes Moses Freudenstein ermordet seinen leiblichen Vater: Das entsprach wohl dem Bedürfnis nach dem ähnlich-unähnlichen Bösewicht, dem Bild des Christus- und kindermordenden Nachbarn und biblischen Stiefbruders.

Nachhaltig wirkt die Vorstellung von der geistigen Blindheit der Juden, wie man sie etwa in der Plastik des Mittelalters in der Gegenüberstellung der sehenden Kirche und der blinden Synagoge antrifft. Diese blinde Synagoge ist oft von tragischer Schönheit (z.B. die am Südportal des Straßburger Münsters). Ihr Nicht-sehen-Können ist eigentlich ein Nicht-sehen-Wollen, denn sie müßte nur die Binde von den Augen nehmen, um das Licht zu genießen, ein Hinweis auf die noch ausstehende Bekehrung der Juden, welche am Ende der Zeiten stattfinden soll.

Im neunzehnten Jahrhundert ist die Vorstellung einer solchen Massenbekehrung kein Desideratum, sondern spukt als ihr Gegenteil, das einer etwaigen und durchaus nicht erwünschten Assimilation der Juden. Hans Unwirsch in Raabes ›Hungerpastor‹ ist entsetzt, als er von der Taufe und Namensänderung seines alten Freundes Moses Freudenstein hört. (18. Kapitel) Es ist dieses Untertauchenwollen in der christlichen Gesellschaft, das er ihm nicht verzeihen kann. Ähnlich bei Freytag: Je weniger sich Veitel Itzig von seinen Nachbarn unterscheidet, desto gefährlicher wird er für die Christen, denn er stellt ihren ererbten Gütern nach und nimmt einem von ihnen das Leben. Der Anpassungswille der Juden wird als eine Art Betrügerei abgelehnt. Ihre geistige Blindheit wird weiterhin ebenso vorausgesetzt wie ihr reibungslos funktionierender Intellekt.

Diesem Gedanken der geistigen Blindheit hat Stifter in seiner Novelle ›Abdias‹ Form verliehen. Nun ist es gerade in diesem Falle üblich, das Thema Judenfeindlichkeit einfach beiseitezuschieben und damit auch die Frage nach dem »Jüdischen« der Hauptgestalt nicht schärfer ins Auge zu fassen. Es ist gewiß richtig, daß die Novelle keine antisemitische Pointe hat, denn Abdias ist ja keine negative Figur und wird überdies vor allem als Außenseiter und nur mit Vorbehalt als Zugehöriger einer Gruppe geschildert. Die Tragödie dieses Außenseiters ist es jedoch, daß er ohne geistige Orientierung durchs Leben geht und daher bei aller Energie und peinlichstem Planen nichts richtig sieht. So besorgt er Nahrung und Decken für seine Frau, während sie verblutet; Zeichen der Treue bei seinem Hund hält er für Zeichen der Tollwut; und in seiner geistigen Blindheit steht er der physischen Blindheit seiner Tochter ratlos gegenüber. Bei außerordentlicher Klugheit und körperlicher Gesundheit stirbt er, wie seine Eltern, in geistiger Umnachtung.

Stifter hat seinen Abdias ohne die geringste Herablassung gezeichnet, ja er hat ihm sogar eine gewisse Ehrfurcht nicht versagt. Doch ist die jüdische Einkleidung kein Zufall. Abdias' Unfähigkeit, sich in der Welt zurechtzufinden, rührt letzten Endes von seiner Herkunft aus einer Gemeinde her, deren Haupteigenschaften Nachbarnhaß, Gier und Geiz sind, einer Gemeinde, die ohne religiöse und geistige Zentren (als da sind Synagogen, Tempel, Bibliotheken, Schulen) dahinvegetiert und die der Autor ausdrücklich »düstern, schwarzen, schmutzigen Juden«[11] in Pacht gibt; eine völlig gott- und geistlose Menschengruppe, die er »jüdisch« nennt, wobei das Glaubenssystem oder das Geschichtsbewußtsein, das eine solche Bezeichnung sinnvoll machen würde, nicht einmal andeutungsweise vorhanden ist. So kommt es dann folgerichtig dazu, daß Abdias ohne geistige Führung aufwächst, weil sein Vater einfach »vergißt«, ihn zu Lehrern zu schicken, daß seine Mutter ihn wie eine Puppe, als ein ungeistiges Wesen, behandelt und daß die drei in einer vermenschlichten Tierbehausung wohnen, in einer Höhle, die aber mit wertvollen Teppichen und anderen Kostbarkeiten ausgestattet ist. Aus dieser Nestwärme herausgerissen, muß er ohne Vorbereitung in die Welt hinaus, mit keinem anderen Ziel, als Geld anzuhäufen. Somit ist sein Schicksal, das des wurzel- und ziellosen Menschen, vorgezeichnet: nicht selbstverschuldet im eigentlichen Sinn, doch durch die Herkunft aus einem verblendeten, verfluchten und falsch orientierten Menschenstamm bedingt. Also auch bei dieser, an sich positiv gesehenen Figur, die man so leicht und gerne ins Allgemeinmenschliche hinaufstilisiert, läßt sich bei näherem Hinsehen eine Leiche unterm Tisch aufspüren.[12]

Mit den Jüdinnen dieser Werke steht es meist anders als mit den Juden. Wie Shylocks Tochter Jessica verdienen sie in der Phantasie ihrer Autoren oft ein besseres Los, als mit Juden verschwistert, verschwägert und verheiratet zu sein. Nur der unerbittliche Gustav Freytag liefert uns in den weiblichen Ehrenthals ein paar liederliche und verlotterte Weiber, die gut zu ihren Männern passen.

Hauffs Lea Süß ist gewissenhaft und fromm und hochmoralisch, in allem der Gegensatz zu ihrem Bruder; Stifters Ditha ist gelbblond auf böhmisch-österreichischen Feldern, trotz ihrer Abstammung von sephardischen Juden. Bei Raabe gibt es die etwas ausgeklammerte Mutter von Moses Freudenstein, zu deren positiven Eigenschaften selbstlose Hingabe und Reinlichkeit zählen, von denen bei den Männern wenig zu merken ist; und im selben Roman die in ihrem Urteil und ihren Sympathien verläßliche alte Esther. Sympathisch gezeichnete Juden in Raabes Novellen sind meist weiblich, wie etwa die Heldin von ›Holunderblüte‹ und das Kind und die Greisin in ›Höxter und Corvey‹. In Grillparzers ›Jüdin von Toledo‹ drückt der König diesen Unterschied in der Bewertung deutlich aus;

Die Weiber dieses Stamms
Sind leidlich, gut sogar. – Allein die Männer
Mit schmutz'ger Hand und engem Wuchersinn […]
(1448 – 1450)

Der Grund für dieses Mißverhältnis scheint mir einerseits darin zu liegen, daß Frauen als Rivalen nicht in Frage kamen, daß sie wegen ihrer untergeordneten Stellung politisch wie wirtschaftlich ungefährlich waren und daher nicht dieselben feindseligen Phantasien auslösten. Wichtiger ist aber doch wohl die erotische Attraktion der Andersartigen. Den Begriff der schönen Jüdin gab es schon im Mittelalter, ebenso wie den der schönen Heidin; nur daß die letztere einen Partner im edlen Heiden hatte, während in den Vorstellungen über Juden männlich und weiblich von jeher merkwürdig weit auseinanderklafften.

Ist die Jüdin also öfter ausgenommen von der Abneigung, die ihren Glaubensgenossen zuteil wird, so bietet sie sich doch als der Typ der Verführerin an, erwünschte Projektion von unerwünschten Träumen. In dieser Rolle ist sie gerade in der Literatur des neunzehnten Jahrhunderts beachtenswert, dem Jahrhundert des Liberalismus einerseits und der sexuellen Repressionen andererseits.

In zwei anscheinend ganz verschiedenartigen Werken, Grillparzers Drama ›Die Jüdin von Toledo‹ und in Fontanes Roman ›Unwiederbringlich‹, geht es um eine unterkühlte und für den Mann beengende christliche Ehe, in die, wie die Juden in den umhegten königlichen Garten zu Anfang des Dramas, die Erotik als zerstörerisches Moment einbricht. Bei Grillparzer heißt es einmal von der schönen Rahel, die die Geliebte des Königs wird, sie sei »das Weib als solches, nichts als ihr Geschlecht«. (859) Der König zieht sich von seiner Frau und seinen Staatsgeschäften zurück, hat nur noch Sinn und Augen für seine Liebe, während Rahels habgieriger, verschlagener Vater sich auf Kosten des Staates bereichert und nicht nur den Haushalt, sondern auch die Rechtsprechung im Lande unterminiert. Zwar läßt Grillparzer durch den Mund des Königs entschuldigende Worte für die Juden einfließen – so sagt der König etwa:

Ich selber lieb es nicht, dies Volk, doch weiß ich,
Was sie verunziert, es ist unser Werk;
Wir lähmen sie und grollen, wenn sie hinken.
(485 – 487)

– doch werden damit die stereotyp-schlechten Eigenschaften der Juden, die Gefahr, die von ihnen ausgehen soll, ja nicht abgestritten, sondern im Gegenteil durch eine josefinisch-aufgeklärte Geisteshaltung bestätigt. ›Die Jüdin von Toledo‹ ist das merkwürdigste Gemisch solcher Bestätigungen und beschwichtigender Rücknahmen. Esther, Rahels vernünftige Schwester, stellt die Christen mit bewegenden Worten zur Rede, nachdem diese Christen Rahel ermordet haben, um den König zu seinen Pflichten zurückzuführen. Jedoch ganz am Ende erhebt Esther den anklagenden Zeigefinger eben doch wieder gegen ihren geldbesessenen Vater Isaak, eine Vogelscheuche aus der judenfeindlichen Literatur, und verteilt somit die Schuld gleichermaßen an Mörder und Opfer.

Rahel selbst, eine eigentümliche Gestalt, verkörpert die reine Sinnlichkeit im Sinne unserer Urgroßeltern. Versessen auf Äußerliches, befangen in einem barocken Spiel mit Masken, Kleidern, Verkleidungen, wird sie sich manchmal der eigenen innerlichen Leere bewußt und nennt sich dann selbst »ein Traum nur einer Nacht«. (979) Der Mangel an Substanz, der trügerische Schein, dem kein Sein innewohnt, ist in erster Linie Ausdruck der ungezügelten Sexualität, die sie verkörpert und die sie in Männern evoziert, aber diese ist dann eben doch auch bedingt durch den Materialismus des ungeistigen Vaters und steht im Einklang mit ihrem Jüdischsein.

In Fontanes ›Unwiederbringlich‹ unterliegt der Mann der Verführerin im hochzivilisierten Milieu des dänischen Hofes, von dem seine Feinde sagen, dort sei »alles Genuß und Sinnendienst und Rausch«, und der tonangebende König sei nur »groß« in Ehescheidungen und kümmere sich »um Vorstadtspossen und Danziger Goldwasser mehr [...], als um Land und Recht«.[13] Der deutsche Baron von Holk verliebt sich in ein halbjüdisches Kammerfräulein, die selber über ihre Abstammung in den pikanten Gesprächen, deren eines ich oben (S. 94) zitierte, witzelt. Die eigentliche Verführung des Deutschen, der ihr nur zum Zeitvertreib dient und den sie durchaus nicht liebt, während er sich um ihretwillen scheiden lassen wird, beginnt während eines Festes, das Kopenhagen für einen hohen Offizier von jüdisch-portugiesischer Abstammung feiert. Und im Zusammenhang mit einem jüdischen Tierarzt und Konvertiten wird schon ganz zu Anfang des Romans über Taufbecken und hygienische Marmorkrippen im Viehstall gescherzt. In Kopenhagen setzt man sich über Vorurteile und ehrwürdige Traditionen gleichermaßen hinweg, und die Atmosphäre prickelt von erotischen Innuendos.

Der Reiz dieses Buches liegt zum Großteil darin, daß es den Leser ständig auffordert, sich zu fragen, wie weit er die Spötteleien und Freiheiten, die darin vorkommen, billigt und wo er sie lieber verurteilen möchte. Liberale Einstellungen gegenüber den Juden vermischen sich mit ebenso freigeistigen Gedanken in bezug auf Liebesaffären und Ehescheidungen. Daß das alles nicht einfach verurteilt werden kann, sondern kritisch geprüft werden muß, ist schon in der stilistischen Ausgewogenheit der Meinungen von Anfang an klar. Daß der Leser dieses Kopenhagen aber auch nicht ohne weiteres dem konservativeren deutschen Landleben der ersten Kapitel vorziehen soll, stellt sich spätestens gegen Ende des Romans heraus: Der Preis des gelockerten Lebens und Denkens ist eine ruinierte Familie, Entfremdung der Kinder, Exil des Mannes und schließlich, nach einem mißlungenen Versöhnungsversuch, Selbstmord der Frau. Hingegen heiratet die Eva-gleiche jüdische Verführerin Ebba einen englischen Lord und vielfachen Millionär, von dem ein alter Bekannter schreibt: »Übrigens haben sich beide, der Lord und Ebba, nichts vorzuwerfen; er, wie so viele seinesgleichen, soll schon mit vierzehn ein ausgebrannter Krater gewesen sein«, und sie »wird jeden Tag Dinge sagen und später auch wohl Dinge tun, die Seine Lordschaft frappieren«.[14] So verflüchtigt sich der Charme der Kopenhagener Atmosphäre und hinterläßt beunruhigende und ungelöste Fragen über das Verhältnis von Liberalismus und Unsittlichkeit sowie über Wert und Unwert von Skepsis und Judentum in der Auflösung alter Traditionen.

Von den lust-, doch nicht liebespendenden Jüdinnen führt der Weg dann doch wohl zu den todbringenden Juden zurück. Auch diejenigen, die nur passiv und durch christliche Schwäche Unheil stiften, sind Träger einer moralischen Krankheit, die man sich am besten vom Leibe hält.

Die meisten Werke, die ich hier gestreift habe, sind auf ihre Weise vorzüglich. Die antisemitischen Züge, die sie enthalten oder von denen sie gespeist werden (und die sie wiederum speisen), lassen sich von ihren Vorzügen nicht trennen, sollten deshalb aber auch nicht in Abrede gestellt werden. Die Beschäftigung mit ihnen erfordert von der Kritik eine Bereitschaft, sich mit moralischen und ästhetischen Widersprüchlichkeiten geduldig auseinanderzusetzen. Es geht einerseits nicht an, Werke, in denen negative jüdische Gestalten auftauchen, pauschal zu verwerfen. Aber ebensowenig sollten wir verkennen, daß diese Gestalten Produkte der Judenfeindlichkeit sind, daß ihnen, bildlich gesprochen, eine untergeschobene Leiche zugrunde liegt.

Heine hat dieser Problematik auf den ersten Seiten seines ›Rabbi von Bacherach‹ Ausdruck verliehen. Dort beschreibt er nämlich eine Gedenkstätte der christlichen Gemeinde für ein angeblich von Juden ermordetes und aus diesem Grund heiliggesprochenes Kind:

Sankt Werner ist ein solcher Heiliger, und ihm zu Ehren ward zu Oberwesel jene prächtige Abtei gestiftet, die jetzt am Rhein eine der schönsten Ruinen bildet, und mit der gotischen Herrlichkeit ihrer langen, spitzbögigen Fenster, stolz emporschießender Pfeiler und Steinschnitzeleien uns so sehr entzückt, wenn wir an einem heitergrünen Sommertage vorbeifahren und ihren Ursprung nicht kennen.[15]

Anmerkungen

* Dieser Vortrag wurde 1985 beim VII. Internationalen Germanisten-Kongreß in Göttingen als Plenarvortrag gehalten.
1 Georg Büchner, ›Sämtliche Werke und Briefe. Historisch-kritische Ausgabe‹, Bd. 1, hrsg. von Werner Lehmann, Hamburg 1967, S. 422 und im folgenden, S. 424 und 410.
2 Auch ›Der Jude im Dornbusch‹ genannt. No. 110 in vollständigen Ausgaben der Märchen.
3 Wilhelm Hauff, ›Sämtliche Werke‹, Bd. 1, hrsg. von Sibylle von Steinsdorff, München 1970, S. 140 – 153.
4 Clemens Brentano, ›Werke‹, Bd. 3, hrsg. von Friedhelm Kemp, München 1965, S. 484 – 565, hier S. 536 und im folgenden, S. 561 und 560. In der Spätfassung heißt das Märchen ›Gockel, Hinkel und Gackeleia‹.
5 Hauff, ›Jud Süß‹, a.a.O., S. 474 – 539, hier S. 517.
6 Theodor Fontane, ›Sämtliche Werke‹, Bd. 5, hrsg. von Edgar Groos, München 1959, S. 87, 88.
7 Wilhelm Raabe, ›Sämtliche Werke. Braunschweiger Ausgabe‹, Bd. 6, hrsg. von Karl Hoppe, Freiburg i. Br. und Braunschweig 1954, S. 439.
8 Ebd., S. 491, in dem von Hermann Pongs besorgten Anhang.
9 Heinrich Heine, ›Sämtliche Werke‹, Bd. 2, hrsg. von Jost Perfahl und Werner Vortriede, München 1969, S. 513 – 552, hier S. 521 f.
10 Salomon Hermann Mosenthal, ›Gesammelte Werke‹, Bd. 1, hrsg. von Eduard Hallberger, Stuttgart und Leipzig 1878, S. 3 – 199.

11 Adalbert Stifter, ›Werke und Briefe. Stuttgarter Ausgabe‹, Bd. II.5, hrsg. von Alfred Doppler und Wolfgang Frühwald, Stuttgart 1978, S. 240.
12 Vgl. dazu auch den in diesem Band enthaltenen Aufsatz ›Der eingerichtete Mensch‹, S. 107 – 131, bes. S. 113 f. und 115 ff.
13 Fontane, a.a.O., S. 25.
14 Ebd., S. 209.
15 Heine, a.a.O., S. 516.

Der eingerichtete Mensch
Innendekor bei Adalbert Stifter

Die vorliegende Arbeit unternimmt es, die Behandlung von Möbeln und anderen häuslichen Gebrauchsgegenständen in einigen Novellen Stifters und in seinem Roman ›Der Nachsommer‹ zu untersuchen.[1] Das Thema liegt einerseits auf der Hand, andererseits mag es auch etwas abwegig anmuten. Abwegig deshalb, weil man sich vielleicht fragen wird, ob es nicht trivial sei, Hintergrund und Vordergrund so zu vertauschen, daß die Handlung und die Gestalten einer Erzählung zurücktreten, um den Kulissen Platz zu machen. Auf der Hand liegt das Thema aber wegen des bekanntlich außerordentlich großen Nachdrucks, der im Biedermeier, und überhaupt im realistischen Roman wie in der realistischen Novelle des neunzehnten Jahrhunderts, auf Besitz und durch Eigentum verbürgten Status gelegt wird: auf Ausstattung, Kleider, Edelsteine und Wertgegenstände aller Art, und eben auch auf das Innere der Häuser, in denen sich die Handlung abspielt. Liebesgespräche auf gepolstertem Sofa, Verzweiflung vor tapezierten Wänden, innere Erleuchtung in geschmackvoller Laube und Verlust des Ich-Gefühls in schäbigen Pensionen – wir kennen das sowohl aus der Trivialliteratur jener Zeit als auch von den Meistern des Realismus. Die *longueurs* der Romane eines Balzac rühren meist daher, daß die ausführlichen Beschreibungen des Hintergrunds die Handlung zu sehr retardieren. Die Gegenständlichkeit des bürgerlichen Daseins ist den Autoren wie den Lesern des neunzehnten Jahrhunderts so selbstverständlich, daß die Definitionen des literarischen Realismus diesen Aufwand und Sinn fürs Detail gewöhnlich berücksichtigen.

Bei Stifter nun wird diese Gegenständlichkeit zu einem besonderen Problem, weil in seinen Fiktionen der statische Hintergrund derart in den Vordergrund rückt, daß er, wie auf weite Strecken im ›Nachsommer‹, zum eigentlichen Romanthema wird und das menschliche Geschehen nicht nur retardiert, sondern geradezu usurpiert. Man kann sagen, daß sich in Stifters Werk zunehmend sein sittliches, humanistisches und metaphysisches Interesse auf eine ästhetische Ebene verlagert, so daß die Charaktere schließlich verhältnismäßig blaß erscheinen (wenn man etwa die frühen Erzählungen mit den späten Romanen vergleicht), und die Leseraufmerksamkeit sich dementsprechend auf den zum Vordergrund gewordenen Hintergrund konzentrieren kann, der dadurch an Eigenständigkeit gewinnt. Es geht nun darum, diese fortschreitende ästhetisierende Vergegenständlichung am Beispiel des Innendekors und anhand einiger verhältnismäßig traditioneller Erzählungen im Vergleich zum ›Nachsommer‹ zu verfolgen. »Traditionell« bedeutet in diesem Zusammenhang, daß die Menschen und ihre Lebensläufe das Rampenlicht mit den Gegenständen ihrer Umgebung zumindest teilen, was im ›Nachsommer‹ nicht unbedingt zutrifft.[2] Zentral für unser Anliegen sind die Gegenstände selbst, in ihrer Anschaulichkeit und Manipulierbarkeit, teilweise in ihrer Übereinstimmung mit den Menschen, aber nicht nur als Symbole, die über sich hinausweisen, sondern als Dinge, die uns weitgehend um ihrer selbst willen, wie ja auch die Menschen, vorgeführt werden. Dadurch verliert »die Irritation, die von Stifter ausgeht auf einen, der nicht an dessen schöne Welt glaubt«,[3] an Bedeutung. Denn in seiner menschlichen Beschränktheit und seinen Einengungen, in seiner Ausklammerung wesentlicher Aspekte des Daseins läßt sich das Stiftersche Weltbild, besonders im ›Nachsommer‹, auch als unerreichtes Ideal einfach nicht ernst nehmen. Anders ist es mit den beschriebenen Gegenständen selbst, den Bausteinen dieser Fiktionen, die im Spiel und Widerspiel, in Anordnung und Unordnung das eigentliche Werk schon ausmachen.

Walter Benjamin, ein verbissener und im obigen Sinn zutiefst »irritierter« Leser von Stifters Erzählungen (den ›Nachsommer‹ scheint er leider nicht gekannt zu haben), schreibt in einem Brief vom 18. Dezember 1917: »Ich las viel Stifter, ein Schriftsteller hinter dessen wenig auffallender Außenseite und scheinbaren Harmlosigkeit sich ein großes moralisches und großes ästhetisches Problem verbergen.«[4] Das ästhetische Problem ist, daß er »nur auf der Grundlage des Visuellen schaffen« könne.[5] Benjamin erklärt, daß Stifter »jeglicher Sinn für Offenbarung fehlt, die *vernommen* werden muß, d.h. in der metaphysisch akustischen Sphäre liegt«. Weiter schreibt er: »Die Sprache wie sie bei Stifter die Personen sprechen ist ostentativ. Sie ist ein zur Schau Stellen von Gefühlen und Gedanken in einem tauben Raum. Die Fähigkeit irgendwie ›Erschütterung‹ darzustellen deren Ausdruck der Mensch primär in der Sprache sucht fehlt ihm absolut.«

Benjamin streitet Stifter also eine höhere Fähigkeit, nämlich die »metaphysisch-akustische«, ab, gesteht ihm aber die visuelle in vollem Maße zu. Oder, wie es Peter Demetz zugespitzt paraphrasierend, aber treffend formuliert: »Stifter malt, weil er kein Ohr für die sprechende Gottheit hat.«[6] Benjamins Unterscheidungen zwischen visuellem Können und sprachlichem Versagen weisen auf wesentliche Eigenschaften und Eigenarten in Stifters Werk und sind wertvoll als Ansatz zu einer produktiven Kritik. Benjamin identifiziert die Schwächen dieser Dichtung also mit einem mangelnden Ohr fürs Menschliche (»Erschütterung«) und ihre Stärken mit einer vorzüglichen Sehkraft fürs Außermenschliche oder Nicht-Seelische. Indem wir nun einen relativ bescheidenen Teil dieses Könnens verfolgen – Innendekor ist ja anspruchsloser als Kunst und Natur –, hoffen wir gerade dadurch, das Eigenwillig-Originelle an Stifters Leistung herauszuarbeiten. Die menschlichen Fähigkeiten, die dabei in

Frage kommen, sind in der Hauptsache nichts Höheres als Ordnungsliebe oder deren Mangel, guter und schlechter Geschmack, Anpassungsvermögen oder, zusammenfassend, die Fähigkeit sich einzurichten.

Zunächst läßt sich festhalten, daß die Innenräume der Erzählungen öfters problematisch erscheinen, während der ›Nachsommer‹ fast überall geordnetes, geschmackvolles Dekor zur Schau stellt. »Problematisch« bedeutet hier eine gefährdete Häuslichkeit wie in ›Brigitta‹, eine verlogene Häuslichkeit wie im ›Alten Siegel‹, und falsche, irrige, sogar irre Einrichtungen im ›Abdias‹, ›Turmalin‹ und ›Hagestolz‹. Die Liste ließe sich fortsetzen, aber es geht ja nicht um ein Inventar, sondern um ästhetische Fragestellungen in Stifters Werk, die sich belegen lassen, wenn wir im folgenden einige relevante Stellen aus den oben erwähnten Novellen gegen die Folie der idealen Innenräume im Rosenhaus und Sternenhof des ›Nachsommers‹ halten.

*

In ›Brigitta‹ begegnet uns eine Titelheldin, die ungeliebt und einsam aufgewachsen ist. Verbunden mit dieser Lieblosigkeit war die äußere Unordnung. Von beschmutzten und zerdrückten Kinderkleidchen ist die Rede, und »wenn man im Gesellschaftszimmer saß und sie nicht vermißte, lag sie auf der Erde über durcheinander geworfenen Büchern oder über Bildern und zerrissenen Karten«. (StA I.5, 447) Der Erzähler kommentiert auf derselben Seite: »So ward die Wüste immer größer« (ebd.), eine Metapher, die die Erzählung mit dem im selben Band der ›Studien‹ erschienenen ›Abdias‹, dem Wüstensohn, verbindet. Im Gegensatz zu den durcheinandergeworfenen Büchern der Brigitta muß im Rosenhaus jedes Buch an seinen Platz zurückgestellt werden, eine Anordnung, an die Heinrich schon von zu Hause gewöhnt ist (PA VI, 3), die aber im Rosenhaus dadurch erschwert wird, daß das Lesezimmer und das

Bücherzimmer nicht identisch sind.[7] Heinrich hat zunächst Schwierigkeiten, den tieferen Sinn dieser Einrichtung zu verstehen, kommt aber schließlich auf den Gedanken, daß Unordnung eine Art Entweihung sei: »Wenn ich mich jetzt an Bücherzimmer erinnerte, die ich schon sah, in welchen Leitern, Tische, Sessel, Bänke waren, auf denen allen etwas lag, seien es Bücher, Papiere, Schreibzeuge oder gar Geräthe zum Abfegen; so erschienen mir solche Büchersäle, wie Kirchen in denen man mit Trödel wirtschaftete.« (PA VI, 240) In der gleichen Passage wird der Vergleich des Bücherzimmers mit einem Tempel entwickelt, ein Vergleich, der offensichtlich eine enorme Aufwertung des häuslichen Innenraums enthält.

Brigitta nun entbehrt ein solches Heiligtum oder auch nur ein ordentliches Kinderzimmer, in dem sie lernen und sich bilden kann, und sie wächst wild, ungezähmt auf. Es ist in Stifters Zusammenhang folgerichtig, daß einem so erzogenen Menschen kein ruhiges, allmählich sich entfaltendes Leben beschert ist, sondern daß ihr als Erwachsener das Familienleben und die Häuslichkeit durch einen Gewitterschlag, um ein Stiftersches Bild zu gebrauchen, zerstört wird, nämlich durch Ehescheidung. Doch steht im Vordergrund der Erzählung nicht diese Kindheit mit ihrer Unordnung, die unter dem Titel ›Steppenvergangenheit‹ erst als das dritte Kapitel eingeschoben ist. Im Vordergrund steht vielmehr, was ich die »gerettete Häuslichkeit« nennen möchte, nämlich ein reklamiertes Familienleben, wie das Land reklamiert wird in dem Bund von Musterhöfen zur Verbesserung der Landwirtschaft, den Brigitta in der Steppe gründet und der von ihrem heimatlosen Gatten unterstützt wird, als dieser aus seinem Irrleben herauszukommen und wieder Fuß zu fassen sucht. Brigitta kommt aus dem Stadtleben und er aus dem internationalen Milieu der höheren Stände in die alte patriarchalische Kultur der Steppe, und sie versuchen, nicht so sehr diese zu ändern, als sich ihr anzupassen. Das heißt, ihr reformatorisches Bemühen beschränkt sich auf größere

Effizienz und eine reinere, gerechtere Form des Patriarchalismus, aber dieser selbst bleibt unangetastet. Insofern als die Erzählung eine überholte, feudale Lebensform noch einmal verherrlicht, kann sie zwar als reaktionär gerügt werden, es ist uns aber, wie gesagt, nicht um Stifters heute kaum noch ernstzunehmende politische Ansichten zu tun, sondern um die Konstellation von ineinandergreifenden Situationen und Gegenständen. In ›Brigitta‹ greifen vor allem Landschaft und Familienleben ineinander. Anders gesagt ist die Häuslichkeit mit ihrer am Ende geretteten Ehe Teil oder Erweiterung der umgebenden Agrarwirtschaft.

Dieses Zentralmotiv der Novelle kommt in der Einrichtung des Gästezimmers zum Ausdruck, in dem der Ich-Erzähler nach langer Fußwanderung durch die fremde Landschaft übernachtet. Die ausführliche Beschreibung dieser Wanderung ist unerläßlich, um dem Leser die Entfernung von der Heimat und das Unheimliche der ungarischen Steppe (besonders in dem nächtlichen Ritt und Gang nach Uwar, der an der sogenannten Todeseiche vorbeiführt – StA I.5, 421 f.) zu Bewußtsein zu bringen. Als er nun mit erheblicher Erleichterung ins Haus des Majors tritt, scheint ihm auch dieses fremdartig. Er sieht sich um und denkt: »Die Geräthe [Stifter schreibt nie »Möbel«] waren anders als sie bei uns gebräuchlich sind.« (StA I.5, 424) Und nun erfolgt ein Kunstgriff, der uns hindert, diese Andersartigkeit als fragmentierend oder störend zu mißdeuten, und sie statt dessen als organisch notwendig erscheinen läßt. Auf dem Bett liegt nämlich statt einer Decke ein Mantel aus Fellen, »Bunda« genannt, ein »volkstümliches Kleidungsstück« dieser Gegend. Der Erzähler tritt ans Fenster und wieder bemerkt er, daß es draußen anders aussieht als zu Hause oder, wie er es naiv ausdrückt, »daß diese Landschaft nicht deutsch sei«. (StA I.5, 425) Weniger naiv fügt er hinzu: »Wie eine andere, nur riesengroße Bunda lag der dunkle Fleck des Waldes oder Gartens unten auf die Steppe gebreitet.« (ebd.) Haus und Umgebung verschmelzen in diesem Bild des ungarischen Überwurfs, der das unheimliche Draußen zähmt und gleichzeitig die Geborgenheit des Innenraums in die Landschaft einbettet. Mit dieser Erkenntnis schläft der Ausländer unter »dem weichen Pelzwerk« (StA I.5, 426) einen todesähnlichen »Stirb-und-werde«-Schlaf: »Dann entschlummerte ich, und alles war todt, was schon in meinem Leben gewesen ist, und was ich sehnlichst wünschte, daß noch in dasselbe eintreten möchte.« (ebd.) Im Erkennen der Landschaft als Bunda und im Schlaf unter der Bunda hat auch er sich seiner neuen Umgebung angepaßt, wie aus seiner darauf folgenden Lern- und Aufnahmefähigkeit hervorgeht.

Im Sternenhof des ›Nachsommers‹ stellt Stifter eine ähnliche Verbindung zwischen Landschaft und Behausung her, und auch hier wird sie durch die Aussicht, durch Fenster, vermittelt: »Es zeigte sich, daß diese Zimmer ein schöner Spaziergang seien, der unter dem Dache und zwischen den Wänden hinführte. Man konnte [...] hier bei offenen Fenstern gleichsam halb im Freien und halb in der Kunst [...] wandeln.« (PA VI, 320) Schöne Möbel, Musikinstrumente, Bücher in Regalen und draußen die Landschaft und die »fernen Gebirge« – das alles bildet eine harmonische, malerische Einheit von innen und außen, Haus und Natur, Einrichtung und Umgebung.

Nun ist aber auch das Phänomen der falschen oder verdorbenen Einrichtung in mehreren Novellen anhand des Fenstermotivs zu erkennen. Im ›Abdias‹ leben die Eltern des Helden in einer Art Spelunke: »Das Licht sandten von oben herab mit Mirrhen verrankte Fenster, die manchmal der gelbe Wüstensand verschüttete.« (StA I.5, 242) Das Leben in dieser Behausung ist entsprechend geist-, zweck- und ziellos. Der Sohn lernt nichts, denn der Vater »vergißt« einfach, daß er ihn einmal in die Stadt zu Lehrern schicken wollte. Die Mutter behandelt ihn wie eine Puppe, schminkt ihn sogar gelegentlich und steckt ihn in Mädchenkleider. Abdias' Heim und seine Bewohner stehen mit ihrer Umgebung in keiner organischen oder wechselseitigen Beziehung. Als sich Abdias später in einer schönen österreichischen Landschaft niederläßt, baut er sein Haus mit kleinen Fenstern in großen Zwischenräumen, also unangebracht und verkehrt für das Klima. Den inadäquaten Fenstern entsprechend, bleibt sein Verständnis für die Welt gebrochen, und er kann Gesehenes und Erlebtes niemals richtig aufnehmen und assimilieren.

In der Erzählung ›Turmalin‹ begegnet uns ein geistig zurückgebliebenes Kind in einer Kellerwohnung, die, wie Abdias' Kinderheimat, die Höhle, von der Erzählerin als »unterirdisch« bezeichnet wird. Diese Wohnung hat nur ein Fenster, das vergittert ist und so hoch liegt, daß man es nur mit der Leiter erreichen kann. Diese Lichtquelle ist so weit vom Fußboden entfernt, daß der Vater bei einem Fall von der Leiter tödlich verunglückt. Die Erziehung des Mädchens besteht hauptsächlich darin, daß sie immer wieder Aufsätze darüber schreiben muß, »wie der Vater todt auf der Bahre liegt, und wie die Mutter in der Welt umherirrt und in der Verzweiflung ihrem Leben ein Ende macht«. (PA V.1, 187) Es bleibt unklar, inwiefern die geistig-emotionale Störung in der Entwicklung des Mädchens durch die abnormale Ausbildung und die bedrückende, gefängnisartige Umgebung bedingt ist und inwiefern diese als Ausdruck einer von Natur gegebenen inneren Beschränkung zu gelten hat. In beiden Fällen ist die Lage und die Rolle des Fensters bezeichnend. Wenn das Kind allein ist und wenn sie ihre Aufgaben über Tod und Irrsinn fertig geschrieben hat, steigt sie die gefährliche Leiter hinauf und versucht durch die Drahtlöcher das Bild einer Welt zu gewinnen, die nicht einmal bis zur gegenüberliegenden Straßenseite reicht: »Da sah ich die Säume von Frauenkleidern vorbeigehen, sah die Stiefel von Männern, sah schöne Spitzen von Röcken oder die vier Füße eines Hundes. Was an den jenseitigen Häusern vorging, war nicht deutlich.« (PA V.1, 188) Der kleine Abdias und das Mädchen in ›Turmalin‹ sind Kinder, denen im wörtlichen Sinn der Blick in die Welt verwehrt ist. Stifter weist also auf das menschliche Auge als Bildungsorgan hin; wem in der Kindheit die »Aussicht« fehlt, muß ein unentwickelter Mensch bleiben. Aber er malt keine sehnsüchtigen Kindergesichter, wie sie, an erleuchtete Scheiben gedrückt, der Kitsch liebt, sondern er konzentriert die Leseraufmerksamkeit auf die Fenster selbst und auf das, was man durch sie wahrnehmen kann, und das, was sie verstellen und verkürzen. Schon hier werden die Menschen von außen nach innen, durch die Erfassung ihrer Umgebung erkennbar, und nicht umgekehrt.

In den Erzählungen spielt die häusliche Unordnung oder die falsche Einrichtung eine ebenso große Rolle wie die Ordnung. Diese Unordnung steht fast immer in Verbindung mit Geistesarmut oder Geisteskrankheit, mit innerer Isolierung oder pathologischen Angstzuständen oder einer unbegreiflichen Unfähigkeit, mit der Umwelt ins reine zu kommen.

Die Einrichtungen im ›Abdias‹ sind ein exemplarischer Fall, ja man könnte zugespitzt behaupten, daß ›Abdias‹ eine Erzählung sei, die geradezu von der schlechten Einrichtung handelt. Die afrikanischen Juden, von denen Abdias abstammt, wohnen in einer Ruinenstadt, »mit dem Schakal, den sie manchmal fütterten«. (StA I.5, 249) Wie Tiere wohnen sie in Höhlen, und wie Tiere haben sie weder Gedächtnis noch Tradition, wissen nichts von der Vergangenheit dieser Stadt, obwohl sie von den Steinen der alten Römer Gebrauch machen.

Das Tierische ihrer Behausungen kommt bei Abdias' Ausfahrt noch einmal zur Sprache. Denn da sagt ihm der Vater: »Verrathe nichts von dem Neste, in dem du aufgeäzet worden bist« (StA I.5, 244): also eine Vogelbehausung, nachdrücklich betont durch das Verb »aufäzen«. Abdias war so zu Hause, wie es Schakale und Vögel sind, und dementsprechend soll die Wohnung auch ein Geheimnis bleiben, ein Versteck eher als ein

Heim. Das Abnormale, ja Außermenschliche dieser Forderung wird besonders deutlich, wenn man bedenkt, daß derselbe Band der ›Studien‹ den ungarischen Landwirtebund der ›Brigitta‹ enthält, oder wenn man vorausschaut auf die vielfältigen Fäden, die sich zwischen dem Freiherrn von Risach und seinen Nachbarn wie auch zwischen den Stadt- und Landbewohnern des ›Nachsommers‹ hin- und herspinnen.

Zu Aron, dem Vater des Abdias, kommt man durch ein Loch in der Wand. Diese Wohnung ist geradezu das Gegenteil von Uwar, dem Hause Murais in ›Brigitta‹, das mit der Landschaft verschmilzt, oder gar dem Asperhof im ›Nachsommer‹, der erst ein Ganzes ist, wenn man die umgebenden Gärten, Felder und Nebengebäude miteinbezieht. Arons Wohnung ist eine alte Römerwohnung – »eine Stube mit mehreren jener kleinen Gemächer umgeben, wie sie die Römer geliebt hatten, auf dem Boden aber war kein Estrich, oder Getäfel, oder Pflaster, oder Mosaik, sondern die nackte Erde […]«. (StA I.5, 241) Der gepflegte römische Fußboden liegt also als Palimpsest unter der Judenwohnung, mit der auch die Marmor- und Holzböden des Rosenhauses im Nachsommer, über die man nur mit Filzschuhen gehen darf, kontrastieren. Das Vorzimmer erweckt den Eindruck der Armut, der, wie sich gleich herausstellt, durchaus nicht gerechtfertigt ist. Zum Sitzen gibt es in diesem ersten Zimmer nur einen Haufen alter Stoffe oder Lappen und statt Tischen und anderen Möbeln nur Steine. Durch ein weiteres Loch gelangt man jedoch in eine Luxuswohnung: Die Räume ergeben keine einheitliche Wohnung, sondern stehen beziehungslos nebeneinander. Auch wenn man veranschlagt, daß Aron, aus Angst ausgeraubt zu werden, seinen Reichtum vor der Außenwelt verbergen will, so bleibt noch immer die Unausgeglichenheit zwischen dem Individuum und seiner Umwelt, zwischen der Wohnung und der Gemeinschaft, so anders als die Weltoffenheit der Menschen und Häuser, die Stifter als vorbildlich zeichnet.

Die Luxuswohnung ist mit persischen Teppichen, Polstern, feinen Steinen und Schalen und sogar einem Bad ausgestattet. (vgl. ebd.) Aber Aron ordnet seine Kostbarkeiten nicht, er ist kein Kenner und Sammler, wie der alte Drendorf und der Freiherr von Risach im ›Nachsommer‹ es sind; das heißt, er sucht nicht die Dinge in einen sinnvollen Zusammenhang zu stellen, sondern er trägt sie einfach zusammen: »Hieher trug Aron alles zusammen, was gut und den armen Sterblichen schmeichelnd und wohlthätig erscheint.« (StA I.5, 242) Offensichtlich ist dieses Zusammentragen eine minderwertige Beschäftigung, wie aus den Vokabeln »arme Sterbliche« und »schmeichelnd« hervorgeht. Unter Arons und Esthers Händen bekommen die Dinge keine Gestalt, sie bleiben Anhäufung.

Abdias seinerseits bemüht sich sein ganzes Leben hindurch, die richtigen Vorkehrungen für sich und andere zu treffen, und immer macht er Fehler. Die versteckte Wohnung bewährt sich nicht als Versteck, denn sie wird ausgeraubt. Seine Frau verblutet nach der Geburt ihres Kindes »wie ein hilfloses Thier« (StA I.5, 267), während er noch im Begriff ist, es ihr so bequem wie möglich zu machen. Abdias verkennt alles, die Symptome der Tollwut am Hund, der Blindheit am Kind. Doch handelt es sich dabei um falsche Diagnosen und um unglückliche Perspektiven, nicht um moralische Verantwortungslosigkeit. Wenn die Stifterforschung immer wieder von Abdias' Schuld spricht, so übersieht sie dabei, wie oft er sich einfach irrt. Dafür ist die häusliche Einrichtung besonders aufschlußreich, weil das Ästhetische hier nicht einmal auf der hohen Ebene der Kunst überhand nimmt, sondern im schlichteren Bemühen, sich in der täglichen, gegenständlichen Welt zurechtzufinden. Aron legt Perserteppiche auf die nackte Erde, was zwar innendekoratorisch gesprochen beklagenswert, aber kaum moralisch verwerflich ist; er kann sein Kind nicht erziehen und wird am Ende senil. Abdias versteht jahrelang weder das europäische Klima noch die Bedürfnisse seiner Tochter und wird am Ende wahnsinnig. Es bestehen Zusammenhänge zwischen diesen verschiedenartigen Symptomen eines falschen Lebens, aber gerade weil diese so ganz anders zu bewertenden Fehlgriffe ineinander verhakt sind, wird das Ethische zurückgedrängt, Schuld bleibt im Hintergrund, und im Vordergrund sichtbar ist das Mißverstehen konkreter Möglichkeiten.

Hierzu noch einige Einzelheiten. Als Abdias die Gelegenheit hat, sich ein Haus in Österreich zu bauen, tut er, als sei er noch in Afrika. Er besteht auf dicken Mauern mit kleinen Fenstern in großen Zwischenräumen und anderen Maßregeln, um Licht und Sonne abzuhalten, »lauter Anstalten«, wie der Erzähler lakonisch bemerkt, »die er in Europa nicht nöthig hatte«. (StA I.5, 304) Zwei Jahre lang ist er sparsam mit Brunnenwasser. Auf europäische Möbel legt er orientalische Teppiche, ohne zu überlegen, ob sie zueinander passen. Der Erzähler läßt dem Symptomatischen dieser abwegigen Emsigkeit freies Spiel, betont sie zwar durch Ausführlichkeit, läßt aber keine Komik aufkommen, obwohl eine solche bei den angeführten Inkongruenzen nahe läge. Es erscheint vielmehr rührend und schrecklich, daß Abdias in verfehlter Fürsorglichkeit sein Kind vernachlässigt, »indem er bisher, da er eine Wohnung für sie baute, nicht viel Zeit gehabt hatte, sich nach ihr umzusehen«. (StA I.5, 306) Sie war ihm »ein ehrwürdig Räthsel« (ebd.) geblieben. In dieser merkwürdigen Formulierung, in der das Verhältnis zwischen Vater und kleinem Kind weit entrückt und unendlich fremd erscheint, spiegelt sich Abdias' Schwierigkeit, die zu um so verbisseneren Einrichtungsmanövern führt.

Über die von Stifter genau verzeichneten doppelten Riegel, starken Eisengitter, doppelt gegliederten Fensterbalken und Dächelchen (vgl. StA I.5, 304) hat Abdias nämlich das Wesentliche an Ditha übersehen und versucht nun, sie, die er für blödsinnig hält, in verschiedenen Arten von Zimmern unterzubringen und ihr dadurch sozusagen atmosphärisch zu helfen. Als er endlich darauf kommt, »das arme gemarterte Kind könne blos blind sein« (StA I.5, 311), trägt er, wie seinerzeit sein Vater Aron, Reichtümer zusammen. Wieder eine Maßnahme, die mit Dithas eigentlichem Zustand wenig zu tun hat. Ditha erhält ihre Sehkraft, als der Blitz in ihr Zimmer einschlägt, also dadurch, daß eine von außen hereinbrechende Macht das sorgfältige Innendekor ihres Vaters verändert.

Schließlich baut Abdias ein »Garbenhaus« zum Schutz gegen ein Gewitter, das ihn und seine Tochter im Freien findet. Mit der für ihn typischen Gründlichkeit sucht er, diesem schnell errichteten Obdach mehr Festigkeit zu geben, als es bei Hütten dieser Art sonst üblich ist. (vgl. StA I.5, 338) Zur Bequemlichkeit richtet er sogar Sitze ein und läßt zur Aussicht gegen Osten eine Öffnung, also eine Art Fenster, frei. Diese Bemühungen um Geborgenheit im Gewitter fassen die Ironie von Abdias' Laufbahn noch einmal *in nuce* zusammen. Ditha freut sich »mit der den Kindern eigenthümlichen Liebe zur Heimlichkeit« (StA I.5, 339) über das spontane Unternehmen und hilft beim Zusammentragen der Garben mit. In diesem so vorsorglich und liebevoll eingerichteten Häuschen trifft sie Minuten später der Schlag: Die Garbe hat den Blitz angezogen.

»Nach glaublichen Aussagen« (StA I.5, 341) verliert Abdias am Ende seines Lebens den Verstand. Keine Wohnung hat sich als haltbar oder als Schutz gegen menschlichen Überfall und Naturkatastrophen erwiesen. So geht ihm am Ende auch der geistige Kontakt mit dieser so unberechenbaren Wirklichkeit verloren.

Noch an einer anderen Stelle hat Stifter einen Unterstand, also einen zeitweiligen Schutz gegen plötzliches und unerwartetes Unwetter, zum Mittelpunkt einer bedeutenden Szene gemacht, und zwar in ›Katzensilber‹. Dort handelt es sich um ein Hagelgewitter, das für die Jahreszeit so ungewöhnlich ist, daß nicht einmal die alte Großmutter, die mit der Gegend und ihrem Klima von Kindesbeinen an vertraut ist und sich selbst als »ein Weib aus den alten Bergen unsres Landes« (PA V.1, 282) bezeichnet, es voraussehen kann. Vor diesem lebensgefährlichen Unwetter werden die Großmutter und ihre drei wohlbehüteten und gepflegten Enkelkinder durch ein zigeunerhaftes Naturkind gerettet, das »braune Mädchen«, das sich mit den Kindern der Zivilisation angefreundet hat. Die Rettung erfolgt durch »ein Häuschen«, welches das Mädchen aus Reisigbündeln und mit großer Umsicht baut. (PA V.1, 285) Im Gegensatz zu Abdias' Garbenhaus bewährt sich dieser Unterstand: Zwar »steht« das Häuschen am Ende nicht mehr, sondern die Reisigbündel liegen direkt auf den Rücken der Kinder, aber sie sind alle unverletzt geblieben in einer, wie sich herausstellt, durch den Hagel verwüsteten Landschaft. Im ›Abdias‹ ist die Sache umgekehrt: das Unwetter ist segensreich für die Landschaft, aber das Kind im Unterstand stirbt. Hält man die beiden Erzählungen also gegeneinander, so ergibt sich eine Art Chiasmus, verkreuzte oder verkehrte Parallelen, die zwar erhellen, welche Bilder und Szenen Stifter wiederholt, mit welchen Motiven er arbeitet und vielleicht auch, welche Probleme ihn beschäftigen – z.B. das der unheilbringenden oder segensspendenden Natur. Wer aber eine etwaige »Antwort« auf Fragen nach Schicksal und Zufall erzwingen will, wird der dichterischen Leistung, nämlich dem erzählten Geschehen vom prekären Obdach, nicht gerecht werden.[8]

Zwischen der gefährdeten und dann geretteten Häuslichkeit von ›Brigitta‹ und den vergeblichen Einrichtungsmanövern des ›Abdias‹ steht im vierten Band der ›Studien‹ ein Beispiel für die Illusion einer Häuslichkeit, ein Innendekor als Betrug, der des Helden Hoffnung auf eine echte Behausung für immer zerstört. Im dritten Kapitel des ›Alten Siegels‹ schützt eine Frau mit ihrer Dienerschaft einen Haushalt vor, wo eigentlich keiner existiert. Dieses gemietete Lindenhäuschen, dessen Bewohner dann auch plötzlich und spurlos verschwinden, äfft ein echtes Heim, ein Schloß in Frankreich nach, ist aber selbst nichts anderes als ein Ort für ein ehebrecherisches Stelldichein. Im

Unterschied zu einem richtigen häuslichen Wohnort wird dort nicht geheizt, gekocht und kein Gegenstand verrückt – wie im Dornröschenschloß, wo alle Arbeit auf einmal stockte. Eben durch diese Stasis, diese Lieblosigkeit, entpuppt sich das Haus schließlich als Fassade.[9]

Wie schon ausgeführt, läßt bei Stifter eine Wohnung, die so ist, wie sie sein soll, wesentliche Zusammenhänge aufscheinen, zunächst zwischen den Gegenständen untereinander, dann auch zwischen den Menschen und ihrer Umgebung. Dieser Zusammenhang ist im Lindenhäuschen-Kapitel des ›Alten Siegels‹ wegen des kalkulierten Betrugs nicht gegeben, obwohl alles in lebloser Ordnung am rechten Platz ist.

Im ›Hagestolz‹ begegnet dem Leser eine gewollte Unordnung im Sinne von Disharmonie[10] in der Behausung eines Menschen, der die Verbindung mit der Welt gewaltsam abgebrochen hat. Die Erzählung beginnt in einem sauberen, gepflegten Haus, bewohnt von einer alten Frau, ihrer Tochter und ihrem Pflegesohn Victor. Dort ist alles gewaschen und gewischt, alles weiß und an seinem Platz, und was sich zufällig verschiebt, wird gleich wieder zurechtgeschoben. Den Kontrast bildet das Haus von Victors Onkel, ein Menschenfeind, der sich gegen die Welt, der er mißtraut, abschließt. Es liegt auf einer schwer zugänglichen Insel, umgeben von fensterlosen Mauern und Eisengittern, und auch innen sind die Gänge absichtlich verfinstert, um einem Überfall vorzubeugen. Überall begegnen dem Leser Gitter und Schlösser – eine Innendekoration der Angst.[11] Allerdings sind manche Vorrichtungen in diesem Hause sorgsam und intelligent ausgearbeitet, aber sie sind ihrer Funktion nach widersinnig, weil sie Barrieren statt Verbindungen herstellen und ihnen daher eine falsche Vorstellung der Welt zugrunde liegt. So gibt es einen Wassertrog für die Hunde des Oheims, der das übriggebliebene Wasser ablaufen läßt. Diese Vorrichtung funktioniert tadellos, aber Victor fragt sich mit Recht, warum die Hunde nicht, wie bei ihm zu Hause, im Freien trinken können. Ein noch auffallenderes Beispiel für diese gewollte und gezielte Widersinnigkeit ist eine geheime Tür im Gang, die wie ein Kasten aussieht, damit man sie nicht als Tür erkennt. (vgl. StA I.6, 86) Zusammenhanglosigkeit wird zum Ziel und Selbstzweck. Das Haus versagt sich dem Verkehr mit Menschen und Natur.

Nutzloses oder ungebrauchtes Gerät erscheint bei Stifter meist im Zusammenhang mit Totem, Abgestorbenem: Der Onkel umgibt sich mit ausgestopften Vögeln, die er manchmal abstaubt, obwohl seine eigene Kleidung verschmutzt und vernachlässigt ist. »Und überall waren leblose oder verdorbene Dinge um den Mann herum. Es befanden sich in dem Zimmer eine Menge Gestelle, Fächer, Nägel, Hirschgeweihe und dergleichen, an welchen allen etwas hing und auf welchen allen etwas stand. Es wurde aber mit solcher Beharrung gehütet, daß überall Staub darauf lag.« (StA I.6, 87) Staub ist bei Stifter praktisch immer ein negatives Signal; wo Leben und Ordnung ist, wird abgestaubt. Zweckloses Aufstapeln mit Hinweis auf Tödliches ist noch deutlicher vertreten in der Beschreibung eines ungebrauchten Zimmers im Hause des Oheims:

> Das Gemach war wüste eingerichtet, und enthielt mehr als hundert Feuergewehre, die nach Gattungen und Zeiten in Glasschreinen waren. Hüfthörner, Weidtaschen, Pulvergefäße, Jagdstöke und noch tausenderlei dieser Dinge lagen herum.
> (StA I.6, 96)

Auch im ›Nachsommer‹ gibt es einige ungebrauchte Zimmer, deren ausdrücklich betonte Geschmacklosigkeit darauf zurückzuführen ist, daß sie tote Vergangenheit zusammenhanglos vermitteln:

> Die Zimmer im zweiten Stockwerke des Hauses waren geblieben, wie sie früher gewesen waren. Sie sahen so aus, wie

sie gerne in weitläufigen alten Schlössern auszusehen pflegen. Sie waren mit Geräthen vieler Zeiten, die meistens ohne Geschmack waren, mit Spielereien vergangener Geschlechter, mit einigen Waffen und mit Bildern, namentlich Bildnissen, die nach der Laune des Tages gemacht waren, angefüllt. Namentlich waren an den Wänden der Gänge Abbildungen aufgehängt von großen Fischen, die man einmal gefangen, nebst beigefügter Beschreibung, von Hirschen, die man geschossen, von Federwild, von Wildschweinen und Dergleichen. Auch Lieblingshunde fehlten nicht. (PA VI, 327 f.)

Die Nebensätze »die man einmal gefangen« und »die man geschossen« umreißen in unterschwelliger Verachtung, was hier abgelehnt wird: Erinnerungen an das, was nicht mehr in der Gegenwart wirksam ist, was schon damals leblos war und jetzt nur noch Gleichgültigkeit hervorrufen kann.

Man könnte sagen, es handle sich hier um eine Ablehnung lebensfeindlicher Einstellungen, doch wird diese nicht so sehr durch menschliche Konflikte und Konfrontationen wie durch sprachlich aufgebaute Gegenstände vermittelt. Stifters Menschenfeind mit seiner Zwangsneurose des Sammelns und Bewahrens trägt vor allem anale Charakterzüge, um einen psychoanalytischen Terminus zu verwenden. Anders gesehen, verwandelt sich das Problem des Außenseiters in das anscheinend geringfügigere, aber von Stifter um so konsequenter durchgeführte: das des schlechten Geschmacks. Denn das erste, was Victor beim Oheim vorfindet, und zwar noch bevor er ihn selbst kennengelernt hat, ist eine vernachlässigte Wiese, auf der in größter Unordnung die reizloseste Gesellschaft von Gartenzwergen herumsteht:

[...] eine Wiese, auf der kleine und zum Theile verkommene Obstbäume standen. Aber mitten unter diesen Bäumen

war in dem Grase eine runde steinerne Brunneneinfassung, und allenthalben zwischen den Baumstämmen standen graue steinerne Zwerge, welche Dudelsäcke, Leiern, Klarinetten und überhaupt musikalische Geräthschaften in den Händen hielten. Manche davon waren verstümmelt, und es ging auch kein Weg oder gebahnter Plaz von einem zum andern, sondern sie standen lediglich in dem hohen emporstrebenden Grase. Victor schaute diese seltsame Welt eine Weile an.
(StA I.6, 68)

Victors gesunde Verständnislosigkeit vor dieser Darbietung von Kitschfiguren ist das genaue Gegenbild zu dem erfüllten Anschauen und Absorbieren Heinrich Drendorfs im ›Nachsommer‹, als er die Schönheit der griechischen Statue im Rosenhaus erkennt. Nach längerem Aufenthalt beim Oheim findet auch Victor ein Objekt, durch das ihm die Vergangenheit lebendig wird, nämlich ein Porträt seines Vaters, das in einem sonst leeren Zimmer hängt: »kein Meisterstück ersten Ranges […] doch mit […] Genauigkeit und Tiefe der Behandlung begabt.« (StA I.6, 96) Aber es ist nur seine eigene Vergangenheit, seine Familiengeschichte, die sich ihm durch dieses gute, wenn auch nicht hervorragende, Gemälde öffnet. Im ›Nachsommer‹ hingegen wird die Vergangenheit programmatisch und systematisch für die Gegenwart brauchbar gemacht: am eklatantesten wohl im Falle der Marmorstatue, die aus ihrer Umkleidung von Gips in ihrem ganzen Wert hervortritt, aber eben auch in Gegenständen, die einen direkten Funktionswert haben, nämlich den restaurierten Mobeln. Ausdrücklich sind diese neuen Möbel »selbständige Gegenstände für die jetzige Zeit […] mit Spuren des Lernens an vergangenen Zeiten«. (PA VI, 322) In der konsequenten Zusammenfassung von zeitlich und räumlich Entferntem durch das Medium des Sichtbaren liegt das künstlerische Prinzip des Romans. Es mag sein, daß aus politisch-sozialer Sicht ›Der Nachsommer‹ die scharfe Bezeichnung »Pensionopolis«[12] verdient, aber man kann dieses Buch eben auch anders lesen als vom Standpunkt einer philosophisch vertretbaren Lebensanschauung.

In den erwähnten Novellen entstehen Konflikte dadurch, daß die Menschen oft eine Behausung in der Fremde, im Ausland finden müssen; wie Abdias leben sie, wo sie nicht geboren wurden, oder Vergangenheit und Gegenwart sind durch einen Riß getrennt, wie beim Hagestolz und bei Brigitta. ›Der Nachsommer‹ dagegen, mit seiner berüchtigten Konfliktlosigkeit, handelt von Menschen, die es verstehen, sich einzurichten, Menschen, die aus einer Tradition kommen und diese mit relativ geringer Anstrengung weiterreichen können. Stifter ist sich im klaren darüber, wie solche Menschen beschaffen sein müssen: Es sind bemittelte Einheimische, die sich in der Heimat einrichten, Österreicher, die in Österreich leben und ohne Frage dort sind, wo sie hingehören. In stark gemilderter Form existiert zwar auch hier der erwähnte Riß, nämlich in Risachs eingeschobener Lebensgeschichte, die aber so spät im Roman herauskommt, daß die Heilung sie überschattet. Die Mittel dieser Heilung sind aber hauptsächlich gut zusammenpassende Gegenstände.

Ebenso besteht die Bildung in diesem undynamischsten aller Bildungsromane vor allem darin, daß ein junger Mann, der aus einem ausgezeichnet eingerichteten Hause kommt, in einem noch besser eingerichteten aufgenommen wird und dort einheiratet. Schon beim ersten Besuch im Asperhof bemerkt der Ich-Erzähler, daß der Fußboden aus verschiedenen Holzarten so planmäßig zusammengestellt ist, daß er wie »ein Teppich aus Holz« wirkt. (PA VI, 52) Heinrich weiß, daß es sich hier um ein Meisterstück handelt, »weil ich von den Geräthen meines Vaters her an solche Dinge gewohnt war und sie etwas zu beurteilen verstand.« (ebd.) Im Prinzip bietet ihm also das Rosenhaus nichts Neues: er muß nicht etwa aus der Wildheit oder auch nur aus der Provinz in die Kultur gerettet werden oder seine Lebensanschauungen ändern. Nichts liegt ihm ferner als ein Bruch mit der Überlieferung der Kindheit. Risach wird ihm zwar zum Erzieher, aber keineswegs weil ihm ein solcher bisher gefehlt hätte, sondern als Erweiterung dessen, was er schon immer besessen hat.[13] Risach löst den Vater nicht ab. Im Gegenteil: Heinrich dient als Vermittler für die Annäherung der beiden älteren Männer. Er erzählt dem einen vom anderen, oder vielmehr er erzählt jedem von den Einrichtungsgegenständen des anderen. Und schließlich sendet Risach dem alten Drendorf ein wertvolles Geschenk, das nicht von ungefähr ein Möbelstück ist, nämlich ein Musiktisch, den der Leser in verschiedenen Verfertigungsstadien kennt. Als der Vater dieses Stück erhält, reist der Sohn, überwältigt von Freude und Dankbarkeit, sofort zum Gastfreund und sagt ihm: »ich weiß nicht, wie Ihr denn mit meinem Vater zusammenhänget.« (PA VII, 140) Wir wissen es. Wie der Tisch mit dem Zimmer, wie das Haus mit der Landschaft und die Freundschaft mit dem Familiensinn, ja, und eben auch wie der Bürger mit dem Adel in konservativer Utopie, so hängen hier der Vater und der Erzieher zusammen, in einer Kette, die Menschen und Möbel fast unterschiedslos ineinanderhakt. Wie der Musiktisch aus dem stilvollen Landhaus Risachs in die geschmackvolle Stadtwohnung der Drendorfs übersiedeln kann, so kann der jüngere Drendorf sich unter geistesverwandten Menschen niederlassen. Alles kommt auf das Bild des Zusammenfügens, des Zueinanderpassens an. Was in diesem Bildungsroman gebildet wird, ist der gute Geschmack, nicht etwa Charakter, Sittlichkeit oder Intellekt, Eigenschaften, die ja nirgends auf die Probe gestellt werden.[14]

Abgesehen von der Risach-Novelle sind die ästhetischen Regungen praktisch die einzig erkennbaren in diesem Buch. Eine Szene, die kurz nach der Verlobung stattfindet, mag veranschaulichen, wie sehr Menschliches und Nichtmenschliches auf

derselben Gefühlsebene rezipiert werden, so daß der Mensch
selbst als Gegenstand, wie in einem Bild, aufscheint. Heinrich
ist vor einer offenen Tür stehengeblieben, die in einen Vorsaal
führt, hinter dem eine halboffene Glastür zu den intimeren
Gemächern der Frauen hinleitet.

> In diesem Zimmer aber stand Natalie. An den Wänden hinter ihr erhoben sich edle mittelalterliche Schreine. Sie stand fast mitten in dem Gemache vor einem Tische, auf welchem zwei Zithern lagen und von welchem ein sehr reicher alterthümlicher Teppich nieder hing.
> (PA VII, 300)

Heinrichs Blick streift über Natalies einfache, aber reiche Kleidung, die er ausführlich beschreibt, um dann auf ihre Haltung
zu sprechen zu kommen:

> Der linke Arm war ausgestreckt und stützte sich mittelst eines aufrecht stehenden Buches, auf das sie die Hand legte, auf das Tischchen. Die rechte Hand lag leicht auf dem linken Unterarm [...]. Ich verstand auch, was die Gestalt sprach, ich hörte gleichsam ihre inneren Worte: »Es ist nun eingetreten!«
> (PA VII, 301)

Der Beobachter entfernt sich nun unbemerkt, doch hat sich
ihm die Szene tief eingeprägt. Sie bedeutet für ihn eine geistige
Besitzergreifung der Braut, das Äquivalent einer innigen Durchdringung einer geliebten Menschenseele. Seine Anwesenheit
erscheint ihm daher wie eine Indiskretion, die er ihr sofort beim
nächsten Gespräch eingesteht. Er hat ihre stummen Gedanken
»gehört«, aber gerade in diesem Augenblick nennt er sie verallgemeinernd »die Gestalt«, also mit Nachdruck auf das Formell-Äußerliche. Das Verblüffende an dieser Szene ist ja, daß Nata-

lie Mittelpunkt eines Tableaus ist, umgeben von Dingen, die Heinrichs – und unsere – Aufmerksamkeit ebenso in Anspruch nehmen wie sie selbst. Sie ist ein Teil des Bilds, wenn auch der wichtigste Teil, ein ästhetisches Objekt, das zwar alle anderen an Wert übertrifft, aber eigentlich undenkbar ist ohne passenden Hintergrund, genau wie auf einem Gemälde. Was den Bräutigam »gleichsam mit einem Meere von Wonne« (ebd.) erfüllt, ist keine wie immer geartete menschliche Begegnung (denn es findet ja keine statt), sondern die Erfassung eines Kunstwerks aus einer ganz bestimmten malerischen Perspektive. Wie Rilkes Kunstkenner vor dem Torso Apollos fühlt Heinrich zwar, daß er sein Leben ändern muß – »welche neue, unermeßlich wichtige Wendung des Lebens« (ebd.) –, aber das Erlebnis ist, um mit Benjamin zu reden, rein visuell, nicht akustisch und, wie bei Rilke, letzten Endes ein ästhetisches, wenn auch einer lebendigen Frau und keiner Skulptur dabei die Hauptrolle zugeteilt ist.[15]

*

Stifter zeigt uns also in vielfacher Variation Menschen, die sich einrichten können, und solche, denen es mißlingt. Manche scheitern oder sind durch innere oder äußere Störungen so behindert, daß sie sich nur mühsam aus der sie umgebenden und teils von ihnen geschaffenen Unordnung herausarbeiten können. Andere, nämlich die Glückskinder im ›Nachsommer‹, sind gesichert durch Erziehung, gesellschaftlichen Rang und erworbenes oder ererbtes Vermögen. Wie Hofmannsthals »Andere« in dem Gedicht ›Manche freilich ...‹ »sitzen sie wie zu Hause, / Leichten Hauptes und leichter Hände«. Das Pensum an Schwierigkeiten, das ihnen auferlegt ist, bewältigen sie fast spielend. Diese Konflikte oder, wie im ›Nachsommer‹, diese Kontinuitäten, spielen sich auf einer weitgehend ästhetischen Ebene ab und wirken gerade durch ihre Gegenständlichkeit und Vordergründigkeit. Wie immer Stifter selbst es gesehen haben mag – wenn er sich über sein Schaffen Rechenschaft ablegte –, seine fiktiven Situationen bestehen oft hauptsächlich aus dem Hin- und Herschieben von Gegenständen auf einer Fläche, die nicht tiefgründiger sein muß als ein Schachbrett. Es ging uns darum zu zeigen, wie faszinierend Stifters Vordergrund sein kann, wenn man seinen fraglichen Bedeutungsgehalt so weit wie möglich ausläßt und sich daher von Stifters Ansichten nicht enttäuschen oder zumindest ablenken lassen muß. Stifter ist auf seine Weise radikal: nämlich dort, wo sein Ordnungswille im Visuellen aufgeht, sich am Konkreten festhakt und sich im erzählten Detail erschöpft, also dort, wo er einem reinen Spiel am nächsten kommt.

Anmerkungen

1 Stifters Werke werden so weit wie möglich nach der neuen Stuttgarter Ausgabe, sonst nach der Prager Ausgabe, zitiert: Adalbert Stifter, ›Werke und Briefe, Historisch-Kritische Gesamtausgabe‹, hrsg. von Alfred Doppler und Wolfgang Frühwald, Stuttgart 1978 ff. Abkürzung im Text StA mit Band- und Seitenzahl.
Adalbert Stifter, ›Sämtliche Werke‹, hrsg. von August Sauer et al., Prag und Reichenberg 1901 – 1939. Abkürzung im Text PA mit Band- und Seitenzahl.
2 Ich plädiere damit, wie Rudolf Wildbolz, für ein »Textverständnis«, das »nicht im wesentlichen von Themen und Motiven des Erzählten bestimmt wird« (Rudolf Wildbolz: ›Adalbert Stifters »Nachsommer«. Studie zur didaktischen Struktur des Romans‹, Wien 1977, S. 11 f.). »Der tiefere Gehalt« von Stifters Werken, schreibt Wildbolz, »widerspricht nur allzu oft Interpretationsansätzen und allgemeinen Maximen des Dichters«, (ebd.) und er weist auf die »gewaltige Differenz« hin, die zwischen »Stifters Selbstdeutung und der Lesererfahrung nach rund hundert Jahren« besteht. Die sittlichen Probleme, besonders die in der Stifterliteratur so oft besprochene Frage der Schuld, und die verwandte metaphysische nach Schicksal und Zufall sind für

die folgenden Ausführungen irrelevant. Stifter selbst liefert zu diesen Fragen entweder Banalitäten oder unlösbare Ambiguitäten wie in der Präambel zu ›Abdias‹.

3 Wildbolz, a.a.O., S. 12. Der Glaube an eine solche Welt, in einem wirklichkeitsbezogenen Sinn, steht nicht zur Debatte, auch nicht in dem Sinn, wie Amann vorschlägt, nämlich als Provokation, die dem Leser und seinem »andersartigen geschichtlichen Standpunkt« Fragen stellt. (Klaus Amann, ›Adalbert Stifters »Nachsommer«. Studie zur didaktischen Struktur des Romans‹, Wien 1977, S. 139.)

4 Walter Benjamin, ›Briefe‹, Bd. I, hrsg. von Gershom Scholem und Theodor W. Adorno, Frankfurt 1966, S. 166.

5 Walter Benjamin, ›Schriften‹, Bd. II. 2, hrsg. von Rolf Tiedemann und Hermann Schweppenhäuser, Frankfurt 1977, S. 609. Benjamin schreibt weiter: »Das bedeutet jedoch nicht, daß er nur Sichtbares wiedergibt, denn als Künstler hat er Stil. Das Problem seines Stils ist nun wie er an allem die metaphysisch visuelle Sphäre erfaßt.«

6 Peter Demetz, »Walter Benjamin als Leser Adalbert Stifters«, in: ›Stifter-Symposium‹, Linz 1978, S. 42.

7 Zur Funktion dieser Trennung, vgl. Hans Dietrich Irmscher, ›Adalbert Stifter‹, München 1971, S. 137.

8 Beachtenswert ist allerdings Susi Gröbles Bemerkung: »Das Symbol des geordneten Hauswesens nimmt in Stifters Dichtung in dem Maße zu, wie das Symbol des Gewitters verschwindet.« Susi Gröble, ›Schuld und Sühne im Werk Adalbert Stifters‹, Bern 1965, S. 46.

9 Siehe dazu meinen Aufsatz, »Das Ehebruchmotiv in Stifters ›Das alte Siegel‹«, in: ZfdtPh 103, 1984, S. 481 – 502.

10 Zum Verhältnis Unordnung und Narrheit, siehe Peter Märki, ›Adalbert Stifter. Narrheit und Erzählstruktur‹, Bern und Frankfurt 1979, bes. S. 13 – 16. Bei Märki ist Unordnung äußeres Merkmal moralischer Schuld, die der Verfasser als Selbstsucht festzulegen sucht.

11 Ausführliches zum Motiv der Augenlider und in anderen Werken Stifters, Susi Gröble, a.a.O., S. 96 f.

12 Horst Albert Glaser, Die Restauration des Schönen. ›Stifters ‚Nachsommer'‹, Stuttgart 1965, S. 56 f.

13 Zur Ähnlichkeit von Elternhaus und Rosenhaus, vgl. Marie-Ursula Lindau, ›Stifters ‚Nachsommer'. Ein Roman der verhaltenen Rührung‹, Bern 1974, S. 73 – 74.

14 Lindau sieht ein verwandtes Problem im ›Nachsommer‹, doch spricht sie noch von »einem nicht mehr einlösbaren idealistischen Anspruch« (a.a.O., S. 130), den der Roman erhebe. Mir scheint es dagegen, daß dieser Anspruch, falls vorhanden, so doch eher Ballast ist und vom Leser übersehen werden kann. Dementsprechend rügt sie die Leere der dargestellten Wohnräume, die sich nicht mit Leben füllen. »Der Erzähler hat die ›Geräthe‹ mit aller Akribie scheinbar nur um ihrer selbst willen festgehalten. Die Gegenstände verstellen das Leben, das sich in ihnen und hinter ihnen abspielt.« (S. 53) Ich versuche zu zeigen, daß man einen Schritt weiter gehen kann, indem man gerade dieses »Leben« von Stifter nicht fordert und es beim »Gesehenen« bewenden läßt.

15 Auch Staiger zitiert diese Stelle in seinem Aufsatz »Reiz und Maß. Das Beispiel Stifters« (›Spätzeit. Studien zur deutschen Literatur‹), Zürich 1973, S. 237 f. und vergleicht die Wirkung mit Gemälden von Vermeer. Doch sieht er darin nur ein Beispiel der »Eintracht von Natur und Kunst«. Natalie befände sich hier in »ihrer seelischen Heimat«. – Lindau schreibt über eine frühere Passage: »Im Augenblicke, wo Heinrich sich Nataliens Äußerem zuwendet, wird ihm die Geliebte zur Kunstgestalt, zum Kunstding, das sich von allen Seiten betrachten läßt. Diese Natalie ist kein Mensch mehr, sondern die Verkörperung eines Kunstideals, das menschliche Gestalt angenommen hat.« (S. 57) Diese Beobachtung scheint mir richtig, doch wird die »künstliche« Natalie dabei zu vorschnell verurteilt, von der Voraussetzung her, daß eine »natürliche« auch eine bessere Natalie sein muß. Doch ist »Natalie als Kunstwerk« kein Fehlgriff des Autors, sondern eine gelungene (wenn auch von ihm theoretisch so nicht gerechtfertigte) Wendung zur ästhetischen Abstraktion.

Freiheit, die ich meine
Fremdherrschaft in Kleists ›Hermannsschlacht‹ und ›Verlobung in St. Domingo‹

FRAGE

[...] Also auch, wenn alles unterginge, und kein Mensch, Weiber und Kinder mit eingerechnet, am Leben bliebe, würdest du den Kampf noch billigen?

ANTWORT

Allerdings, mein Vater.

FRAGE

Warum?

ANTWORT

Weil es Gott lieb ist, wenn Menschen, ihrer Freiheit wegen, sterben.

FRAGE

Was aber ist ihm ein Greuel?

ANTWORT

Wenn Sklaven leben.[1]

Fremdherrschaft und Versklavung galten Kleist als das schlechthin Böse. Das ist bekannt. Das obige Zitat aus dem ›Katechismus der Deutschen‹ steht nicht allein und läßt sich ohne weiteres auf ›Die Hermannsschlacht‹ anwenden. Doch die Kritik sieht oft nur ganz einseitig einen fanatischen Franzosenhaß in solchen Äußerungen, übersieht dabei, daß sie einen literarischen Stellenwert haben, der über ihren historischen Anlaß, nämlich die Besetzung von Teilen Deutschlands durch Napoleon, hinausgeht. Einer solchen, an konventionellen und von außen herbeigeholten Normen sich orientierenden Kritik gilt dieser »Fanatismus« bestenfalls als eine vorübergehende Phase in Kleists Schaffen, für die sie Entschuldigungen finden muß.

Dann wird ›Die Hermannsschlacht‹ nur als politische Propaganda gewertet, womöglich als ein Werk, das den Faschismus vorwegnimmt. Die dem Stück innewohnende Dialektik von Gemeinschaftsanspruch und persönlichen Gefühlen wird übersehen.[2]

Übersehen wird auch, daß dieselbe Problematik die ›Verlobung von St. Domingo‹ beherrscht. Nur übersieht hier die Kritik umgekehrt gerne den politischen Hintergrund, den der Dichter doch so ausführlich gestaltete. Das revolutionäre Haiti war für Kleist mehr als die bunte Kulisse einer exotischen Liebesgeschichte. Denn diese Kulisse ist, in den Worten eines Historikers, nichts weniger als »die einzig erfolgreiche Sklavenrevolution der Weltgeschichte«.[3] Wenn dem oben angerufenen Gott des ›Katechismus der Deutschen‹ die Sklaverei ein »Greuel« ist, so darf man vermuten, daß der Verfasser dieses Katechismus dem neuen unabhängigen Staat von Haiti, der aus dem Sklavenstaat von San Domingo hervorgegangen war, eine weitaus größere Bedeutung zumaß, als es Kleists spätere Interpreten taten, für die die Insel samt ihrer Geschichte in einem tropischen Nebel verschwand.

Kleist hingegen sah eine deutliche Ähnlichkeit zwischen dem französischen Kolonialismus in solchen Ländern wie Haiti und Napoleons Eroberungsfeldzügen in Europa. Beide ließen sich mit den Weltherrschaftsansprüchen der alten Römer vergleichen und waren alle drei Ausgeburten der Habsucht. Am 24. Oktober 1806 schrieb Heinrich von Kleist seiner Schwester Ulrike: »Wir sind die unterjochten Völker der Römer. Es ist auf eine Ausplünderung von Europa abgesehen, um Frankreich reich zu machen.« (II, 771) Zu diesem Zeitpunkt war St. Domingue, also der französische Anteil des heutigen Haiti, Frankreichs reichste Kolonie. Und nun gelang den einfachen, ungebildeten Sklaven dieser Kolonie das, was sich Kleist so inständig für sein eigenes Vaterland wünschte, nämlich die Herrschaft der Franzosen abzuschütteln. Dieser phänomenale

Sklavenaufstand war allgemeines Gesprächsthema im damaligen Europa. Progressive Intellektuelle außerhalb Frankreichs verehrten und idealisierten den Anführer der Aufständischen, Toussaint l'Ouverture, ein gewesener Sklave, den die Franzosen schließlich nach Frankreich lockten, wo er im Gefängnis Fort de Joux, in der Nähe von Besançon, im Jahre 1803 starb. Fort de Joux war aber auch das Gefängnis, in dem Kleist 1807 einsaß.

Haiti, übrigens seit dieser Zeit und bis zum heutigen Tag ein Staat der Schwarzen, wurde unter der Führung von Dessalines im selben Jahr, in dem Toussaint l'Ouverture starb, unabhängig. Die französische Armee, die den Aufstand niederschlagen sollte, erlitt durch Dessalines, der in Kleists Erzählung namentlich genannt wird, eine völlige Niederlage.[4] Diese geschlagenen Franzosen sind dieselben Franzosen, die Kleist in seiner ›Hermannsschlacht‹ meinte und in der Verkleidung von Römern im alten germanischen Bereich darstellte. Als Kleist seine Erzählung schrieb, war Dessalines, auch er früher Sklave, zum Kaiser von Haiti avanciert, und die Sklaverei war abgeschafft worden, während Deutschland noch immer von Napoleon beherrscht war. Wenn Kleist über einen erfolgreichen Kampf gegen Fremdherrschaft schreiben wollte, so hatte er einerseits Haiti als zeitgenössisches Beispiel. Als zweite Möglichkeit bot sich die Rückschau auf die Geschichte seines eigenen Landes zu der Zeit an, als die germanischen Stämme sich gegenüber den Römern in ungefähr derselben kulturellen Unterlegenheit befanden wie die modernen Schwarzen gegenüber den Franzosen. In beiden Fällen sind die Unterjochten sogenannte Barbaren, die Eroberer scheinbar zivilisiert. Kleist bediente sich beider Möglichkeiten, schrieb über beide Fälle.

Die Zeitgenossen waren fasziniert von den Ereignissen in Haiti. In seinem ersten Brief von Fort de Joux, am 23. April 1807 (II, 778), schrieb Kleist seiner Schwester lakonisch: »Gauvain [ein Mitgefangener] kam in das Gefängnis zu sitzen, in welchem Toussaint l'Ouverture gestorben war.« Kleist durfte offenbar annehmen, daß Toussaints Name keiner weiteren Erläuterung bedürfe. Er war berühmt und sogar viel besungen. Der große englische Romantiker William Wordsworth widmete ihm eines seiner berühmtesten Sonette, in dem er dem Helden von Haiti versicherte, daß die ganze Natur (»air, earth and skies«) mit ihm verbündet sei, daß die Freude, die Leiden, die Liebe und der unverwüstliche menschliche Geist seine Freunde seien (»Thy friends are exultations, agonies, / And love, and man's unconquerable mind«). Aus den USA zollte ihm der Dichter John G. Whittier einen Tribut, in dem die Verse standen: »Schlaf ruhig in deiner Kerkergruft, unter Besançons fremdem Himmel« und »Die Menschen werden noch lernen, von dir als einem großen irdischen Geist zu sprechen.« (»Sleep calmly in thy dungeon-tomb, / Beneath Besançon's alien sky« und »men shall learn to speak of thee, / As one of earth's great spirits born.«) Die ›London Gazette‹ schrieb schon 1798: »Toussaint l'Ouverture ist ein Neger und im Jargon des Kriegs hat man ihn einen Räuber genannt. Doch nach allem, was wir hören, ist er ein Neger, der geboren wurde, um die Rechte seiner Stammesangehörigen durchzusetzen.«[5]

War Toussaint für viele Europäer der romantische Krieger und tragische Held schlechthin, so gab es auch andere Stimmen und empörte Berichte über Greueltaten, die ihm nachgesagt wurden. Ein solcher Bericht, den Kleist in Auszügen gekannt hat und der ihm wahrscheinlich über den Umweg einer Übersetzung als Quelle diente, war Louis Dubrocas ›Life of Toussaint Louverture‹ (London 1802). Dubroca schreibt von Toussaints »Fanatismus, der um des Himmels willen gewissenlos mordet; und jene extreme Barbarei, welche die Schranken der Natur, des Blutes, der Menschlichkeit nicht kennt.«[6] Die Stelle gibt zu denken, denn sie läßt sich ebenso gut auf Congo Hoango wie auf Arminius anwenden. Kleist dürfte sich der Schwierigkeiten eines moralischen Urteils über die Revolution in dem Land bewußt gewesen sein, das wir heute als die erste unabhängige Nation der Dritten Welt kennen.

Wenn wir nun die Erzählung und das Drama nebeneinander untersuchen, so ergibt sich als zentrales Problem in beiden Fällen das Dilemma einer totalitären Notstandspolitik. Beide Werke enthalten Beispiele von persönlicher Selbstaufgabe für einen höheren Zweck und zeigen die Unvereinbarkeit solcher Anforderungen mit humanistischer Moral, aber auch mit den Privatbedürfnissen der Menschen, das heißt mit ihrem Verlangen nach Gerechtigkeit und Liebe. Kleist zeigt mit außerordentlicher Klarheit und Kompromißlosigkeit, daß die Strategien eines Befreiungskampfes sich dem Bereich der persönlichen Ansprüche und Gefühle entgegensetzen und darüber hinaus auch eine Moral abwürgen, die solchen Privatansprüchen einen hohen Wert beimißt.

Doch wir haben es ja bei Kleist mit keinem platten politischen Schriftsteller zu tun. Er war ein Meister der seelischen Nuancen, einer, der nie müde wurde, auf der »Goldwaage des Gefühls«, wie es im ›Amphitryon‹ heißt, zu wägen. Wenn er uns in eine Welt führt, in der die Politik, oder der nationale Wille, das Sagen hat, so läßt er uns dennoch nie vergessen, daß man die Welt auch anders sehen kann. Wie er in Arminius den politischen Menschen *par excellence* schuf, so in Gustav, dem Helden der ›Verlobung‹, den Privatmenschen an sich, den Mann, der sein Einzelschicksal trotz und innerhalb der sozialen Umwälzungen erfüllen möchte.

In beiden Werken hat Kleist die Grundlagen einer revolutionären Politik in einer neuen, und daher anstößigen Weise dargestellt. Man kann sagen, daß er den modernen Terroristen und Guerilla-Anführer für die Literatur gewann. Ganze Generationen von Lesern haben bezeugt, daß ihnen Hermann als Mensch unsympathisch sei, und fanden es nicht einmal der Mühe eines Versuchs wert, mit seinem schwarzen, fremdländischen Bruder, Congo Hoango, zu sympathisieren. Diese seelische »Häßlichkeit« ist jedoch die Voraussetzung ihres militärischen Erfolges, und Kleist beschönigt sie absichtlich nicht. Hermanns abstoßende Seiten sind kein Zufall, keine Geschmacksverirrung von seiten des Dichters, sondern werden uns von ihm als Problem aufgegeben. Statt Kleist vorzuwerfen, daß er unsere moralischen Abneigungen nicht teilt, sollte man anerkennen, daß er diesen Führertypus entdeckt und ihn zwar mit einer gewissen Begeisterung, doch auch ungeschminkt, ohne Sentimentalität, dargestellt hat. Zudem ist in beiden Werken auch der aufgeklärte Standpunkt des liberalen achtzehnten Jahrhunderts vertreten, der der gerechten Behandlung des einzelnen höchste Priorität zuteilt. In der ›Verlobung‹ ist dies der Standpunkt des Erzählers. In der ›Hermannsschlacht‹ gab Kleist sowohl Hermanns Frau Thusnelda wie gewissen Römern beredte Worte in den Mund, die den Anspruch der Einzelperson auf Leben, Freiheit und Glück verfechten. In beiden Fällen erweist sich die humanistische Einstellung entweder als selbstbezogen oder im Konflikt mit gewichtigeren Anliegen, die von den gefühlvollen Egoisten ignoriert werden.

›Die Hermannsschlacht‹ entstand 1808, im Jahr nach Kleists Entlassung aus Fort de Joux, zu der Zeit, als er auf der Höhe seiner Schaffenskraft stand. ›Die Verlobung in St. Domingo‹ erschien 1811, war aber wahrscheinlich schon 1807 entworfen worden. Kleist behandelte somit innerhalb von zwei oder drei Jahren dasselbe Thema von zwei scheinbar gegensätzlichen Sichtweisen, nämlich das Thema des Aufruhrs gegen Fremdherrschaft, in der die Liebesbedürfnisse der Handelnden verraten werden oder untergehen. So unwahrscheinlich es ist, daß er sich dieser Zusammenhänge nicht bewußt war, so unzulässig ist es, die Erzählung nur als Liebesgeschichte, das Drama nur als Propagandastück zu lesen.

Gundolf sah in dem Stück »nicht ein Hohelied des Patriotismus [sondern] ein Hohelied des dämonischen Hasses«.[7] Doch Hermann ist keinem Gefühl verfallen, auch nicht dem Haß, sondern er ist der Diener einer Idee. Der Unterschied liegt in der Haltung, die er stets bewahrt, seiner Selbstbeherrschung, die es ihm ermöglicht, seine weit emotionaleren Kameraden zu manipulieren. Von Anfang an ist er willens, alles, was er besitzt, dieser Idee zu opfern, und mit vollendetem diplomatischen Geschick bekehrt er die zerstrittenen germanischen Fürsten zur selben Bereitschaft.

Hermanns erster Bühnenauftritt zeigt ihn in Gesellschaft von Römern, denen er mit erlesener Höflichkeit begegnet. Das heißt, er begegnet ihnen mit ausgesuchter Heuchelei, denn er plant ja schon ihren Untergang. In dieser Szene kommen alle von einer Wildschweinjagd, die den Römern gefährlicher vorkam als den Einheimischen, die sich heimlich lustig machen über die Unkenntnis der Fremden. Später wird es umgekehrt sein: Wenn ihr Leben auf dem Spiel steht, glauben die Römer sich in Sicherheit. So beginnt das Stück mit Betrug über Gefahr, hinter der sich ein tieferer Betrug und eine größere Gefahr verbergen. Hermann lockt aber auch seine Verbündeten und Freunde aufs Glatteis und fängt sie in den Netzen ihrer Leidenschaften und seiner Argumente. Im Grunde behandelt er sie wie Kinder, nicht wie seinesgleichen. Zuerst behauptet er, er wolle Varus in seinem Land aufnehmen, zum Schutz vor dem Sueven Marbod, »der den Tribut mir trotzig abgefordert«. (218) Er weiß, daß er damit die anderen zur Weißglut bringt. Ihre Proteste geben ihm die Gelegenheit, ihnen zu zeigen, wie leicht man ein Zerwürfnis unter ihnen anstiften kann. Wenn Varus, so erläutert er, dem einen von ihnen die Länder des anderen gäbe, würden sie nicht länger gegen Rom, sondern gegen einander kämpfen wollen:

Den Römer laßt ihr beid im Stich,
Und fallt euch, wie zwei Spinnen, selber an.
(253 f.)

Auf diesen unerwarteten Schluß ist er ganz ruhig, mit scheinbarem Gleichmut, zugesteuert. Seine nächsten Worte scheinen zu bedeuten, daß der Sieg der Römer unausweichlich ist. Die anderen Fürsten fühlen sich gekränkt, doch stellt sich schnell heraus, daß Hermanns Rede meint, er sei willens, alles, was er besitzt, im Kampf gegen den gemeinsamen Feind aufs Spiel zu setzen. Dies wird von den Freunden als Heldenmut im herkömmlichen Sinn aufgefaßt, ist also ein Entschluß, dem sie zustimmen können. Und nun kommt die radikale Wende, nämlich Hermanns Forderung nach der völligen Aufgabe aller bisherigen Wertvorstellungen. Er macht sich aus einer gerührten Männerumarmung los und spricht, als sage er das Allergewöhnlichste:

> Kurz, wollt ihr, wie ich schon einmal euch sagte,
> Zusammenraffen Weib und Kind,
> Und auf der Weser rechtes Ufer bringen,
> Geschirre, goldn' und silberne, die ihr
> Besitzet, schmelzen, Perlen und Juwelen
> Verkaufen oder sie verpfänden,
> Verheeren eure Fluren, eure Herden
> Erschlagen, eure Plätze niederbrennen,
> So bin ich euer Mann –
> (374 – 381)

Die erwartete Reaktion folgt auf dem Fuß. Man ist konsterniert, sogar entsetzt. Hermann verlange, man solle die Dinge aufgeben, die man ja verteidigen wolle:

> Das eben, Rasender, das ist es ja,
> Was wir in diesem Krieg verteidigen wollen!
> HERMANN *abbrechend*
>   Nun denn, ich glaubte, eure Freiheit wärs.
> (386 – 388)

Hermann besitzt die radikale Konsequenz, die den anderen abgeht, der sie sich aber nicht entziehen können. Und so stottert Thuiskomar in seiner Antwort: »Was? – Allerdings. Die Freiheit –.« (389)

Das ist das Argument, das Kleist in diesem Stück wiederholen und variieren wird. Ein totales Engagement bedeutet völlige Opferbereitschaft. Nicht von Gefühlen ist Hermann bestimmt, sondern von der Idee, daß die Fremdherrschaft das größte Übel ist, weil in ihr die Menschen Sklaven werden, und daß die Freiheit eines Volks das größte Gut ist. Aus dieser Einsicht ergibt sich alles andere. Hermann vertritt gegenüber den Fürsten nicht einfach idealistische gegenüber materiellen Interessen, wie etwa Siegfried Streller aus kommunistischer Sicht meinte,[8] denn er verlangt auch das Opfer herkömmlicher ideeller Werte, sowie die Aufgabe von allem, was mit persönlicher Identität zu tun hat. In dem anfangs angeführten Zitat aus dem ›Katechismus der Deutschen‹ betont Kleist das Einfache dieser radikalen Forderung, indem er sie in einen Kindermund legt.

Wenden wir uns nun der Novelle zu, so begegnet uns ein Erzähler, dem es unverständlich ist, daß die Schwarzen nicht nur die Güter der Weißen, sondern auch ihr eigenes Besitztum, das sie doch für ihren Unterhalt benötigen, verbrennen. Das ist aber genau das Erstaunen, das Hermanns Alliierte bekunden, als er ihnen vorschlägt, ihre Fluren zu verheeren und ihre Herden zu erschlagen. Doch auch ohne Rücksicht auf das Drama ist der Erzähler verdächtig. Kleist verwendet in seiner Prosa oft Werturteile und moralisch belastete Adjektive, nicht so sehr, um den Leser zu überzeugen, als vielmehr, um ein Problem herauszustreichen. Zudem enthalten seine Nebensätze oft wichtige Informationen, die der Leser erst später als wesentlich erkennt und die oft die nachdrücklich erteilten Aussagen des Hauptsatzes einschränken, ja sogar widerlegen. Der Anfang der ›Verlobung‹ mag als Beispiel dienen:

Zu Port au Prince, auf dem französischen Anteil der Insel
St. Domingo, lebte, zu Anfange dieses Jahrhunderts, als die
Schwarzen die Weißen ermordeten, auf der Pflanzung des
Herrn Guillaume von Villeneuve, ein fürchterlicher alter
Neger, namens Congo Hoango.
(II, 160)

Stellen wir nun Kleists bekannten Franzosenhaß in Rechnung,
dazu die damalige, weitverbreitete Bewunderung für den Frei-
heitskampf der Schwarzen auf Haiti und besonders für Congo
Hoangos Modell Toussaint, fügen wir hinzu, daß die Liebesgeschichte, die Kleist uns erzählen wird, nicht rassistisch ist, so
müßte das Werturteil des zitierten Satzes (»als die Schwarzen
die Weißen ermordeten«) uns mißtrauisch machen. Wer ist
hier Täter, wer Opfer? Wem geschieht Unrecht? Versetzen wir
die Situation durch den Austausch einiger Wörter in die deutsche Vergangenheit: »Im Teutoburger Walde, in dem römischen Teil Germaniens, lebte, zu Anfange des ersten Jahrhunderts, als die Germanen die Römer ermordeten, im Bereich des
Feldherrn Quintilius Varus, ein fürchterlicher alter Cherusker,
namens Arminius.« Ein solcher Text vermittelt ohne weiteres,
daß der Leser die Sympathien des Erzählers nicht unbedingt
ernst zu nehmen hat, denn dessen Ablehnung der Germanen,
in einer deutschsprachigen Erzählung, legt uns nahe, daß wir
den Erzähler hinterfragen sollen, daß der Autor unser kritisches Urteil eventuell gegen den Erzähler einsetzen will. In
der ›Verlobung‹ kommt allerdings das verfremdende Element
des exotischen Hintergrunds ins Spiel, und die moralischen
Werturteile rücken ins Zwielicht. Der Selbstsicherheit des
Erzählers dürfen wir jedoch keineswegs trauen. Der nächste
Satz lautet:

Dieser von der Goldküste von Afrika herstammende
Mensch, der in seiner Jugend von treuer und rechtschaffener

Gemütsart schien, war von seinem Herrn, weil er ihm einst auf einer Überfahrt nach Cuba das Leben gerettet hatte, mit unendlichen Wohltaten überhäuft worden.
(II, 160)

Im Hauptsatz steht, daß der Herr der Wohltäter des Sklaven gewesen ist. Die Partizipialkonstruktion und die Nebensätze widersprechen diesem Hauptsatz, oder verändern ihn doch erheblich. Denn da lesen wir, daß der Sklave als freier Mensch geboren und aus seiner Heimat vermutlich verschleppt wurde – denn nur so konnte er zum Leibeigenen in einem anderen Lande werden –, daß er einen guten Charakter besaß und daß er und nicht sein Herr der eigentliche Wohltäter war, denn der Sklave war der Lebensretter, der Herr der Gerettete. Der Satz vermittelt diese Tatsachen, doch mit der ganzen Voreingenommenheit des weißen Erzählers, der die Interessen der Unterdrücker vertritt. Er zählt nun alles Gute auf, das Congo Hoango von seinem Besitzer bekommen hat, und fährt fort:

> und doch konnten alle diese Beweise von Dankbarkeit Herrn Villeneuve vor der Wut dieses grimmigen Menschen nicht schützen. Congo Hoango war, bei dem allgemeinen Taumel der Rache, der auf die unbesonnenen Schritte des National-Konvents in diesen Pflanzungen auflöderte, einer der ersten, der die Büchse ergriff, und, eingedenk der Tyrannei, die ihn seinem Vaterlande entrissen hatte, seinem Herrn die Kugel durch den Kopf jagte.
> (II, 160)

Der Nationalkonvent hatte die ersten Schritte zur Abschaffung der Sklaverei unternommen und war im Begriff, den freien Mulatten politische Rechte einzuräumen. Das sind für den Erzähler »unbesonnene Schritte«. Ob die Leser diese Meinung teilen sollen, ist eine andere Frage.

Der Erzähler scheint erstaunt, daß der Sklave nicht die eigenen Interessen im Auge behielt, die sich mit denen des wohltätigen Herrn ja deckten. Anders erzählt, ergeben dieselben Fakten, daß Congo Hoango sich nicht von den imperialistischen Herrschern durch Privilegien und private Vergünstigungen bestechen ließ, sondern es vorzog, die gemeinsame Sache der Unterdrückten zu verfechten. Das Wort »Mitbrüder« fällt im nächsten Satz. Der Erzähler sieht nur das Schicksal der weißen Herrenmenschen und unterschätzt das Gewicht, das in den Worten, »Tyrannei, die ihm seinem Vaterlande entrissen hatte«, liegt, denn im Vergleich zu diesem Unrecht sind alle anderen Wohltaten und Geschenke trivial. Das wissen wir als Leser der ›Hermannsschlacht‹ und des ›Katechismus der Deutschen‹. Übrigens hatte auch Toussaint einen Herrn, der ihm wohlgesinnt war.

Persönliche Treue und politischer Gemeinsinn sind für Kleist unvereinbare Tugenden. Sein Hermann predigt unentwegt gegen die deutsche Neigung, den Römern für irgendwelche Wohltaten, von denen nur der einzelne profitiert, Dank zu erweisen. Männer, die Brüder sein sollten, würden zu giftigen Spinnen, wenn sie sich dem Feind verpflichtet fühlen. In der ›Verlobung‹ steht der Erzähler auf der anderen Seite, er verficht den Wert der persönlichen Treue. Doch wäre sein Standpunkt konsequent durchgeführt, so müßte er ja irgendwo die Institution der Sklaverei rechtfertigen. Das tut weder er noch Gustav, der Held der Novelle. Beide verurteilen die Mittel der Sklaven, sich ihrer Ketten zu entledigen, ohne diese Ketten selbst gut oder schlecht zu heißen. Dadurch entsteht eine gewisse Fadenscheinigkeit im Werturteil über Treue und Verrat. Congo Hoango hingegen glaubt an dieselben Götter und Güter wie sein germanischer Bruder Hermann.

Congo Hoango hat eine radikale Verbündete namens Babekan, die ihre Tochter als Köder für die Feinde auslegt. Unser Erzähler äußert sich entrüstet über Babekans Betrug, doch die

Beweggründe der einstmaligen Sklavin sind ihm ziemlich gleichgültig:

> Babekan, welche in Folge einer grausamen Strafe, die sie in ihrer Jugend erhalten hatte, an der Schwindsucht litt, pflegte in solchen Fällen die junge Toni, die, wegen ihrer ins Gelbliche gehenden Gesichtsfarbe, zu dieser gräßlichen List besonders brauchbar war, mit ihren besten Kleidern auszuputzen.
> (II, 161)

Fast zufällig und wieder einmal im Nebensatz erfahren wir, daß die Frau gemartert worden war und daß sie einen bleibenden Schaden davontrug. Der Satz betont nicht die »grausame Strafe«, sondern die »gräßliche List« der alten Babekan, nämlich den kalkulierten Einsatz von Erotik in Gestalt der hübschen Toni, mit der Tonis Mutter den Weißen eine Falle stellt. Nun besteht aber ein enger Zusammenhang zwischen Babekans Racheaktionen und dem, was ihr selbst angetan wurde. Ihr Haß auf die Weißen rührt vom Mißbrauch und von der Mißachtung ihrer Affekte, jener Privatsphäre, die Kleist so oft als das »innerste Gefühl« beschwört, dessen Verletzung kein Mensch ertragen kann. Von dieser Vorgeschichte läßt der Autor Babekan in ihren eigenen Worten berichten, denn dem Erzähler fehlt die Sympathie dafür. Das tut sie, »mit unterdrückter Empfindlichkeit« (II, 169) – ein treffender Ausdruck für ihre wie unter der Asche glühende Wut. Zunächst läßt sie den obdachsuchenden Gustav ins Haus eintreten, »um des Europäers, meiner Tochter Vater willen« (II, 167) ein zweideutiges Wort, das Gustav aber nur in seiner positiven Bedeutung hören will. Das Unrecht, das Babekan geschehen ist, ging von Tonis weißem Vater aus, einem Pariser, der vor einem französischen Gericht und vor seiner schwarzen, schwangeren Geliebten eidesstattlich seine Vaterschaft ableugnete. »Ein Gallenfieber war die Folge davon, und bald darauf noch sechzig Peitschenhiebe, die mir Herr Villeneuve geben ließ, und in deren Folge ich noch bis auf diesen Tag an der Schwindsucht leide.« (II, 169)

Hier rückt erstens ein europäisches Gericht in unser Blickfeld. Eine unmittelbarere Perspektive für die sozialen Folgen eines Unrechts, das eben nicht nur auf einer exotischen Insel stattfindet, eröffnet sich dem Leser. Zweitens erfahren wir, daß Babekan, so sensibel wie jede weiße junge Frau, aus seelischer Kränkung, verursacht durch den Verrat ihres Liebhabers, physisch erkrankte. Und drittens erscheint uns Herr Villeneuve in neuem Licht. Er, den der Erzähler uns als Wohltäter der unverständlich grausamen Schwarzen vorgestellt hatte, schlägt sich im Zweifelsfall auf die Seite des Weißen und mißhandelt obendrein seine schwangere Sklavin aufs bösartigste. »Sechzig Peitschenhiebe« waren für Kleist kein abstrakter Begriff, wie sie es für viele Zeitgenossen gewesen sein mögen. Als Offizier der preußischen Armee muß er die Körperstrafe und ihre Folgen gekannt haben, denn sie war ein normales und genehmigtes Verfahren für die oft wider ihren Willen eingezogenen Soldaten. Als Kleist aus der Armee austrat, hatte er geschrieben: »die Offiziere hielt ich für so viele Exerziermeister, die Soldaten für so viele Sklaven [!], und wenn das ganze Regiment seine Künste machte, schien es mir als ein lebendiges Monument der Tyrannei.« (II, 479) Seine Zweifel an der Legitimität unumschränkter Macht reichen also weit zurück. Schon zu seiner Militärzeit war ihm der Mißbrauch von Menschen als »Sklaven« ein »Greuel«, wie es im anfangs zitierten ›Katechismus der Deutschen‹ heißt.

Herr Villeneuve vergeht sich weiterhin, wenn er später dieselbe Babekan seinem Lieblingssklaven »an Weibes Statt« – denn Congo Hoango will nicht zum zweiten Mal heiraten – einfach »gibt«. So steht es auf der ersten Seite der Erzählung, und wir lesen darüber hinweg und akzeptieren diese weitere Wohltat, die der Herr dem Diener angedeihen läßt, ohne uns zu fragen, ob Babekan wie ein Haustier verschenkt werden soll. Erst nachdem sie selbst zu Worte gekommen ist, erkennen wir sie als einen empfindlichen, fühlenden Menschen. Als Leser teilen wir somit zunächst die Vorurteile der Weißen, bis wir angehalten werden, die Worte der Schwarzen zu hören. Congo Hoango, der fürchterliche Unmensch, ist seinerseits ein liebevoller Familienvater. Das wird ersichtlich, wenn er sich durch die Geiselnahme seiner Kinder erpressen läßt. »Denn Nanky und Seppy, Bastardkinder des alten Hoango, waren diesem, besonders der letzte, dessen Mutter kürzlich gestorben war, sehr teuer.« (II, 189) Dieses Motiv zweier kleiner Söhne als Geisel, das Kleist in Toussaints Leben vorfand,[9] benützte er auch für Hermann. Sie ist eine weitere Parallele zwischen den beiden Gestalten, ein Zeichen für ihre Seelenverwandtschaft. Wie Hermann ist auch Hoango seinen Leuten gegenüber fair. Zum Beispiel will er nicht an Tonis Verrat glauben, selbst wenn die eigene Mutter darauf besteht, sondern verlangt überzeugende Beweise. Je näher wir ihn betrachten, desto weniger abstoßend wird Congo Hoango.

Es begegnen uns also in der ›Verlobung‹ zwei Repräsentanten der Revolution: der Mann, der seiner Freiheit und seines Vaterlandes beraubt wurde und die Frau, deren Gefühle mißbraucht und verraten wurden. Zusammen machen sie die gefährdete Identität des autonomen Menschen aus, der eine Krise durchsteht, in der man alles Hergebrachte über den Haufen werfen darf. Aus denselben Bestandteilen und Überlegungen ist ›Die Hermannsschlacht‹ aufgebaut. Nur ist uns der Aufstand der Germanen in dem Drama zugänglicher als die Rechtfertigung der Schwarzen in der Novelle. Kleists Römer handeln mit deutschen Zähnen und Haaren, und ihre Verachtung für die Barbaren bricht immer wieder durch ihre Höflichkeit und Freundschaftsbezeugungen. Ein deutsches Publikum weiß, daß Verächter der deutschen Sprache ignorant und überheblich sind. Ein römischer General sagt:

[...] Was das, beim Jupiter!
Für eine Sprache ist! Als schlüg ein Stecken
An einen alten, rostzerfreßnen Helm!
Ein Greulsystem von Worten, nicht geschickt
Zwei solche Ding, wie Tag und Nacht,
Durch einen eignen Laut zu unterscheiden.
Ich glaub, ein Tauber wars, der das Geheul erfunden,
Und an den Mäulern sehen sie sichs ab.
(1897 – 1904)

Es erfordert vielleicht einige Mühe, um zu verstehen, warum die Weißen kein Recht haben, eine Westindische Insel als Sklavenkolonie zu bewirtschaften, doch daß die Römer im Teutoburger Wald nichts zu suchen haben, ist mühelos einzusehen. Das Neue ist das Ausmaß der Opfer, die Hermann verlangt und die er durch sein Freiheitsstreben rechtfertigt. So wünscht er, daß die Germanen von den Römern geschädigt werden, damit sich das Volk gegen die Fremden auflehnt. Das ist die Logik des absoluten Engagements, das er von seinen Verbündeten im ersten Akt verlangte. Er geht so weit, daß er darauf zählt, ja hofft, die Römer würden Greueltaten begehen. Als sie sich friedlich und sogar freundlich aufführen, ruft er enttäuscht aus:

Ich aber rechnete, bei allen Rachegöttern,
Auf Feuer, Raub, Gewalt und Mord,
Und alle Greul des fessellosen Krieges!
Was brauch ich Latier, die mir Gutes tun?
(1482 – 1485)

Diese letzte, lapidare Frage wirkt fast komisch, weil sie so ohne weiteres den herkömmlichen Begriff von Gerechtigkeit als Fairneß, als die Einschätzung einzelner Handlungen, außer Gefecht setzt. (Auch Hoango »brauchte« solche Wohltäter nicht.) Im dritten Akt, vor der Hally-Episode, tut der Held

Hermann nichts anderes, als den Haß der Bevölkerung durch Lügen zu schüren. Wenn drei Dörfer geplündert werden, läßt er verlauten, es seien sieben gewesen. Wenn die Römer versehentlich eine heilige Eiche fällen, so heißt es, die Germanen sollen gezwungen werden, Zeus anzubeten. (Daß ein solcher Bekehrungszwang erst mit der Einführung des Christentums stattfand, gibt der Stelle vielleicht eine weitere, latente Pointe.) Und schließlich schickt Hermann selbst sein Zerstörungskommando aus. Hermann ist so entworfen, daß ihm alle Heldenattribute fehlen. Er ist der Revolutionär, der nicht bestaunt und bewundert, sondern erfolgreich sein will:

> Kann ich den Römerhaß, eh ich den Platz verlasse,
> In der Cherusker Herzen nicht
> Daß er durch ganz Germanien schlägt, entflammen:
> So scheitert meine ganze Unternehmung.
> (1486 – 1489)

Wie im vorhergehenden Zitat ist die letzte Schlußfolgerung sprachlich moderner, umgangssprachlicher, und macht uns so darauf aufmerksam, daß es sich nicht nur um ein historisches, sondern auch um ein politisches Drama handelt. Weiter über die Disziplin der Römer:

> Verflucht sei diese Zucht mir der Kohorten!
> Ich stecke, wenn sich niemand rührt,
> Die ganze Teutoburg an allen Ecken an.
> (1522 – 1524)

Darauf beschwichtigt ihn Eginhardt, ganz im selben Sinne: »Nun, nun! Es wird sich wohl ein Frevel finden.« Auch hier grenzt die Logik des totalen politischen Einsatzes an Komik des Ausdrucks, weil sie sich so bar jeder Beschönigungsphrase ausspricht.

Schließlich kommt das Schicksal Hermann entgegen und gibt ihm, was er sucht, in Gestalt eines vergewaltigten und danach von ihrem Vater getöteten jungen Mädchens. Die Vorgänge vor der und um die Vergewaltigung sind nicht dramatisiert, also die Schandtat der Römer, die ja auch das Publikum mitreißen könnte. Wir sehen nur ihr Nachspiel, Hermanns Verwendung von Hallys Leiche. Diese läßt er in fünfzehn Stücke zerhacken und sendet je eines an die fünfzehn germanischen Stämme, um sie zum Aufruhr zu reizen. Wir verfolgen seine zynische Ausbeutung der Situation, seine geschickte Manipulation der Volkswut. Diese Einsichten hindern uns, als Leser oder Zuschauer, denselben fanatischen Gefühlen anheimzufallen. Zwar sollen wir offensichtlich die Sache selbst gutheißen, doch nicht auf derselben platten und teilweise falschen Gefühlsebene wie das Volk der Germanen. ›Die Hermannsschlacht‹ ist ein Stück über die Ausübung von Propaganda und über einen geschliffenen und überzeugten Propagandisten, aber es ist kein Propagandastück. Trotz aller Rhetorik und gelegentlichem ideologischen Rausch ist und bleibt das Ambiente eisig und berechnend. Es ist das Ambiente von Brechts ›Die Maßnahme‹, wo der Junge Genosse zum Tode verurteilt wird, weil er die Warnung: »Verfalle aber nicht dem Mitleid« ignoriert hat und prompt dem Mitleid verfiel.[10] Die Moral, mit der Brechts Kontrollchor den Vorgang kommentiert, läßt sich ebensogut auf Hermanns Grundsätze anwenden:

Welche Niedrigkeit begingest du nicht, um
Die Niedrigkeit auszutilgen? [...]
Könntest du die Welt endlich verändern, wofür
Wärest du dir zu gut? Wer bist du?
Versinke im Schmutz,
Umarme den Schlächter, aber
Ändere die Welt: sie braucht es![11]

Wie Hermann »braucht« die Partei bei Brecht keine guten Taten innerhalb eines an und für sich üblen Systems. Die Tugenden der Helden und Heiligen gehören zum alten Eisen, sowohl in Brechts wie in Kleists Drama. Gerade durch diese unheroischen Eigenschaften wird Hermann der einzige konsequent politische Mensch in Kleists Werk.

Es war Kleist offensichtlich darum zu tun, daß wir einen solchen, nicht humanistisch und doch positiv gezeichneten Charakter verstehen und womöglich billigen und dabei den Konflikt zwischen der alten und der neuen Weltsicht im Auge behalten. So sieht Hermann die Römer als Untermenschen, doch Kleist beschreibt sie sorgfältig, ja einfühlsam, als Individuen. Hermann sagt:

> Die ganze Brut, die in den Leib Germaniens
> Sich eingefilzt, wie ein Insektenschwarm,
> Muß durch das Schwert der Rache jetzo sterben.
> (1681 – 1683)

Seine Frau Thusnelda hingegen, die keineswegs die kleine Gans ist, als die die Kritik sie manchmal darstellt, sondern viel eher das Sprachrohr für aufgeklärte Humanität, bittet ihn, die Römer als Einzelmenschen und nicht in ihrer Gesamtheit zu beurteilen:

> Weil als dämonenartig dir
> Das Ganz' erscheint, so kannst du dir
> Als sittlich nicht den Einzelnen gedenken.
> (686 – 688)

Hermann versetzt darauf, daß alle Römer an einem von Habgier bedingten System teilnähmen, ein Argument, das sich weitgehend mit Brechts Darstellung der Menschen im Kapitalismus deckt. Später, als er ihr seinen Plan, die ganze Besatzungsmacht zu töten, entdeckt, bittet sie ihn nochmals, zwischen den Guten und den Schlechten zu unterscheiden. Seine Antwort: »Was! Die Guten! / Das sind die Schlechtesten!« (1697 f.) Als sie ihn an einen jungen Römer erinnert, der unter Einsatz des eigenen Lebens ein Kind aus einem brennenden Haus gerettet hat,[12] wird Hermann zorniger als an irgendeiner anderen Stelle, weil er, wie später der Junge Genosse bei Brecht, sich von persönlichen und daher irrelevanten Gefühlen irreleiten ließ:

HERMANN *glühend*
 Er sei verflucht, wenn er mir das getan!
 Er hat, auf einen Augenblick,
 Mein Herz veruntreut, zum Verräter
 An Deutschlands großer Sache mich gemacht!
 [...]
 Ich *will* die höhnische Dämonenbrut nicht lieben!
 So lang sie in Germanien trotzt,
 Ist Haß mein Amt und meine Tugend Rache!
 (1718 – 1725)

Die größte Gefährdung der »großen Sache« geht von der Privatsphäre aus, deren Kern die Liebe, und insbesondere die erotische Liebe, ist. Wer liebt, handelt unpolitisch, formt andere Allianzen, verfolgt andere Ziele, setzt sich unbekümmert über das Gemeinwohl hinweg, wie es etwa die verliebte Penthesilea tut. Den schroffsten Gegensatz zum öffentlichen Leben und seinen Interessen bildet daher die privateste menschliche Begegnung, der Geschlechtsverkehr, über den Kleist mit einer für seine Zeit erstaunlichen Offenheit schrieb.[13] Um die Erotik »richtig« für ihre Rachepolitik einzusetzen, schärft Babekan ihrer Tochter Toni ein, »den Fremden keine Liebkosung zu versagen, bis auf die letzte, die ihr bei Todesstrafe verboten war«. (II, 161) Der Grund für dieses Verbot ist die Annahme, daß der vollzogene Liebesakt das Mädchen auf die Seite der Feinde ziehen würde, was ja auch tatsächlich geschieht, nachdem Toni die Nacht mit Gustav verbracht hat. Die Verlobung im Titel bezieht sich auf diese Nacht, nicht auf ein gegenseitiges Versprechen. Gustav sagt deutlich: »Du warst mir durch einen Eidschwur verlobt, obschon wir keine Worte darüber gewechselt hatten.« (II, 193) In der Umarmung drücken die Liebenden ihr Vertrauen und ihre Treue aus, die durch die Forderung, um des Volkes willen Mord zu begehen, in Frage gestellt und gefährdet wird. Eros ist die Antithese zur These des politischen Engagements. Eine Synthese ist nirgends in Sicht.

Daher auch das Gespräch, das Mutter und Tochter am Morgen nach dieser körperlichen, wortlosen »Verlobung« führen. Es erinnert stark an die Kontroverse, die die Eheleute Hermann und Thusnelda miteinander austragen, denn hier wie dort handelt es sich um Kollektiv- und Einzelschuld. Toni meint, »daß es schändlich und niederträchtig wäre, das Gastrecht an Personen, die man in das Haus gelockt, also zu verletzen«. (II, 176 f.) Gustav sei ja nicht einmal Franzose, sondern Schweizer, und auf jeden Fall unschuldig an der Unterdrückung der Schwarzen, worauf Babekan ungerührt daran erinnert, daß man doch kürzlich einen Portugiesen, zwei Holländer und drei Franzosen umgebracht hätte, ohne ihnen als einzelnen etwas vorzuwerfen. Wie Hermann besteht sie auf der Kollektivschuld der Weißen, denn eine solche Sicht ist dem Kampf gegen die Fremdherrschaft förderlich. Toni ihrerseits möchte, wie Thusnelda, den Menschen auch im Feinde erkennen. Das von ihr angeschnittene Problem der Verbindlichkeit von »Gastrecht« läßt sich gut mit dem Fall von Septimius Nerva vergleichen, einem »guten Römer«, der im fünften Akt der ›Hermannsschlacht‹ gegen seine Hinrichtung protestiert, auf das Recht der Kriegsgefangenen pocht und Hermann an seine »Siegerpflicht« erinnert. Hermann antwortet sarkastisch, daß es sich lediglich um ein römisches Recht- und Pflichtverständnis handle:

An Pflicht und Recht! Sieh da, so wahr ich lebe!
Er hat das Buch vom Cicero gelesen.
Was müßt ich tun, sag an, nach diesem Werk?
(2208 – 2210)

Hermann relativiert die Rechtslage so, als sei des jungen Gefangenen Anspruch auf Leben nur abgeleitet von Ciceros ›De officiis‹ (›Von den Pflichten‹). Der Römer argumentiert darauf überzeugend für ein allgemein verbindliches Naturgesetz:

Mein Haupt, das wehrlos vor dir steht,
Soll deiner Rache heilig sein;
Also gebeut dir das Gefühl des Rechts,
In deines Busens Blättern aufgeschrieben!
(2212 – 2215)

Das ist kein leichtfertiges Argument für Kleist, den einstmaligen Rousseau-Anhänger. Septimius Nerva wendet sich direkt an jenes »innerste Gefühl«, das auch Toni als Quelle für die Menschenrechte anspricht: »Die Unmenschlichkeiten, an denen ihr mich Teil zu nehmen zwingt, empören längst mein innerstes Gefühl.« (II, 177) Wir geben ihr recht, wir sympathisieren beim Lesen mit ihrem Gefühl, obwohl wir wissen, daß es ja doch ihrer ersten Liebesnacht entspringt. Doch wie, wenn das kollektive Unrecht das Recht des einzelnen so überwiegt, daß dieses außer Kraft gesetzt wird? Hermann antwortet seinem Gefangenen:

Du weißt was Recht ist, du verfluchter Bube,
Und kamst nach Deutschland, unbeleidigt,
Um uns zu unterdrücken?
Nehmt eine Keule doppelten Gewichts,
Und schlagt ihn tot!
(2216 – 2220)

Nach diesen Worten wird Septimius zu seiner Hinrichtung geführt, doch Kleist läßt ihm das letzte Wort und verunsichert dadurch noch einmal unsere Sympathien. Der Verurteilte klagt, er werde »von Hunden in Germanien zerrissen«, (2225) ein Penthesilea-artiges Bild für einen barbarischen Mord.

Der konkrete Kampf und die ewigen Werte haben sich als unvereinbar erwiesen. Diejenigen, die Grundsätzliches verfechten, tun es oft aus einer bestimmten privaten Situation heraus, die ihr Denken bewußt oder unbewußt beeinflußt. Tonis Widerwille gegen den Mord an Unschuldigen läßt sich als Entdeckung einer Wahrheit durch die Liebeserfahrung lesen, doch steckt ja auch ein gerüttelt Maß an Selbstsucht in der Erkenntnis kategorischer Imperative als Ausdruck sexueller Sehnsüchte. Und Septimius Nerva möchte sich mit seinem juristischen Argument das Leben retten. Keiner von beiden ist objektiv, obwohl beide eine Art Wahrheit sprechen.

An dieser Stelle möchte ich einen modernen Zeugen zum Thema Anti-Imperialismus anführen. Frantz Fanons ›Die Verdammten dieser Erde‹ gilt als klassische Analyse der modernen Revolutionen in der Dritten Welt. Sie kann uns auch als Kommentar zur ›Hermannsschlacht‹ dienen:

[...] die kolonialistische Bourgeoisie [hatte] in die Köpfe des Kolonisierten die Vorstellung verankert, daß es »bleibende Werte« gebe, allen menschlichen Irrtümern zum Trotz. Die »bleibenden Werte« des Westens, versteht sich. Der Kolonisierte nahm die Berechtigung dieser Ideen hin, und man konnte in einem Winkel seines Gehirns einen wachsamen Posten entdecken, der sich für die Verteidigung des abendländischen Sockels verantwortlich fühlte. Während des Befreiungskampfes geschieht es jedoch, [...] daß dieser künstliche Wachtposten sich in Staub auflöst. Alle abendländischen Werte, Triumph der Menschenwürde, des Wahren und des Schönen, werden zu leb- und farblosen Nippsachen. [...] Diese Werte, die die Seele zu adeln schienen, erweisen sich als unbrauchbar, weil sie nicht den konkreten Kampf betreffen, in den das Volk eingetreten ist.

Das gilt vor allem für den Individualismus [...], wo jeder sich in seine Subjektivität einschließt [...]. Der kolonisierte Intellektuelle erlebt [im Befreiungskampf] die Zerstörung all seiner Idole: er büßt seinen Egoismus, die anklagende Arroganz und den kindischen Eigensinn dessen ein, der immer das letzte Wort haben will.[14]

Vor der Folie dieser Diskussion will es scheinen, als habe Kleist das Problem des Anti-Imperialismus besser verstanden als jeder andere Dramatiker oder Erzähler vor unserer Zeit. Hermann stellt seine Subjektivität, seinen persönlichen Stolz wiederholt hintan. Am Anfang schmeichelt er den Römern, die sich dank ihres Egoismus und kulturellen Hochmuts irreführen lassen, weiterhin drängt er seine widerwillige Frau geradezu, einen Flirt mit einem der Römer fortzusetzen; und er ist bereit, die Führung der Germanen an Marbod abzugeben. Hermann ist *nicht* der Mann für jenen »Männerstolz vor Königsthronen«, der in Schillers damals schon weithin bekanntem ›An die Freude‹ vorbildlich sein soll und der sich ja eigentlich mit der »anklagenden Arroganz« deckt, die Fanon verwirft. Hermann geht es ums Ganze. Rachedurst ist wohl seine instinktiv stärkste Triebfeder, und daher bringt er ein beachtliches Opfer, wenn er am Ende die Tötung des Feldherrn Varus einem anderen Germanen, einem, der diese Auszeichnung nicht einmal verdient, der vorher fast zum Verräter an der Sache geworden wäre, überläßt. Doch solange Varus stirbt, darf und muß es Hermann gleichgültig sein, wer ihn tötet.

Innerhalb der Dialektik des Dramas verkörpert Thusnelda jene Subjektivität, deren heiliges Gefäß das Herz ist und dem auf seiten der Vernunft die Menschenrechte zugeordnet sind. Doch in diesem Drama, wo es um die Befreiung des Volkes von der Fremdherrschaft geht, hat sie keine Chance gegen ihren Mann. Er spielt mit ihr, wie er ja auch mit dem Volk spielt, und benutzt beide mit Vorbedacht für seine Zwecke. Im Fall von Thusnelda rechnet er mit einer persönlichen Kränkung. So geschieht es dann. Wenn Thusnelda sich als Frau und Mensch von ihrem angeblichen römischen Anbeter verraten sieht, wird sie rabiat und läßt ihn von wilden Tieren zerreißen, ein gewiß absichtliches Korrelat zu der von Septimius Nerva beschworenen Metapher eines unwürdigen Todes. Hermann liebt und manipuliert Thusnelda, genau wie er es mit seiner anderen Geliebten, dem deutschen Volk, tut. Daher ist es auch kein Zufall, daß Kleist in der Hally-Episode ein Sexualverbrechen dazu verwendet, den Aufstand gegen Varus in Gang zu bringen.

In der Novelle hat die Subjektivität weit mehr Spielraum. Gustav ist ja die unpolitische Kehrseite von Hermann, er ist der Privatmensch im Gegensatz zum Volksvertreter, der Liebende im Gegensatz zum Soldaten. Er ist außerdem eine Art Selbstporträt, wenn auch keins ohne Brüche. Kleist erfand in dieser Geschichte seinen eigenen Selbstmord, wie er ihn in allen Details später ausführte: der Schuß durch die Brust der Partnerin, wonach sich der Mann durch einen Schuß in den Mund tötet. Und vielleicht ist Gustav deshalb Schweizer, weil Kleist in der unpolitischsten Phase seines Lebens selbst ein Bauer in der Schweiz werden wollte. Man darf wohl annehmen, daß sich der Autor bis zu einem gewissen Punkte mit Gustav identifizierte, doch danach und darüber hinaus war der Cherusker sein Mann. Sie sind die beiden Pole, die auseinanderstreben, und zusammen formen sie ein Rätsel oder Dilemma, das nicht zu lösen ist. Denn Gustav, der Privatmensch, kann den politischen Umwälzungen, in denen er notgedrungen lebt, nicht entgehen, und indem er sich ihnen zu entziehen und sein Heil in der Intimsphäre sucht, wird er schuldig.

Gustav hat schon früher einmal eine rettende Frau gebraucht. Seine Straßburger Braut, Mariane Congreve, opferte sich, um ihn vor dem Revolutionstribunal zu schützen. Wenn Gustav eine Ähnlichkeit zwischen Marianes und Tonis Gesichtszügen konstatiert, so soll uns diese Wahrnehmung wohl auch daran erinnern, daß kein wesentlicher Unterschied zwischen den Vorgängen in Haiti und denen in Straßburg besteht. Mit beiden beginnt die moderne Welt. Zum zweiten Mal – das erste Mal mit Babekans Pariser Vaterschaftsprozeß – dringt die europäische Öffentlichkeit in diese nur scheinbar exotische Erzählung ein. Babekans Bericht über den von einem weißen Mann verübten Verrat an einer schwarzen Frau war Gustav nur peinlich. Über die Ursachen der Rebellion befragt, meint er, er wolle sich »nicht unterfangen« »das allgemeine Verhältnis«, das die Weißen zu den Schwarzen hatten (so euphemistisch bezeichnet er die Sklaverei) »in Schutz zu nehmen«, besonders da es ja, wie er zugibt, auch schlechte Herren gegeben habe. Doch für den »Wahnsinn der Freiheit« (II, 170) hat er wenig übrig. Er erzählt nun seinerseits eine Geschichte über Verrat, den diesmal eine Schwarze als Rache an ihrem weißen Peiniger ausübt. Die Schwarze leidet an einer ansteckenden Krankheit und infiziert wissentlich ihren früheren Herrn, den sie zu diesem Zweck in ihr Bett gelockt hat. Gustav erzählt diese Anekdote als ein Beispiel für die Pathologie der Revolution. Er meint, »daß, nach dem Gefühl seiner Seele, keine Tyrannei, die die Weißen je verübt, einen Verrat, so niederträchtig und abscheulich, rechtfertigen könnte«. (II, 170 f.) Deutlich legt er hier die totale Subjektivität als Richtschnur an, das »Gefühl seiner Seele«. Er ruft die himmlischen Heerscharen an: »die Engel selbst, dadurch empört, stellten sich auf Seiten derer, die Unrecht hätten, und nähmen, zur Aufrechthaltung menschlicher und göttlicher Ordnung, ihre Sache!« (II, 171) Doch ist es so leicht festzustellen, wer in seiner Anekdote wirklich im Unrecht ist, der betrogene Mann oder die vorher tiefgekränkte Frau? Babekans Leidensgeschichte löst in Gustav nur eine kurze »Verlegenheit« (II, 169) aus, und er spricht ziemlich gleichgültig über die Ausschreitungen der Weißen. Davon sticht seine Empörung über die Angriffe der Schwarzen auf die Weißen stark ab. Offenbar ist er nur dort sensibel, wo er sich leicht identifizieren kann. Es wäre aber ein Fehler zu glauben, daß der Verfasser dieser Novelle so beschränkt ist wie ihr Held. Gustavs hochemotionales Urteil kommt ja nicht von ungefähr erst nachdem schon viele Grausamkeiten und Ungerechtigkeiten erwähnt worden sind. Gustav behauptet, daß eine Frau, die eine Liebesbeziehung für andere Zwecke ausbeutet, gegen die göttliche Ordnung verstoße. In seiner nächsten Anekdote, der über seine Straßburger Braut, kündet er, daß eine Frau, die sich für ihren Geliebten opfert, der »Inbegriff aller Güte und Vortrefflichkeit« sei. (II, 174) Gustav verführt Toni, weil er einmal durch eine aufopfernde Frau vor dem Rad der Weltgeschichte gerettet wurde und weil er Furcht hat vor einer Frau, die andere Prioritäten kennt als die einer solchen Loyalität. Die Motive der Verführung sind teils Berechnung – »daß es nur ein Mittel gab, zu erprüfen, ob das Mädchen ein Herz habe oder nicht« (II, 172) – teils »eine Mischung von Begierde und Angst«. (II, 175) Das Rachemotiv hat er zwar selbst als moralisch verwerflich eingestuft, doch wenn Toni ihm wie die Schwarze seiner ersten Anekdote statt wie die rettende Weiße der zweiten erscheint, tötet er sie »knirschend vor Wut«, stößt sie mit dem Fuß von sich und nennt sie eine Hure. (II, 192) Der liebenswürdige Gustav ist also keineswegs nur positiv gezeichnet. Von außen gesehen scheint er ein »unbegreiflich gräßlicher Mörder« (II, 192), Worte, die wohl nicht zufällig an das Unverständnis des Erzählers für die schwarze Rebellion gemahnen.

Wir kommen zu dem unvermeidlichen Schluß, daß Kleist sich in dieser Erzählung keines Sprachrohrs bedient hat, sondern daß sie sich nur aus ihrer Dialektik erschließt, nicht aus den in ihr enthaltenen Aussagen. Es ist eine Geschichte vom Zusammenstoß privater und öffentlicher Welten, und dieser Zusammenprall wird in vier erotischen Anekdoten wiedergegeben. Die erste ist Babekans Erzählung über Verrat aus Selbstsucht, die zweite ist Gustavs über Verrat aus Rache, die dritte Gustavs über eine Frau, die ein Tribunal betrügt, um ihren Geliebten zu retten, und die vierte ist schließlich Tonis eigene Geschichte, die vor dem Hintergrund der anderen drei stattfindet. In dieser letzten Variante scheint ein Mädchen ihren Geliebten zu verraten, während sie ihn in Wirklichkeit rettet. Ihre Treue vom Standpunkt der Weißen ist Verrat aus der Sicht der Schwarzen. Hoango nennt Toni »die Treulose! die Bundbrüchige!« (II, 185), ihre Mutter nennt sie »eine Niederträchtige und Verräterin«. (II, 191) Toni verteidigt sich, indem sie sich auf ihren Vater beruft, ihre Zugehörigkeit zur Gemeinschaft der Schwarzen abstreitet und ihr weißes Erbe reklamiert. Das ist allerdings ein Argument, bei dem es gar nicht um absolutes Recht oder Unrecht geht. Indem sie es verwendet, gibt Toni ja zu, daß nicht alle Pflichten der freien, persönlichen Entscheidung, sondern auch der Gruppenzugehörigkeit entspringen. Während sie so spricht, liegt ihre Mutter Babekan auf dem Boden, an einen Tisch gebunden. Und nun verflucht diese Mutter die Tochter, die sie in eine so erniedrigende Situation gebracht hat: »und meinte, indem sie sich am Gestell des Tisches, an dem sie lag, umkehrte: die Rache Gottes würde sie, noch ehe sie ihrer Schandtat froh geworden, ereilen.« (II, 191) Der Fluch erfüllt sich prompt. Toni stirbt durch ihren scheinbaren Verrat an Gustav, der so die Rache für Tonis wirklichen Verrat – an der schwarzen Gemeinde und ihrem Aufstand – bewirkt.

Es gibt noch eine andere Version eines solchen Verrats, und zwar in Kleists ›Satirischen Briefen‹ von 1809. Im ›Brief eines jungen märkischen Landfräuleins an ihren Onkel‹ will eine Deutsche einen französischen Offizier der Besatzungsarmee heiraten. Sie läßt durchblicken, daß er sie verführt hat. Aus dem Brief geht hervor, daß der Onkel, der Adressat des Briefes, diese Heirat mißbilligen wird. Wenn der Franzose wohlmeinend und unschuldig wäre, so hätte er sich nicht für eine so üble Sache wie die Unterjochung Deutschlands verwenden lassen. Tat er es doch, so hält der Onkel den der »doppelten Rache für würdig, der das Gesetz des göttlichen Willens anerkennt, und gleichwohl, auf eine so lästerliche und höhnische Weise, zu verletzen wagt«. (II, 369) Das ist fast genau, was Hermann zu Septimius vor dessen Hinrichtung sagt. Der Witz dieses satirischen Briefes liegt darin, daß der Leser gegen die Schreiberin, die sich hier selbst bloßstellt, Partei ergreifen muß, also gegen das Mädchen, die ihre Liebesbedürfnisse über die vaterländische Verpflichtung stellt. In der ›Verlobung‹ findet Ähnliches statt, doch ist dort die Konstellation ambivalenter, nicht satirisch, eher tragisch. Toni ist eine weitaus sympathischere Gestalt als das märkische Landfräulein. Doch in keinem der beiden Fälle können wir dem Erzähler oder dem Sprecher oder irgendeiner Gestalt trauen, ohne alle Umstände in Erwägung zu ziehen.

›Die Hermannsschlacht‹ und ›Die Verlobung in St. Domingo‹ ergänzen einander. Zusammen enthalten sie eine Aussage, wenn auch eine recht komplexe, über Psychologie und Strategie der totalen Politik, wie wir sie im 20. Jahrhundert bis zum Überdruß kennengelernt haben. ›Die Verlobung‹ nimmt sowohl die revolutionären Impulse wie die ihr entgegengesetzte Ideologie der Subjektivität, die Fanon später geißeln sollte, unter die Lupe. ›Die Hermannsschlacht‹ behandelt einen Sieg, der durch die bewußte und freiwillige Beseitigung solcher subjektiven Werte, die mit der Maske der Allgemeingültigkeit daherkommen, errungen wird. In beiden Werken begegnen uns Massenbewegungen und Massenaufstände, Terrorismus und dagegen das Kleistsche »Herz« auf verlorenem Posten. Das ist eine moderne politische Welt, kein metaphysischer Bereich reiner Ideen und alter Märchen. Die Kämpfe sind blutig und mit einer christlichen und humanistischen Sittlichkeit nicht in Einklang zu bringen. Die Gefühle sind in der Sexualität und nicht in der Sentimentalität verankert. Überall dort, wo Kleist für die Zeitgenossen exzentrisch und abwegig gewesen sein mag, war er ein Vorläufer, ist er *unser* Zeitgenosse.

Anmerkungen

1 ›Heinrich von Kleist. Sämtliche Werke und Briefe‹, 2 Bde., hrsg. von Helmut Sembdner, München 1961. Hier Bd. II, S. 360. Alle Angaben im Text beziehen sich auf diese Ausgabe. ›Die Hermannsschlacht‹ findet sich in Bd. I, S. 533 – 628 und wird mit Versangabe zitiert.
2 Ein typisches Beispiel aus der amerikanischen Forschung: »»Die Hermannsschlacht‹ ist avowedly a propaganda play and artistically the most inferior of Kleist's productions [...]. The characters lack warmth and humanity, and fail to evoke a sympathetic response in the reader.« Richard March, ›Heinrich von Kleist‹, Yale 1954. Die wichtigste Interpretation ist aus meiner Sicht Sigurd Burckhardts Aufsatz »Kleist's ›Hermannsschlacht‹: The Lock and the Key« in seinem ›The Drama of Language. Essays on Goethe and Kleist‹, Baltimore 1970, S. 116 – 172. Leider ist auch er in dem irreführenden Anachronismus einer Nazi-Analogie befangen. Immerhin sieht er einen Zusammenhang zwischen dem Stück und der ›Verlobung von St. Domingo‹, ohne allerdings die Multivalenzen zu erkennen, die die Substanz des vorliegenden Aufsatzes ausmachen.
3 L. R. James, ›The Black Jacobins. Toussaint L'Ouverture and the San Domingo Revolution‹, New York 1963, S. ix.
4 »Of 60.000 soldiers and sailors who had sailed from France nearly all had perished.« James, a.a.O., S. 369.
5 Zitiert nach: ›Toussaint L'Ouverture‹, hrsg. von George F. Tyson, Jr., Englewood Cliffs 1973, Titelseite.
6 Tyson, a.a.O., S. 75.
7 Friedrich Gundolf, ›Heinrich von Kleist‹, Berlin 1922, S. 118.
8 Siegfried Streller, ›Das dramatische Werk Heinrich von Kleists‹, Berlin 1966, S. 178.
9 Laut James, a.a.O., S. 301 f. hat Napoleon selbst mitgeholfen, die väterlichen Gefühle von Toussaint L'Ouverture zu manipulieren und auszubeuten.

10 Bertolt Brecht, ›Gesammelte Werke‹, Frankfurt 1967, Bd. II, S. 640.
11 Brecht, a.a.O., Bd. II, S. 652.
12 Die schlechthin gute Tat für die Epoche von Lessing bis Kleist, wie ich an mehreren anderen Stellen in diesem Band ausführe (vgl. S. 178 f. und 193 f.).
13 Schon in der Höhlenszene in der ›Familie Schroffenstein‹, dann in der ›Marquise von O…‹, aber auch im ›Amphitryon‹, wo Kleists Zusätze zu Molières Komödie eigentlich nur von der Bedeutung dieses Privatissimums handeln.
14 Frantz Fanon, ›Die Verdammten dieser Erde‹, Frankfurt 1966, S. 36 f.

Tellheims Neffe
Kleists Abkehr von der Aufklärung

I.

Kleists Aufsatz ›Über die allmähliche Verfertigung der Gedanken beim Reden‹ ist dem Freund Rühle von Lilienstern gewidmet und bezieht sich auf ihn, spricht ihn an, wie ein Brief.[1] Es ist ein Aufsatz über den Wert der Auseinandersetzung mit einem Gegenüber, auch wenn man das Gegenüber (wie die Schwester mit ihrer Handarbeit) gar nicht zu Worte kommen läßt. Nicht um Dialog geht es Kleist, sondern um den Anlaß zu aggressivem Reden. Mit novellistischem Detail beschwört er den Ausbruch der Französischen Revolution aus einem überlieferten Satz Mirabeaus, der zaghaft beginnt und angriffslustig endet, ohne daß der Sprecher, wie Kleist es beschreibt, anfänglich weiß, auf welchen Schluß er hinzielt. Seine Worte werden immer leidenschaftlicher und drohender, doch der Redner bleibt kühl. Nach dem Höhepunkt, »Gewalt der Bajonette«, setzt er sich, in einem typisch Kleistschen Ablenkungsmanöver, »selbstzufrieden« auf einen Stuhl. (II, S. 321)

Der Redner macht also nicht etwa seiner Empörung Luft, sondern entdeckt seine Empörung beim Reden und ändert dadurch die Weltgeschichte. Diese Trennung der Rhetorik vom Redner einerseits, vom Ausgesagten andererseits ist ein wesentliches Prinzip der Dichtung Kleists. Dabei ist der Aufsatz selber ein Beispiel einer solchen Auseinandersetzung, sozusagen die Probe aufs Exempel; denn er richtet sich, wie gesagt, mit brieflicher Eindringlichkeit an Rühle, an ein Gegenüber, ein Du, das nicht antwortet, und »verfertigt« so seine ungewöhnlichen Thesen.

Nirgendwo anders hat Kleist dieses Prinzip der Auseinandersetzung – und die Rolle einer aggressiven Rhetorik – so verallgemeinernd und abstrahierend dargestellt. Seine Dichtungen hingegen beziehen oft ihre Energie aus der unterschwelligen Auseinandersetzung mit anderen Autoren. Kleist zitiert, plagiiert, parodiert und variiert andere, manchmal in geheimer und privater Anspielung, dann wieder offen und vor breitem Publikum. Diese Intertextualität möchte ich nun an mehreren Beispielen nachweisen. Kleist hat sich auf eine ganz besondere, rebellische Art und Weise mit seinen Vorgängern geschlagen, mit jener älteren Generation, der die Vernunfts- und Menschenrechts-Thesen der Aufklärung noch als verbindlich galten, auch wenn sie ihr in pessimistischen Momenten nicht immer recht durchführbar erschienen.

Es gibt zwei zu Recht berühmte Szenen im deutschen Drama, in denen eine Verlobung von seiten des Mannes zunächst aufgelöst und am Ende des Stücks wieder erneuert wird. Der Mann ist in beiden Fällen ein preußischer Offizier, und das Mädchen ist beide Male, was man eine gute Partie zu nennen pflegte, geistreich, wohlhabend, eine Waise unter der Vormundschaft eines Onkels, der sie liebt. In beiden Fällen ist sie dem Mann ihrer Wahl zutiefst zugetan. Gerade deshalb ist sie erschüttert von den Umständen, die ihn bewegen, sie aufzugeben. Diese Umstände haben in beiden Szenen mit einer unglücklichen Wende in seiner Karriere zu tun, wobei das entscheidende Moment der Verlust seiner Offiziersehre ist. Die beiden Szenen sind hinreichend bekannt. Die erste ist die Unterredung, die der Major von Tellheim mit seiner Minna hat. (IV 6) Er sucht ihr klarzumachen, daß er sowohl mittellos wie ehrlos geworden sei und sie deshalb nicht heiraten könne. Minna nimmt die Sache zunächst nicht ernst, denn sie glaubt, daß ihre Bereitschaft, ihr Erbe mit ihm zu teilen, seine Einwände entkräften wird, ändert aber ihre Meinung, als sie aus Tellheims Lachen seine Verzweiflung heraushört (»Ich habe nie fürchterlicher fluchen hören, als Sie lachen«), eine Verzweiflung, die dann in der Absage an sein bisheriges Dasein gipfelt. Eine zufällige Anspielung Minnas auf Shakespeares ›Othello‹ verleitet ihn zu der düsteren Bemerkung: »wie kam der Mohr in venetianische Dienste? Hatte der Mohr kein Vaterland? Warum vermietete er seinen Arm und sein Blut einem fremden Staate?«[2] Verlust der Ehre, Verlust des Vaterlands.

Die zweite Szene, die ich dieser ersten gegenüberstellen möchte, stammt sozusagen aus der Feder von Tellheims Neffen. Denn Heinrichs Großonkel Ewald von Kleist war ja Lessings bester Freund gewesen und stand bekanntlich Modell für den aufrechten, großzügigen Major von Tellheim. Bei Kleist nun dringt der Offizier, der sich um sein Vaterland auf problematische Weise verdient gemacht hat, der zum Tode verurteilte Friedrich von Homburg, in »Federhut und Mantel« in das Zimmer der Kurfürstin, begibt sich »jeden Anspruchs« auf Natalie und bittet die Frauen, seine Hinrichtung zu verhindern. (III 5)

So völlig besessen ist er von seiner Todesangst, daß er die Beklemmung der Frauen bei seinem unritterlichen Verhalten überhaupt nicht wahrnimmt. Er gibt Natalie auf, um sein Leben zu retten, also eine ziemlich genaue Umkehrung der Tellheimschen Situation. Denn in Lessings Komödie soll die Frau einem Übermaß an Ehrgefühl im Manne die Waage halten, während in Kleists Schauspiel ein völliger Verlust an Ehrgefühl statthat, eine Auflösung der männlichen »Haltung« in der menschlichen Todesangst.

Ob und wie diese Haltung wiederhergestellt wird, wenn der Prinz des Kurfürsten Urteil zu seinem eigenen macht, und wie weit auch Lessing schon den Begriff Ehre in Frage stellt, darauf kommt es hier nicht an. Vielmehr geht es mir darum, daß Kleist dem Menschenbild Lessings, wie er es in ›Minna von Barnhelm‹, der großen Komödie der deutschen Aufklärung, anhand männlicher Tugenden und weiblicher Hilfsbereitschaft durchspielt, daß er diesem Bild ein anderes entgegensetzt, in dem das Mädchen erkennt und bekennt, sie übertreffe den Mann an persönlicher Tapferkeit. Wenn Tellheim erwägt, sich aufs Land zurückzuziehen, so entspricht das einem stoisch-idyllischen Ideal seiner Zeit. (Ähnlich denken der alte Galotti und sein Schwiegersohn Appiani.) Auch der Prinz von Homburg hat diese Absicht, aber bei ihm ist sie ein Rückzug in ein vegetatives Einerlei:

> Ich will auf meine Güter gehn am Rhein,
> [...]
> Und in den Kreis herum das Leben jagen,
> Bis es am Abend niedersinkt und stirbt.
> (1030 und 1035 – 1036)

Besteht tatsächlich eine bewußte Verbindung, eine gewollte Umkehrung zwischen den beiden Szenen? Obwohl Kleist in seinen Briefen den Namen Lessing niemals nennt, muß Lessing doch in Gesprächen und Leseerfahrungen seiner Jugend eine entscheidende und gewissermaßen sogar eine intime Rolle gespielt haben.

Denn Kleists Konflikte mit seiner Familie lassen sich ja nicht einfach auf den Nenner »mißverstandenes Genie / phantasielose Sippschaft« zurückführen. Das ist eine beliebte, aber recht ungenaue Vorstellung, die etwa Thomas Mann so formulierte:

> Ich weiß nicht recht, und kein Mensch weiß es mehr recht, welche strammen Verdienste um Brandenburg sich die Majore und Generale von Kleist erworben haben, aber das weiß ich, daß es in Gottes weiter Welt nur *einen* Kleist gibt, und das ist er, der Dichter der ›Penthesilea‹, des ›Michael Kohlhaas‹ und des einen kolossalen Aktes von ›Robert Guiskard‹. [...] Ein Quark wäre der Name Kleist ohne ihn.[3]

Tatsache ist vielmehr, daß zu Kleists Lebzeiten sein Name unter gebildeten und besonders unter literarisch tätigen Deutschen alles andere als »ein Quark« war. Es war der Name jenes schon erwähnten Ewald von Kleist, und im Laufe seines kurzen Lebens sollte Heinrichs Ruf als Dichter nie den seines Onkels erreichen. Zeitgenossen, die vom Dichter Kleist sprechen, meinen mit großer Selbstverständlichkeit Ewald, nicht Heinrich. Es war eine Verwandtschaft, die ihm die Türen zur literarischen Welt seiner Zeit öffnete, weit mehr als der Adelstitel. So begrüßte ihn der alte Gleim, bejahrt und wenn auch verjährt, so doch berühmt und eine Eminenz unter deutschen Dichtern, mit offenen Armen nicht um seiner eigenen Verdienste, sondern um der seines Onkels Ewald willen; denn alles, was den Namen Kleist trug, war ihm teuer.[4] Diese uns überlieferte Willkommensszene ist deshalb so reizvoll, weil sie deutlich vor Augen bringt, daß Heinrich von Kleist gewissermaßen der Neffe des Majors von Tellheim war, also der Nachfahre eines tatsächlichen Freundes und gleichzeitig einer literarischen Idealgestalt Lessings, mit der er sich auseinandersetzen mußte.

Daß Kleist Lessings Werke gut kannte, geht aus einer Reihe von Zitaten und Anspielungen hervor, in denen er mit einem positiven, rationalen Menschenbildnis ähnlich verfährt wie in der Tellheim-Homburg-Parallele, von der ich eben sprach. Besonders deutlich ist das Echo von Lessings ›Nathan‹ in der ›Familie Schroffenstein‹. Eine Stelle in Kleists Trauerspiel begründet den irrationalen und tief verwurzelten Familienhaß. Wenn Rupert behauptet: »Die Stämme sind zu nah gepflanzet, sie / Zerschlagen sich die Äste« (1971 – 1972), so macht die botanische Metapher aus der Feindschaft eine Notwendigkeit, macht sie unüberwindbar.

Auch bei Lessing gibt es diese zu nah gepflanzten Bäume als Gleichnis für menschliches Zusammenleben. Nathan sagt nämlich:

Der große Mann braucht überall viel Boden;
Und mehrere, zu nah gepflanzt, zerschlagen
Sich nur die Äste. Mittelgut, wie wir,
Findt sich hingegen überall in Menge.
Nur muß der eine nicht den andern mäckeln.
Nur muß der Knorr den Knuppen hübsch vertragen.
Nur muß ein Gipfelchen sich nicht vermessen,
Daß es allein der Erde nicht entschossen.
(II 5, 492 – 499)⁵

Bei Lessing fallen diese Worte im Gespräch zwischen dem argwöhnischen Tempelherrn, der die Juden für die Urheber jener chauvinistischen Arroganz hält, die zu verderblichen Kriegen führt, und dem aufgeschlossenen und sowohl auf- wie abgeklärten Nathan, dem die Unterschiede zwischen den Menschen weniger wichtig erscheinen als ihre Gemeinsamkeiten. Wenige Minuten danach finden der junge und der alte Mann die Brücke zueinander. Die zitierten Worte stehen also an einer zentralen Stelle von Lessings dialogischem Denkspiel. Kleists Anspielung auf diesen Passus, die bis an die Grenze zur Parodie geht, kommt einer Ablehnung von Lessings Aussage gleich. Es handelt sich beide Male um die Möglichkeit, beziehungsweise Unmöglichkeit, des Zusammenlebens unterschiedlicher Menschengruppen. Lessings Text ist eine humoristische Ermahnung an das aufgeblähte Ich, auch das Du gelten zu lassen. Kleists Text bedient sich desselben Bildes, um die Gewalttat als unvermeidlich hinzustellen.

Noch eine zweite Stelle in der ›Familie Schroffenstein‹ ist auf diese intertextuelle Weise mit Lessings ›Nathan‹ verbunden. Ich zitiere zuerst Lessing, und zwar wiederum Nathans Worte. Sein Gesprächspartner ist diesmal Saladin, dem er gerade die Ringparabel erzählt hat. Es geht um die Auslegung der Parabel. Nathan gibt Gründe dafür an, warum die Menschen sich ihre Religion nicht als Erwachsene und nach reiflichem Überlegen wählen, sondern aus kindlicher Pietät diejenige beibehalten, in der sie erzogen worden sind. Er sagt:

> Wie kann ich meinen Vätern weniger,
> Als du den deinen glauben? Oder umgekehrt. –
> Kann ich von dir verlangen, daß du deine
> Vorfahren Lügen strafst, um meinen nicht
> Zu widersprechen? Oder umgekehrt.
> (III 7, 469 – 473)

Bei Kleist ringen Ottokar und Agnes, die beiden Sprößlinge der feindlichen Familien, um gegenseitige Verständigung, sind aber durch die gefährliche Familientradition behindert.

OTTOKAR
    [...] Denn nicht wirst du verlangen
    Daß ich mit deinen Augen sehen soll.
AGNES
    Und umgekehrt.
OTTOKAR
               Wirst nicht verlangen, daß
    Ich meinem Vater weniger, als du
    Dem deinen, traue.
AGNES
               Und so umgekehrt.
(1359 – 1363)

Bis in den Rhythmus des »und umgekehrt« folgt Kleists Dialog hier dem Lessingschen Vorbild. Zwanzig Zeilen später sagt Agnes noch einmal: »Soll *ich* nun deinem Vater mehr, / Als du dem meinen traun?« (1395 f.) Die Antwort auf die rhetorische Frage ist natürlich die Unmöglichkeit eines solchen Vertrauensentzugs.

    In beiden Texten sind die Väter verantwortlich für den Glauben der Kinder. Aber bei Lessing ist diese Autorität so gottgewollt wie gottgenehm und überhaupt Gott zugewandt, während sie in der ›Familie Schroffenstein‹ sich bösartig und zerstörerisch auswirkt. Zwar verstehen Ottokar und Agnes nach ihrem Gespräch das Wesen des Mißtrauens und seine Stärke aus dem Geiste der Unvernunft ganz gut. Sie verstehen, daß er einem kindischen Aberglauben entspringt. Aber das hilft ihnen keineswegs, das Übel aus der Welt zu schaffen, wenn sie es auch in ihrer Beziehung zueinander überwinden. Das vernünftige Gespräch führt bei Saladin zur Überzeugung, bei den Liebenden zu einer tieferen Verirrung ins Ausweglose. Diese verschiedenartige Behandlung läßt sich nicht mit einem Hinweis auf den Genreunterschied von Komödie (›Nathan‹) und Tragödie (›Schroffenstein‹) abtun. Sie ist vielmehr durch das Generationengefälle bedingt. Das Vorbild zur ›Familie Schroffenstein‹ als Tragödie zweier Liebender, die durch »der Väter feindlich Zürnen« nicht zueinander können, dieses Vorbild ist zwar vor allem Shakespeares ›Romeo und Julia‹. Shakespeares Stück behandelt jedoch nicht das Motiv der Verständigung durch vernünftiges Reden oder dessen Kehrseite, die Irrwege der Ratio. Dieses Problem der Sprache und der Überzeugungskraft der Vernunft bleibt in seiner Bejahung und Verneinung Lessing und Kleist vorbehalten, denn es ist ein Problem der Aufklärung. Die in Lessings Text suggerierte Lösung menschlicher Zwistigkeiten schwingt bei Kleist durch die wörtliche Anspielung mit; aber er zeigt sie uns nur, um sie im veränderten Zusammenhang zurückzunehmen, um sie uns zu entziehen.

Ähnlich steht es mit Kleists Anwendung der bekannten Münzenmetaphorik, die er auch von Lessing übernommen haben dürfte. Über seine gründlichen Kenntnisse des ›Nathan‹ lassen die eben zitierten Übereinstimmungen ja kaum einen Zweifel. Im ›Nathan‹ nun spielt die Metapher der guten und der schlechten Münze eine bedeutsame Rolle. Nachdem ihn Saladin gefragt hat, warum er Jude und nicht Christ oder Mohammedaner sei, bleibt Nathan ein paar Augenblicke allein und überlegt seine Antwort. Er fühlt sich überrumpelt. Er habe, sagt er, erwartet, daß der Sultan sich Geld von ihm ausleihen wolle und ihn zu diesem Zweck in den Palast bestellt habe. Und nun sei es nicht Geld, sondern Wahrheit, die der Herrscher von ihm fordere. So kommt der nun folgende Vergleich von Geld und Wahrheit nicht von ungefähr, sondern entspringt der dramatischen Situation. Nathan erwägt nämlich:

[...] Ich bin
Auf Geld gefaßt; und er will – Wahrheit. Wahrheit!
Und will sie so, – so baar, so blank, – als ob
Die Wahrheit Münze wäre! – Ja, wenn noch
Uralte Münze, die gewogen ward! –
Das ginge noch! Allein so neue Münze,
Die nur der Stempel macht, die man aufs Bret
Nur zählen darf, das ist sie doch nun nicht!
Wie Geld in Sack, so striche man in Kopf
Auch Wahrheit ein? [...]
(III 6, 350 – 359)

Zu beachten ist hier der Unterschied zwischen den beiden »Währungen«. Da gibt es zum einen das alte Geld der Väter, das gewogene Geld, auf das man sich verlassen konnte, weil man ein gültiges Maß, durch die Goldwaage erfahrbar, daran legen konnte. Dieses Gold ließe sich eventuell noch mit der Wahrheit vergleichen, da auch Wahrheit gewogen und nicht einfach dahingeplappert sein will. Das neue Geld hingegen, dessen Wert nur am Stempel hängt, ist einfacher zu benutzen, weil zählbar, aber eben auch zu einfach, um der Komplexität einer menschlichen Wahrheit gerecht zu werden. Nathan legt dem Sultan das Gold seiner Parabel vor und wiegt diese auf der Waage seiner umständlichen Auslegung.

Kleist bedient sich in der ›Familie Schroffenstein‹ ebenfalls des Bildes der Münze innerhalb eines Gleichnisses für Betrug.

In einer ersten Auseinandersetzung über Recht und Unrecht, nachdem Jeronimus den Ausdruck »Gefühl des Rechts« verwendet hat, braust Ottokar auf mit den Worten:

> [...] Das Gefühl
> Des Rechts! O du Falschmünzer der Gefühle!
> Nicht einen wird ihr blanker Schein betrügen;
> Am Klange werden sie es hören. [...]
> (142 – 145)

Klang und Schein: Der blanke Schein ist dem Stempel, dem sichtbaren, vergleichbar, während der Klang ja von der Substanz ausgeht. Der ungerechtfertigte »Rechtssinn« ist wie die falsche Münze, bei der das Gewicht, wie die Wahrheit bei der Halblüge, zu kurz kommt. Von echter Münze, wahrem Rechtssinn, ist jedoch an dieser Stelle nicht die Rede.

Noch gehaltvoller ist ein Lessing verwandtes Münzen-Wahrheitsbild im ›Zerbrochnen Krug‹. Während nämlich die Ringparabel die Geschichte eines weisen und bescheidenen Richters erzählt, der drei zornige Brüder zu versöhnen sucht, ist im ›Zerbrochnen Krug‹ der Richter weder weise noch bescheiden, sondern selber der zu ermittelnde Verbrecher. Das Happy-End einer Komödie wird uns verbürgt durch die Anwesenheit eines Vertreters der Gerechtigkeit, des Gerichtsrats Walter, des Gesandten eines höheren Amtes, der allerdings leider nicht nur das Recht, sondern auch die Amtswürde vertritt, so sehr, daß er das Amt des korrupten Richters, eben weil es ein Amt ist, mehr in Schutz nimmt, als es in Schutz genommen zu werden verdient. So scheint es jedenfalls dem Mädchen Eve, dem der Richter Adam nachstellt. Adam hat versucht, sie zu erpressen, indem er ihren Verlobten Ruprecht in die holländischen Kolonien zu deportieren drohte. Walter versichert ihr zwar, daß Ruprecht nicht nach Batavien, sondern nur nach Utrecht muß, um seine Militärpflicht zu erfüllen; doch ist die kluge und von den Vertretern der Obrigkeit nicht eben verwöhnte Eve in diesem Fall eher geneigt, dem verlogenen Adam Glauben zu schenken. Sie überlegt nämlich, daß schon andere junge Holländer recht unfreiwillig in diese Kolonien verschickt worden seien. In der letzten, kürzeren und bekannteren Fassung des Stücks sind Eves diesbezügliche Bemerkungen gestrichen. Dort läßt sie sich nach einigem Zögern von einem Zeugen, dem Schreiber Licht, überreden, daß sie sich im Irrtum befunden hat.

In früheren Varianten jedoch spielt Walter ein kompliziertes Spiel mit ihr. Darin kommt alles auf eine Rechenaufgabe mit Münzen und auf deduktive Logik an. Walter gibt Eve genug Geld (in Goldmünzen), um Ruprecht loszukaufen. (Er bedient sich übrigens dabei des Vokabulars von Prägung und Gewicht, das wir schon kennen: »Vollwichtig, neugeprägte Gulden sinds« [Variant 2369].) Doch gibt er ihr das Geld nur unter der Bedingung, daß Eve es ihm mit 4% Zinsen zurückzahlt, falls Ruprecht nicht, wie sie fürchtet, ins Ausland muß. Walters Worte:

[…] Schifft die Miliz nach Asien ein,
So ist der Beutel ein Geschenk, ist dein.
Bleibt sie im Land, wie ichs vorher dir sagte,
So trägst du deines bösen Mißtrauns Strafe,
Und zahlst, wie billig, Beutel, samt Intressen,
Vom Hundert vier, terminlich mir zurück.
(ebd., 2353 – 2358)

Eve braucht ein paar Augenblicke, um die Tragweite des Gesagten vollkommen zu erfassen. Nachdenklich steht sie auf der Bühne und überlegt, indem sie Walters Worte prüfend vor sich hersagt: »Wenn die Miliz nach Asien sich einschifft, / So ist der Beutel ein Geschenk, ist mein.« ebd., (2360 – 2361) Ruprecht, der dümmer ist als seine Braut, gibt sich nicht die Mühe, diese typisch Kleistsche Denkaufgabe zu lösen. Mit der ihm eigenen

Vehemenz stößt Ruprecht Walters Angebot zurück: »Pfui! 's ist nicht wahr! Es ist kein wahres Wort!« (ebd., 2365) Doch Eve ist ein Licht aufgegangen: Falls Ruprecht tatsächlich in die Kolonien müßte, würde Walter ja an der Sache Geld verlieren; denn dann könnte sie, Eve, den Beutel behalten. Es fällt ihr nicht ein, daß es sich tatsächlich um ein Geschenk für sie handeln könnte, um das Mittel, den Bräutigam loszukaufen und so vor der Verschiffung zu bewahren. Die Voraussetzung ihrer Überlegung ist, daß Walter vom Handel profitieren muß. Profitieren kann er aber nur, wenn Ruprecht in Holland bleibt, denn dann bekommt er seine 4% Zinsen. Mit dieser Überlegung gibt sie ihm den Beutel sofort und strahlend zurück, denn sie hat erkannt, daß sie das Lösegeld nicht nötig hat. Sie setzt voraus, und nichts in der Szene widerspricht dem, daß Walter Bescheid weiß und nicht aus Uneigennützigkeit handeln würde. Nicht etwa, um ihr aus eigner Tasche ein Geschenk zu machen oder sie für die ausgestandene Angst zu entschädigen, bietet er ihr das Geld an: nein, nur weil er seiner Sache sicher ist, weil er das Geld mit Zinsen zurückbekommen wird, mit anderen Worten, weil Ruprecht in Holland bleibt.

So sieht es Eve, und so wird ihr die Münze zur Wahrheit. Sie ruft aus:

> Ob Ihr mir Wahrheit gabt? O scharfgeprägte,
> Und Gottes leuchtend Antlitz drauf. O Jesus!
> Daß ich nicht solche Münze mehr erkenne!
> (ebd., 2375 – 2377)

Eine religiöse Deutung dieser Worte scheint mir abwegig.[6] Eve spinnt nur die Gold-und-Münzen-gleich-Wahrheit-Metaphorik weiter, wenn auch aus Erleichterung mit einer verzeihlichen Übertreibung. Nathan, erinnern wir uns, hatte gesagt, daß die Wahrheit keineswegs wie Prägung auf der Münze sei. Eves Verständnis der Lage, die ihr wie eine göttliche Erleuchtung vorkommt, basiert auf der unausgesprochenen, ebenso traurigen wie richtigen Einsicht, daß man der Obrigkeit keinen Altruismus zutrauen soll. Und so ergibt sich ein komischer Widerspruch zwischen ihrem mit himmlischen Anrufungen beladenen Entzücken und ihrer nüchternen Fähigkeit, Walters Exempel, dank angeborenem Mutterwitz, zu entschlüsseln.

Werfen wir einen Blick zurück auf Nathan: »Ich bin auf Geld gefaßt und er will Wahrheit.« Eve ihrerseits war auf die Wahrheit gefaßt und bekam Geld, das zwar die Wahrheit enthüllte, aber als beschränkte Wahrheit, die nicht mehr aussagte, als daß die Armen diesmal mit heiler Haut davongekommen sind. Die Sprachebene (»O Jesus«; »Gottes leuchtend Antlitz«) entspricht nicht dem weit niedrigeren Gehalt und Inhalt der Szene. Eve schwärmt, wie man damals sagte, und ihre Reaktion steht in einem parodistischen Verhältnis zu der des Sultans, der Nathans Weisheit mit Ausrufen wie »Herrlich, herrlich!« (III 7, 512), »Gott! Gott!« (III 7, 538) und »Ich Staub? Ich Nichts? O Gott!« (III 7, 541 – 542) quittierte. Saladin hatte redlichen Anspruch auf seine Verzückung; denn er hatte etwas gelernt über letzte Dinge, und das von einem Mann, der auch mit Geld großzügig umgehen konnte, während Eve nicht gewogene, sondern nur gestempelte Wahrheit erhält (dazu gestempelt mit dem Bild des Spanierkönigs, das ja nur im allgemeinsten Sinne durch gottähnliche Züge ausgezeichnet sein dürfte), und zwar anhand einer Summe Geldes, das sie sofort an den nicht unbedingt freigebigen Besitzer zurückreicht. Die beiden Handlungen stehen also durch die Motive von Recht, Richter und Wahrheit, vereinigt im Spiel um die Münzen, in Beziehung zueinander.

II.

Geht man von den wörtlichen Anklängen zu den Handlungsbezügen über, so ergibt sich auch hier eine bedeutende intertextuelle Verwandtschaft zwischen Lessings ›Nathan‹ und Kleists Werken. Ob Kleist direkt und bewußt von Lessingschen Handlungsmotiven Gebrauch gemacht hat, ist in diesen Fällen schwerer zu entscheiden, doch tragen auch sie in der Gegenüberstellung zu der bemerkenswerten, ja spannenden Auseinandersetzung zwischen den beiden Dichtern bei. Betrachten wir von diesem Standpunkt aus das Motiv der Frau im brennenden Hause. Recha wird aus einem solchen Haus von einem jungen Mann gerettet, der ihr zunächst wie ein Engel erscheint. Nathan verwirft diese Einbildung als Aberglauben. Im ersten Akt wird daraus ein Exempel aufgeklärter Pädagogik, wenn Nathan seiner Recha den Glauben an Wunder ausredet. Er führe zu gefährlicher und schädlicher Passivität, denn für einen himmlischen Retter könne man nichts tun, während der menschliche seinerseits vielleicht recht hilfsbedürftig sei.

Kleist hat das Motiv der Frau im brennenden Hause im ganzen viermal verwendet und jedesmal in einem Kontext, der die progressive Menschenfreundlichkeit, die ihm Lessing verleiht, fraglich erscheinen läßt. Am deutlichsten sind diese An- und Umspielungen im ›Findling‹. Dort überschattet ein Jugenderlebnis das Glück der weiblichen Hauptgestalt Elvire. Wie Recha ist die junge Elvire von einem edlen Fremden aus dem Feuer gerettet worden. Wie der weiße Mantel des Tempelherrn, so spielt auch hier die Kleidung des Retters eine Rolle. (II, S, 202) Elvire verliebt sich in diesen Menschen und treibt nach seinem Tode – er erliegt den Folgen seiner Heldentat – und auch nach ihrer Heirat mit dem älteren, wohlhabenden Piachi eine Art Abgötterei mit seinem Porträt. Die altruistische Tat und die spontanen Empfindungen von Dankbarkeit, die sie in der Geretteten auslöst, finden hier nicht nur keinen versöhnlichen

Ausgleich im Familienkreis wie bei ›Nathan‹, sondern erstarren in Vergangenheitsbeschwörung und führen sogar zum Ruin der Familie durch eine Reihe von Todesfällen und Verbrechen.

›Der Findling‹ hat überdies ein weiteres bedeutsames Motiv aus dem ›Nathan‹ übernommen, das des adoptierten Kindes. Bei Lessing ist die Adoption Zeugnis für guten Charakter. »Alles, was / Ich sonst besitze«, sagt Nathan in bezug auf Recha, »hat Natur und Glück / Mir zugetheilt. Dies Eigenthum allein / Dank' ich der Tugend.« (I 1, 33 – 36) Im ›Findling‹ wie im ›Nathan‹ soll das fremde Kind die eigenen toten Kinder ersetzen. Die erfolgreiche Erziehung der mit guten Anlagen ausgestatteten Tochter ist eines der Hauptanliegen in diesem Drama. Aber während der Bildungsprozeß bei Lessing, dank der zu demonstrierenden aufgeklärten Erziehungsmethoden, beispielhaft verläuft, ist das Pflegekind im ›Findling‹ einfach nicht erziehbar: Nicolo versucht seine Adoptivmutter zu vergewaltigen und treibt seinen Pflegevater in den Wahnsinn. Ein schiefes Licht fällt unversehens auch auf die Heldentat des toten Colino, jenes Retters der Elvire; denn der böse Nicolo ist ja auf eine unbegreifliche, mysteriöse Weise sein Doppelgänger. Die Erzählung täuscht übrigens eine sinnvolle oder doch logische Entwicklung vor, ein Versprechen, das sie nicht einlöst. Wie in einem Versteckspiel entzieht sie sich der Deutung, nachdem sie den Leser immer wieder zu kausalem Denken verlockt und dann im Stich gelassen hat. So führt sie von der Aufklärung weg, ins Dickicht der Irrationalität, und spielt doch mit pädagogischen Anliegen, die der Aufklärung verpflichtet sind.

Von brennenden Häusern und scheinbaren Engeln ist auch in der ›Marquise von O...‹ die Rede. Auch diese Erzählung beginnt mit einer Rettungsaktion, doch ist hier selbst die Rettung nur scheinbar. Wir erinnern uns, daß sich die Marquise in erster Linie nur deshalb auf den offenen Kampfplatz vor dem Schloß begibt, weil der linke Flügel des Kommandantenhauses

Feuer gefangen hat. Der Graf, der vermeintliche Engel, der sie vor »den schändlichsten Mißhandlungen« (II, S. 105) der Soldaten rettet, vergeht sich wenige Minuten später an der Ohnmächtigen. Vom Standpunkt des ritterlichen Rettungsmotivs, das wir hier verfolgen, erscheint das Vergehen als besonders teuflisch, weil es das Vertrauen der scheinbar geretteten Frau mißbraucht, in fast sadistischer Umkehrung der spontanen Hilfsbereitschaft, die die Tat zunächst vortäuscht. Und doch ist auch diese Wertung stark relativiert, denn der berühmte Satz vom Engel, der sich in einen Teufel verkehrt, kommt erst am Ende der Novelle vor, nachdem sich alles zum Guten gewendet hat. Und dann legt ihn Kleist in den Mund der ehrbaren Ehefrau, die, seit sie das Opfer jener kriegsbedingten Vergewaltigung war, mehrmals standesgemäße Kinder in die Welt gesetzt hat und die überdies, in Erinnerung an vergangene Greuel, ihrem Ehemann impulsiv um den Hals fällt, obgleich er ja gerade jener Engel/Teufel gewesen ist. (II, S. 143) Der Text verkehrt also das Motiv des rettenden Engels/Menschen, entkräftet dann aber auch wieder die Verkehrung, indem er den neuen Kontrast von Engel/Teufel im traditionellen Happy-End vor einem betont bürgerlichen Erwartungshorizont mit glücklicher Ehe und vielen Kindern aufgehen läßt.

Im ›Erdbeben von Chili‹ fällt nicht dem Mann, sondern der Frau, nämlich der jungen Josephe, die rettende Rolle zu. »Sie fand das ganze Kloster schon in Flammen […]. Josephe stürzte sich, unerschrocken durch den Dampf, der ihr entgegenqualmte, in das von allen Seiten schon zusammengefallene Gebäude, und gleich, als ob alle Engel des Himmels sie umschirmten [!], trat sie mit ihm unbeschädigt wieder aus dem Portal hervor.« (II, S. 148) Daß die Frau die rettende Tat vollzieht, die eigentlich dem Mann zukäme, ist insofern verständlich, als in diesem Fall weit und breit kein männlicher Retter zu sehen ist. Die Szene spielt ausschließlich unter Frauen, verängstigt herumstehenden Nonnen, die um Hilfe schreien und gleich darauf der

Katastrophe zum Opfer fallen. Allerdings wäre es im Rahmen des Erzählten für den Autor ein leichtes gewesen, Jeronimo, den Vater des Kindes, gleichzeitig auf der Bildfläche erscheinen zu lassen, um die Rettung zu übernehmen. Denn er ist schon frei, sucht die Geliebte und wird auch bald darauf mit ihr und dem Kind vereinigt. Aber es ging Kleist offensichtlich darum, die Vorzeichen anders zu setzen, und zwar gewiß nicht um die weibliche Tatkraft aufzuwerten – denn Kleist war kein Vorläufer des Feminismus –, sondern um die Männlichkeit einer Tugend, des Heldenmuts im Dienste der Menschlichkeit, durch diese »Feminisierung« aufzuweichen, zu verfremden.

Noch frappanter ist diese Umkehrung des zu Erwartenden im ›Käthchen von Heilbronn‹, denn hier ist der ritterliche Mann tatsächlich zur Stelle und sieht zu, wie das junge Mädchen als Retterin das brennende Haus betritt. Nicht genug damit, daß Graf Wetter vom Strahl keinen Finger rührt, während das angeblich passive Käthchen ihr Leben riskiert. Anders als im ›Erdbeben von Chili‹ ist das zu Rettende hier nicht einmal ein Lebewesen, nichts, was das gefährliche Unternehmen rechtfertigte. Nicht einen Menschen, sondern das Bild eines Menschen, das Porträt des Grafen, soll Käthchen aus dem Feuer holen: Eine pseudo-heroische Tat wird ihr von außen (durch Kunigunde) aufgetragen und von ihr ausgeführt, die dadurch noch sinnloser wird, daß Käthchen in dem geretteten Bild das falsche Objekt für die falsche Person mitbringt. Denn Kunigunde will ja nur die Schenkungsurkunde, die in dem Futteral des Gemäldes enthalten ist. Um dieser Urkunde willen spielt die eigentlich Lieblose eine Liebende, die selbst die gemalten Züge des Geliebten nicht entbehren möchte, die aber dann, als sie das angeblich Gewünschte in den Händen hält, ihren eigentlichen Wünschen in Zorn und Enttäuschung Ausdruck verleiht. Das Wort »Futteral«, mehrmals wiederholt, hat einen leicht komischen Beiklang, besonders vor der mittelalterlichen Szenerie, wo es anachronistisch wirkt. Je mehr und je heftiger vom Futteral die Rede ist, desto absurder wird die ganze Heldentat. Die an sich banale Begründung für diese Szene, Kunigundes Habgier, tritt in den Hintergrund, und das Futteral gewinnt an Selbständigkeit. Das zu rettende Objekt hat sich als eine Hülle ohne wahren Inhalt entpuppt (denn der »wahre« Inhalt ist ja das menschenähnliche Bild), eine Leere, welche die Sinnentleerung der rettenden Tat erst recht veranschaulicht.

Aber auch das ist noch zu gradlinig. Denn hier erscheint der rettende Engel endlich leibhaftig. Bei Recha war er Ausgeburt ihrer Schwärmerei, in der ›Marquise‹ Ausdruck einer falschen Hoffnung, im ›Erdbeben‹ eine Metapher: Im ›Käthchen‹ aber steht er als Person auf der Bühne und erhebt Anspruch auf denselben Grad an Wirklichkeit, den wir den anderen Personen des Dramas zubilligen. Nathan verbannte die Engel im ersten Akt seines Dramas, damit sich an ihrer Stelle die Menschen für einander engagieren. Recha sollte lernen, ihren sterblichen Retter nicht zu vernachlässigen. Kleist läßt es sich einfallen, einen Schutzengel, wie er im damaligen Kitsch in Bild und Buch beliebt war, über einer Tat walten zu lassen, deren Absurdität den Heldenmut in Frage stellt.

Ich habe im vorhergehenden zu zeigen versucht, wie sich Kleists Abkehr vom Humanismus der Aufklärung aus seinen Anlehnungen an einen und Abweichungen von einem Lessingschen Text, den er sehr genau gekannt haben muß (wie aus den ›Schroffenstein‹-Zitaten hervorgeht), ablesen läßt. Bei einem solchen intertextuellen Verfahren geht es mehr um Hintergründigkeiten als um Schlußfolgerungen. Das vergleichende Verfahren hat den Vorteil, daß er sich dem Meinungsstreit über ethische Wertungen der erzählten Handlung entzieht, der gerade bei Kleist-Interpretationen unentschieden bleiben muß. Bei Kleist, wie später in noch stärkerem Maße bei Kafka, der ihn so gern gelesen hat, bleibt das moralische Urteil ausgespart. Bei Kleist ist das der Fall auch dort und vielleicht gerade dort, wo er am fanatischsten eine Sache zu verfechten scheint.[7]

Diese letzte Behauptung möchte ich am Beispiel von Kleists berühmtestem oder berüchtigtestem Gedicht, ›Germania an ihre Kinder‹, erhärten. (I, S. 25 – 27; Varianten: S. 713 – 719) Bekanntlich empfiehlt dieser für Kleist-Verehrer peinliche Text in beschwingten Rhythmen Mord und Totschlag an so vielen Franzosen wie möglich als Wohltat fürs deutsche Vaterland. Nun ist dieses Gedicht formal eine Variation von Schillers ›An die Freude‹. Beide sind in Strophe und Chor unterteilt. In beiden herrscht grammatisch der Imperativ vor. In beiden wird eine große Landschaft aufgerufen, bei Kleist die ganze Nation umfassend, bei Schiller sogar von kosmischem Ausmaß. In beiden Gedichten kommen die Begriffe »Hügel«, »Flügel«, »Cherub«, »Reue«, »Felsen« vor, in dem einen »Hochgericht«, in dem anderen »Weltgericht«, bei Schiller »Lügenbrut«, bei Kleist »Afterbrut«. Eine genauere Gegenüberstellung wirkt parodistisch. Bei Schiller heißt es:[8]

Groll und Rache sei vergessen,
    unserm Todfeind sei verziehn,
Keine Thräne soll ihn pressen,
    keine Reue nage ihn.
(65 – 68)

Und Kleist dagegen:

Das Geschehne sei vergessen,
Reue mög euch ewig pressen!
Höherm, als der Erde Gut,
Schwillt an diesem Tag, das Blut![9]

Weiter, Schillers Ermahnung zu menschlicher Tugend und männlicher Standhaftigkeit:

Festen Mut in schwerem Leiden,
    Hülfe, wo die Unschuld weint,

Ewigkeit geschwornen Eiden,
    Wahrheit gegen Freund und Feind,
Männerstolz vor Königsthronen, –
    Brüder, gält es Gut und Blut –
Dem Verdienste seine Kronen,
    Untergang der Lügenbrut.
(86 – 93)

Diese hier angepriesenen Heldentugenden hat Kleist alle in der Gestalt seines Helden Hermann widerlegt. Im Gedicht schreibt er in deutlicher Provokation:

Rettung von dem Joch der Knechte,
Das, aus Eisenerz geprägt,
Eines Höllensohnes Rechte
Über unsern Nacken legt;
Schutz den Tempeln vor Verheerung;
Unser Fürsten heilgem Blut
Unterwerfung und Verehrung,
Gift und Dolch der Afterbrut!
(II, S. 18 – 19)

Aus dem Männerstolz vor Königsthronen ist die Unterwerfung vor dem heiligen Blut der Fürsten geworden. Daß Kleist nicht mit blinder Obrigkeitsverehrung geschlagen war, läßt sich so leicht nachweisen, daß es hier unterbleiben kann. Es handelt sich deutlich um einen Gegenentwurf zu Schillers allumfassendem Idealismus. Das heißt, das Gedicht, als *solches*, als Gedicht, ist genausogut eine Kampfansage an Schiller wie an Napoleon. Diese Verse sind darauf abgestimmt, eben das Unbehagen hervorzurufen, das wir Heutigen vielleicht noch stärker empfinden als die Zeitgenossen, das sie aber auch damals schon verursacht haben müssen. Denn vor der Folie von ›An die Freude‹ sind diese Zeilen ja Herausforderung. Und diesmal keine heimliche, bei der man genau hinhören mußte: ›An die Freude‹ war auch vor Beethovens Neunter Symphonie schon Schillers bekanntestes Gedicht. Wer sollte provoziert werden? Ein Publikum, dem das Vokabular der Völkerversöhnung und des ewigen Friedens geläufig war. Damit ändert sich der Stellenwert des Gedichts, das sich als Alternative zur unzeitgemäßen, weil unbrauchbar gewordenen Vision des Vorgängers anbietet. Kleist hat mit der ihm eigenen Konsequenz den geforderten Krieg als Mordjagd beschrieben (»Eine Treibjagd, wie wenn Schützen / Auf der Spur dem Wolfe sitzen« [II, S. 715]) und nicht wie etwa Theodor Körner – auch er im Banne Schillers, aber weit unkomplizierter – mit Phrasen übertüncht. Körners ›Lützows wilde Jagd‹, eines der beliebtesten Kriegsgedichte, verwendet ja auch das Bild der Jagd, aber ohne den pathologischen Zustand von Haß und Verbissenheit im »Jäger« zu schildern, der Kleists Gedicht so unheimlich macht. Der Abstand, den der Leser nehmen soll und muß, wird durch die Radikalität der Verse herbeigeführt. Dazu ist es ein Rollengedicht, was immer wieder übersehen wird. Nicht der Dichter, sondern Germania spricht. Die Sprecherin ist mit dem Dichter nicht einmal als Fiktion identisch, und der Grad der Übereinstimmung bleibt in solchen Fällen notwendigerweise fraglich. Kleists Franzosenfresserei ist also eine Stellungnahme, die den entrüsteten, aufklärerisch gestimmten Leser geradezu voraussetzt.

Für Kleist sind Schillers Vokabular und Emotionen nicht einfügbar in den totalen Kampf, den die moderne Geschichte fordert. So wirft er die Schillersche Sprache über den Haufen und informiert sein Publikum durch das Medium der Parodie über die neue Zeit. Ein minderer Dichter wie Körner sieht hingegen gar kein Problem. Obwohl auch er die Schlacht gegen die Franzosen darstellt, bei der es um Tod und Leben geht, macht er diesen Kampf durch seine eingeebnete und von Schiller unkritisch übernommene Sprache (nicht umsonst war er der Sohn von Schillers Freund) wieder salonfähig:

> Was braust dort im Thale die laute Schlacht,
>   Was schlagen die Schwerter zusammen?
> Wildherzige Reiter schlagen die Schlacht,
> Und der Funke der Freiheit ist glühend erwacht
>   Und lodert in blutigen Flammen.
> Und wenn ihr die schwarzen Reiter fragt:
>   Das ist Lützows wilde, verwegene Jagd.[10]

Geringe Verschiebungen im Vergleich zu Kleist, aber sie genügen. Die Verse reizen nicht zum Nachdenken und schon gar nicht zum Widerspruch. Sie konnten getrost noch 1900 in Echtermeyers ›Auswahl deutscher Gedichte‹ Schulkindern vorgelegt werden.

Wenn es sich im obigen um eine Radikalität der Aussage handelte, die den Schock des Lesers miteinbezieht und sich dadurch bis zu einem gewissen Grade relativiert, so gibt es unter Kleists Anekdoten solche, die sich moralisch völlig neutral verhalten, obwohl eine humane Deutung geradezu auf der Hand liegt. Dem Ausbleiben einer solchen Deutung und der eigentümlichen Beunruhigung, die dadurch entsteht, verdanken diese Kurzerzählungen einen guten Teil ihres Reizes. Da erzählt Kleist Geschichten, die für die Sensibilität und gar die Sentimentalität des neunzehnten Jahrhunderts eine wahre Zumutung sind, und erzählt sie ohne das geringste Zugeständnis an das moralisch-menschliche Bedürfnis des Lesers. Da gibt es z.B. die ›Uralte Reichstagsfeierlichkeit oder Kampf der Blinden mit dem Schweine‹. (II, S. 283 – 284) Sie geht auf Hans Sachs zurück, und dem Inhalt nach ist sie heutzutage wohl bekannter in Martin Walsers Version ›Ein Sauspiel‹. Bei Walser wird heftig an das soziale Gewissen und an das Herz der Zuschauer appelliert, während Kleist die Sache als Witz erzählt, so als gäbe es dabei nichts zu bedauern oder gutzumachen. Zwölf mittellose Blinde treten in die Schranken gegen ein Schwein. Jeder bekommt einen Prügel in die Hand, und derjenige, der das

Schwein erschlägt, darf es behalten. Natürlich können die Kämpfer nicht mit Sicherheit feststellen, in welche Richtung sie schlagen sollen, und »sie trafen eben so oft einen Mitkämpfer, als die Sau«. (II, S. 284) Nur das Schwein und die Zuschauer können sehen.

Die Grausamkeit ist Belustigung. Und zwar Belustigung für den Kaiser Maximilian, den letzten Ritter, der vorher noch ausdrücklich ritterlichen Spielen beigewohnt hat. Doch erzählt Kleist die Sache so, als ob Mitleid oder Abscheu gar nicht in Frage kämen. Der Leser muß sich sozusagen auf eigene Faust empören, denn die Anekdote endet heiter und fröhlich mit einem »herrlichen Gastmahl« für alle Beteiligten. Wie der Autor oder sein Erzähler das Benehmen des fiktiven Adels wertete, ist nicht auszumachen. Vielleicht hielt er das Bild der hungrigen, geschundenen Blinden tatsächlich für amüsant und demonstrierte auf seine Art die eigentlichen Quellen des menschlichen Humors, vielleicht aber hielt er die Sache für eine Scheußlichkeit, wie Walser es tut. Der Obertitel »Uralte Reichstagsfeierlichkeit« kann so gelesen werden, als legitimiere er die kaiserliche Belustigung, oder so, als prangere er eine korrupte Tradition an. Bei Brecht wüßten wir es, bei Kleist bleibt es undurchsichtig. Daß diese Anekdote aber als Belustigung den Gefühlen der Gebildeten im neunzehnten Jahrhundert widersprach, ist offensichtlich. Sofern man sie beim Lesen genießt, stellt sie also Fragen nach dem Verhältnis von Humor und Sittlichkeit. Wenn der Text auch nur die geringste Entrüstung enthielte, so wäre er erträglich und geglättet und in fortschrittlichem Denken aufgefangen. So aber wirkt er noch heute aufreizend.

Wir wissen aus den Briefen und Entwürfen, daß Kleist als junger Mensch die Ansichten der Aufklärung sozusagen ausprobierte, vielleicht, um durch Neuformulierung zu der allmählichen Verfertigung einer Weltanschauung zu gelangen. Wäre er älter geworden, so hätte er es wohl auch zu so etwas wie einer Weltanschauung gebracht; denn eine solche gehört ja in seinem Zeitalter zum inneren Mobiliar des gebildeten Europäers. Aber es kam nicht so weit; es kam nur zu Auseinandersetzungen mit dem Gedankengut, das er vorfand. Die angeführten Beispiele sollten dazu dienen, aufzuzeigen, wie sehr die verbale Angriffslust ohne sicheren eigenen Halt zu Kleists dichterischer Stärke beiträgt. Jedenfalls rührt die Modernität seiner Werke nicht zuletzt daher, daß es tatsächlich fast unmöglich ist, den Autor von einem Werk zum anderen, und oft auch innerhalb desselben Werkes, auf einen Standpunkt festzulegen. Die dramatische Spannung in seinen Dramen wie in seinen Erzählungen entspringt einem hartnäckigen Schweigen, das hinter dem Redefluß seiner einzigartigen Syntax steht. Es ist das Schweigen auf die Frage nach einer sinnvollen Beziehung des einzelnen zum Ganzen, des Bürgers zur Revolution, des leidenschaftlichen, empfindsamen Menschen zum Staate.

Daher das merkwürdige, ja extreme Auseinanderklaffen der Deutungen bei Kleists größten Werken. Ich spreche hier nicht von der vielbeschworenen Ambivalenz, die es uns erlaubt, mehrere Deutungen in der Schwebe zu halten. Ich spreche von gegensätzlichen und unversöhnlichen Deutungen. Man kann den ›Michael Kohlhaas‹ als eine Warnung vor dem Terrorismus lesen oder als eine Rechtfertigung desselben, man kann das Ende der Novelle als versöhnlich oder als ironisch abwertend auffassen. (Also entweder so, daß die Gerechtigkeit siegt durch das komplizierte Wiedergutmachungsverfahren, das aus der Hinrichtung des Titelhelden, der fürstlichen Begünstigung seiner Kinder, der Privatrache durch das Verschlingen des zukunftsträchtigen Zettels und der Zurückgabe der aufgepäppelten Pferde besteht; oder man kann dieses Ende als eine Parodie eben dieser Gerechtigkeit auffassen, besonders in Anbetracht der Pferde und des Zettels.) Der ›Prinz von Homburg‹ wird traditionell so gelesen, als handle es sich um das allmähliche Aussöhnen zweier Grundsätze, des durch die Gestalt des Kurfürsten ausgedrückten staatstragenden Gesetzes und des subjektiv-leidenschaftlichen Prinzips, das der Prinz verkörpert, er, der Romantiker, der Selbstüberwindung lernen muß. Dieser Interpretation wird heute immer öfter eine andere entgegengesetzt, derzufolge sich die beiden, Kurfürst und Prinz, in unversöhnlichem Konflikt gegenüberstehen oder sogar als die Konfrontation einer sadistischen Vatergestalt mit einem empfindsam leidenden Sohn.[11] Tatsächlich bietet der Text Anhaltspunkte für die eine wie die andere Deutung; wie man sich zu diesen Fragen verhält, sagt mehr über Temperament und Anlage des Kritikers aus als über die notwendige Folgerichtigkeit der Interpretation. Man kann anhand von Kleists Fiktionen auf eigene Gefahr drauflos moralisieren. Man kann aus seinen Fiktionen heraus Fenster öffnen auf uns bekannte Landschaften. Aber sie sind unsere eigenen, nicht die seinen.

Kleist verharrte letztlich in einem Zustand von Unsicherheit, der vielleicht zu seinem Selbstmord beitrug oder, wahrscheinlicher, selbst ein Symptom der Suizidgefährdung war. Er blieb zwar sein Leben lang ein Kind der Aufklärung und schleppte ihre Dichtungen und Maximen mit sich. Aber er war ein Kind, das auszog, um das Gruseln zu lernen. Er war der verlorene Sohn der Aufklärung, der nicht wiederkam ins Vaterhaus. – Der alte Piachi im ›Findling‹, dem seine Sorge für einen fremden Jungen so übel heimgezahlt wird, weigert sich standhaft zu beichten, zu bereuen oder das Sakrament zu empfangen, denn er will seinen Feind und Pflegesohn noch in der Hölle verfolgen. In ihm gestaltete Kleist ein Maximum an Enttäuschung über das Versagen menschlicher Beziehungen und die Unverläßlichkeit des menschlichen Gewissens. In den Mund dieses geschlagenen und besessenen Mannes legt er einen einfachen Satz, den er später auch auf sich hätte beziehen können und mit dem ich daher schließen möchte: »Ich will nicht selig sein.«

Anmerkungen

1. ›Heinrich von Kleist. Sämtliche Werke und Briefe‹, hrsg. von Helmut Sembdner, 2 Bde., München 1977, Bd. II, S. 319 – 324. Kleist wird im Text nach dieser Ausgabe zitiert.
2. ›Minna von Barnhelm‹ wird zitiert nach: ›Gotthold Ephraim Lessings sämtliche Werke‹, 3., durchgesehene und vermehrte Auflage, hrsg. von Karl Lachmann und Franz Muncker, Bd. 2, Stuttgart 1886.
3. Thomas Mann, »Heinrich von Kleist und seine Erzählungen«, in: ders., ›Gesammelte Werke‹, Bd. 9, Frankfurt/Main 1960/1974, S. 828. In einer Anmerkung berichtigt Mann das eben Gesagte mit einem Hinweis auf Ewald von Kleist, hält aber gleichzeitig an seiner Aussage fest: »Es hat unter seinen Vorfahren einen dichtenden Offizier gegeben, Ewald von Kleist (1715 – 1759); aber ich kenne ihn nicht, und man braucht ihn nicht zu kennen.«
4. Brief an Wilhelmine von Zenge, 3. Juni 1801 (Bd. II, S. 656). Siehe auch Joachim Maass, ›Kleist. Die Geschichte seines Lebens‹, Bern und München 1977, S. 61 – 62.
5. ›Nathan der Weise‹ wird zitiert nach: ›Gotthold Ephraim Lessings sämtliche Werke‹, 3., durchgesehene und vermehrte Auflage, hrsg. von Karl Lachmann und Franz Muncker, Bd. 3, Stuttgart 1887.
Vgl. dazu auch den in diesem Band enthaltenen Aufsatz »Kreuzzug und Kinderträume in Lessings ›Nathan‹«, S. 209 – 216, bes. S. 221 – 223.
6. Vgl. z.B. Hansgerd Delbrück, ›Kleists Weg zur Komödie‹, Tübingen 1974, S. 88 – 96.
7. Vgl. dazu den in diesem Band enthaltenen Aufsatz ›Freiheit, die ich meine‹, S. 133 – 162.
8. Zitiert nach: ›Schillers Werke. Gedichte‹, hrsg. von Julius Petersen und Friedrich Beißner (= Nationalausgabe, Bd. 1), Weimar 1943, S. 169 – 172.
9. Diese interessante Variante findet sich nicht bei Sembdner, wohl aber in der Knaur-Klassiker-Ausgabe: Heinrich von Kleist, ›Sämtliche Werke‹, hrsg. und mit einer Einführung von Erwin Laaths, München 1954, S. 965.
10. [Theodor] ›Körners Werke‹, hrsg. von Hans Zimmer, Leipzig und Wien 1917, Bd. 1, S. 103 – 104.
11. Vgl. z.B. John M. Ellis, ›Heinrich von Kleist. Studies in the Character and Meaning of his Writings‹, Chapel Hill 1979, S. 89 – 114.

Kreuzzug und Kinderträume in Lessings ›Nathan der Weise‹

I.

»Es war zwar [...] ein wenig unüberlegt, in einem Stücke, dessen Stoff aus den unglücklichen Zeiten der Kreutzzüge genommen ist, die Toleranz predigen.«[1] Der Satz liest sich wie eine Kritik an Lessings ›Nathan‹. Er stammt jedoch von Lessing selbst, und zwar aus dem Jahre 1767, also ein Dutzend Jahre bevor er dieses, sein letztes Stück verfaßte. Das Drama, um das es damals ging und das Lessing zwar rügte, das ihn aber nichtsdestoweniger zutiefst beschäftigte, war Cronegks ›Olint und Sophronia‹, das erste Drama des Nationaltheaters in Hamburg. Die ersten sieben Stücke der ›Hamburgischen Dramaturgie‹ handeln von nichts anderem. Sie sind noch heute interessant, nicht als Kritik an dem zu Recht vergessenen Cronegk, wohl aber als Vorschau auf Lessings eigenes Werk.

Der Anstoß zum ›Nathan‹ kam bekanntlich durch Lessings Streit mit Pastor Goeze. Damals schrieb er an seinen Bruder Karl: »Ich habe vor vielen Jahren einmal ein Schauspiel entworfen, dessen Inhalt eine Art Analogie mit meinen gegenwärtigen Streitigkeiten hat, die ich mir damals wohl nicht träumen ließ.«[2] Dieser Brief wird meistens im Hinblick auf die »gegenwärtigen Streitigkeiten«, also das theologische Gerangel mit Goeze, interpretiert. Mich dagegen interessiert der erwähnte alte Schauspielentwurf. Ich führe ihn zurück auf den eingangs zitierten Satz, der sich scheinbar trotz seiner Negativität auf nichts anderes als den ›Nathan‹ beziehen kann: Ich schlage vor, daß es sich um eine Art negative Inspiration handelt, die von Cronegks Stück ausging. Es war ja immer charakteristisch für Lessing, daß er durch Polemik zu seinen eigenen Ideen fand. Durch diese Polemik lassen sich auch seine Absichten im ›Nathan‹ deutlicher ablesen.

Die Quelle von ›Olint und Sophronia‹ ist eine Episode in Tassos ›Das befreite Jerusalem‹. Wir halten heute leicht die Gegenüberstellung der drei Religionen während der Kreuzzüge für eine orginelle Idee Lessings und vergessen darüber, daß Tassos Epos im achtzehnten Jahrhundert noch sehr bekannt und beliebt war. Goethe erwähnt es liebevoll sowohl in seinem ›Wilhelm Meister‹ wie auch in ›Dichtung und Wahrheit‹, ganz zu schweigen von Goethes eigener Dramatisierung der Tasso-Biographie. Lessing erwartete offensichtlich, daß ein gebildetes Publikum Tassos Werk gut kennen würde. Er schreibt: »Der Stoff ist die bekannte Episode beym Tasso.« (1. Stück, S. 185) Lessings Zeitgenossen sahen die Kreuzzüge wohl im rosigen Lichte einer phantasievollen und phantastischen Fiktion aus der Renaissance, doch die Historiker, die Lessing gelesen hatte, entwarfen schon ein viel düstereres Bild jener Zeit.

Cronegk hatte also eine von Tassos christlich-romantischen Episoden dramatisiert und neu ideologisiert. Ort der Handlung ist Jerusalem, das von Gottfried von Bouillon belagert und von Sultan Aladin regiert wird. Bei Cronegk, wie später bei Lessing, spielt der Belagerer keine Rolle, der Sultan eine um so größere. Zwei heimliche Christen, Evander und Olint, Vater und Sohn, sind die männlichen Hauptpersonen. Evander ist eine vorbildliche Vatergestalt, wie es bei Lessing später Nathan sein wird. Der junge Olint ist, wie Lessings Tempelherr, ein Protektionskind des Sultans. Doch wünscht er nichts sehnlicher, als ein Märtyrer für seinen Glauben zu werden und diesen öffentlich zu bekennen. Dem weisen und reifen Evander gelingt es nur mit Mühe, ihn zurückzuhalten. Dazu kommt zweifacher Liebeskummer: Olint liebt die Christin Sophronia und wird seinerseits von einer »Heidin«, der Perserin Clorinde, geliebt. Clorinde ist Kriegerin, wie sie in Tassos Gedicht, sowohl auf moslemischer wie auf christlicher Seite, mehrfach auftauchen. In Tassos phantastischem Kontext sind sie eher am Platz als bei Cronegk. Clorindes interkonfessionelle Liebe ist Cronegks, nicht Tassos Erfindung.

Der böse islamische Priester Ismenor bringt die Handlung in Gang, indem er ein Kruzifix aus der Kirche stiehlt und es in die Moschee bringt, um die magischen Kräfte des Kreuzes für seine Zwecke zu verwenden. Olint entwendet das Kreuz und schickt es an Gottfried. Nach der Entdeckung dieses zweiten Diebstahls schwört der Sultan, alle Christen in seinem Bereich hinzurichten, wenn das Kreuz nicht noch am selben Tag wieder da sei. Sophronia, die nur auf eine Gelegenheit wartet, für den wahren Glauben zu sterben, meldet sich freiwillig als Schuldige. Olint eilt, sie zu retten, die beiden bekennen ihre Liebe zu einander und streiten darum, wer Märtyrer sein darf. Ismenor benimmt sich, wie man es von einem vollendeten Bösewicht, der Sultan, wie man es von einem Despoten mit Scheuklappen erwartet. Die Perserin Clorinde gesteht ihre Liebe zu Olint, er weist sie ab, er hat ja seine geliebte Sophronia. Diese macht es sich zur Aufgabe, Clorinde zum Christentum zu bekehren, während Olint eine Bekehrung des Sultans anstrebt.

An dieser Stelle bricht der Text des frühverstorbenen Cronegk ab. In der Vorstellung, die Lessing in Hamburg sah, war das Stück von einem ansonsten unbekannten und unbedeutenden Dramatiker namens Roschmann um einen fünften Akt ergänzt worden. In diesem Akt sterben sowohl Olint wie Sophronia den Märtyrertod. In Tassos Version werden sie durch Clorindes Einsatz und ihre Bitten gerettet.[3]

Dieses nicht gerade vielversprechende Material diente Lessing in der ›Hamburgischen Dramaturgie‹ als Ausgangspunkt für seine Diskussion über die Mängel des zeitgenössischen Theaters und seine Ausführungen darüber, wie es besser sein könnte. Wenn wir uns nun die eben skizzierten Personen und Situationen aus Cronegks Drama vor Augen halten und sie mit

›Nathan‹ einerseits, mit Lessings Forderungen für ein modernes Theater andererseits vergleichen, stellt sich heraus, daß der Dichter-Kritiker in seinem Meisterwerk eine bewußt polemische Kontrafaktur des schwachen früheren Kreuzzugstücks schrieb.

Zunächst stellt Lessing fest, daß die Christen die Schuld an den Kreuzzügen getragen hätten und daß Cronegk daher nicht »die Abscheulichkeiten des Geistes der Verfolgung an den Bekennern der mahomedanischen Religion« (7. Stück, S. 210) hätte demonstrieren sollen. In seinem eigenen Stück ersetzt er den fanatischen Sultan Aladin durch den aufgeklärten Sultan Saladin, setzt den böswilligen christlichen Patriarchen an die Stelle des niederträchtigen Priesters Ismenor und bietet uns als Repräsentanten des Islam den menschenfreundlichen, gottergebenen Al-Hafi. Das heißt aber, daß der Patriarch nicht einfach als eine Karikatur von Goeze gesehen werden kann: Seine Verwandtschaft mit Ismenor ist älter als die Irritation, die von dem Pastor ausging.

Zweitens tadelt Lessing die leichtfertige Unterstellung bei Cronegk, daß der Islam eine polytheistische Religion sei. Seine eigenen drei Muslims – Saladin, Sittah und Al-Hafi – werden nicht müde, ihren Monotheismus zu betonen. Cronegks Evander äußert Entsetzen bei der Vorstellung einer Mischehe: »Ein Christ / Liebt eine Heidin – Gott.« (Cronegk, I 2, 107 f.) Lessings Tempelherr hingegen sagt achselzuckend, als er mit demselben Problem konfrontiert ist: »So – liebt der Tempelritter freylich, – liebt / Der Christ das Judenmädchen freylich. – Hm! / Was thuts?« (III 8, 614 – 616)[4] Ähnlich geht es in Sittahs und Saladins Gespräch am Anfang des zweiten Akts, wo sie die Möglichkeit einer Ehe mit Christen als Preis für den Frieden durchspielen, um den Gedanken wieder aufzugeben, angesichts von christlicher Intoleranz und Starrsinn.

Das Thema Märtyrertum ist zentrales Anliegen bei Cronegk. Lessing bemächtigte sich dieses Themas mit seiner ganzen polemisch-kritischen Begabung und verurteilte es als unmodern und außerdem als psychologisch unglaubwürdig. Märtyrer seien nichts für eine aufgeklärte Geisteshaltung und noch weniger für ein Theater von heute. Das psychologische Argument lief einfach darauf hinaus, daß man unter normalen Umständen ungern stirbt. Der Dichter muß sich daher besondere Mühe geben, Personen zu erfinden, die so ungewöhnlich sind und sich in so ungewöhnlichen Umständen befinden, daß das Publikum ihnen ihre Opferbereitschaft auch glaubt. »Was in Olint und Sophronia Christ ist, das alles hält gemartert werden und sterben, für ein Glas Wasser trinken.« (1. Stück, S. 187) Die menschliche Todesangst wird für modernes Empfinden allzu leicht abgetan. Ein neues Zeitalter will ein anderes Theater sehen: »Nun leben wir zu einer Zeit, in welcher die Stimme der gesunden Vernunft zu laut erschallet, als daß jeder Rasender, der sich muthwillig, ohne alle Noth, mit Verachtung aller seiner bürgerlichen Obliegenheiten, in den Tod stürzet, den Titel eines Märtyrers sich anmaßen dürfte.« (1. Stück, S. 187) Zwar spiele dieses Drama in einer vergangenen Zeit, doch sei es nicht für ein Publikum jener Zeit bestimmt. Der Dramatiker »schrieb sein Trauerspiel eben so wenig für jene Zeiten, als er es bestimmte, in Böhmen oder Spanien gespielt zu werden«. Das moderne Publikum dürfe man nicht wegen der historischen Kulisse zu kurz kommen lassen. Vorurteile seien Vorurteile, unbeschadet des Kostüms.

Was sind aber die Umstände, in denen ein moderner Held, laut Lessing, in einem modernen Stück sein Leben riskieren darf? Die Frage wird brisant, wenn wir bedenken, daß Lessings junger Held, ebenso wie Cronegks, ein Christ ist, der über gewisse Verbindungen zum Sultan verfügt und gleichzeitig auch den Feinden des Sultans verpflichtet ist. In beiden Stücken besteht seine auffallendste Tat darin, daß er sein Leben einsetzt, um ein junges Mädchen aus dem Feuer zu retten.

Lessing hatte sarkastisch die Glaubwürdigkeit von Olints

Todesbereitschaft in Frage gestellt. Der Sarkasmus zum selben Thema ist im ›Nathan‹ noch unüberhörbar, dort allerdings im Dienste der Dramatik und der Aufklärung. Der Tempelherr hat nämlich darauf hingewiesen, er habe Recha aus christlicher Gesinnung und aus Pflichtbewußtsein gerettet. Also wie der Held eines Märtyrerdramas. Sie aber nimmt ihm den Wind aus den Segeln, mit den Worten:

[…] Tempelherren,
Die müssen einmal nun so handeln; müssen
Wie etwas besser zugelernte Hunde,
Sowohl aus Feuer, als aus Wasser hohlen.
(III 2, 103 – 106)

Das Motiv aus Cronegks ›Olint und Sophronia‹ wird nur aufgenommen, um es als falsch auszuweisen. Tatsächlich hat Curd, der Tempelherr, weder automatisch noch aus Aberglauben gehandelt, und Rechas Worte sollen ihn wissen lassen, daß es eines Menschen unwürdig sei, sich solcher Ausflüchte zu bedienen. Ohne Märtyrer zu sein, hat Curd eine beispielhaft gute Tat vollbracht, als er das Leben einer Fremden rettete. Hätte er sie gekannt und geliebt, so wäre sein Verdienst, im Sinne einer aufgeklärten Ethik, geschmälert. Zudem hatte seine Tat keine religiösen Motive und war nicht, wie bei Cronegk, von heiligen Bildern und Symbolen bestimmt. Lessing betont, daß es um menschliches Leben ging. Und so ist die Gefahr auch ins Weltliche gekehrt. Das Feuer ist ein gewöhnlicher Brand, wie er in einem Haus eben ausbrechen kann, wie es die Ungewißheit des normalen Alltags mit sich bringt. Das von Menschen angezündete heilige Feuer des Scheiterhaufens spielt nur in der Phantasie des Patriarchen eine Rolle, der Sünder verbrennen will. Lessing verwandte den nüchternen Ausdruck »bürgerliche Obliegenheiten«, um einen ideologischen Tod zu entwerten. Curds spontane Hilfeleistung ist bewundernswert, weil sie eine

Erweiterung solcher »Obliegenheiten« darstellt, obwohl seine Worte ihren Wert abzuschwächen suchen.

Lessing hatte im zweiten Stück der ›Hamburgischen Dramaturgie‹ verlangt, daß sich das Theater mit Leidenschaften, mit Emotionen befasse. Er psychologisiert also Curds Motive und gibt ihm einen selbstmörderischen Zug, der mit Curds desillusionierter Einstellung zum Krieg und seiner ungewissen Stellung zwischen dem christlichen und dem moslemischen Lager zu tun hat. Denn der Sultan hatte ihm ja kurz zuvor höchst persönlich das Leben gerettet. Menschenhaß und Selbstverachtung mischen sich mit Mitleid und einem großmütigen Stolz, eben die Mischung, die Nathan ausrufen läßt: »Groß und abscheulich!« (II 5, 434), wenn Curd, der Tempelherr, seine Motive bei Rechas Rettung aufführt. Die Charakterisierung Olints hatte Lessing dagegen als »kälteste Einförmigkeit« verdammt. (1. Stück, S. 186) Im selben Absatz beschrieb er Tassos Liebespaar mit Worten, die weit besser auf die Szenen zwischen Recha und Curd passen, nämlich als »Kontrast zwischen einer lieben, ruhigen, ganz geistigen Schwärmerinn, und einem hitzigen, begierigen Jünglinge«. (1. Stück, S. 186) Daß Recha zur »Schwärmerei« neigt, beunruhigt Nathan schon im ersten Akt. Curds »Hitzigkeit« ist wohl sein auffälligster Charakterzug.

Lessing zog Tassos Behandlung des Themas »freiwilliger Tod« derjenigen Cronegks vor, weil, wie er erläuterte, bei Tasso das erotische Motiv eine größere Rolle spielte. »Kann er mit ihr nicht Ein Bette besteigen, so sey es Ein Scheiterhaufen; an ihrer Seite, an den nehmlichen Pfahl gebunden, bestimmt, von dem nehmlichen Feuer verzehrt zu werden, empfindet er blos das Glück einer so süßen Nachbarschaft, denket an nichts, was er jenseit dem Grabe zu hoffen habe.« (1. Stück, S. 186) Lessings Ansicht über die Funktion der Liebe in ernstzunehmender Literatur spricht sich hier deutlich aus. Der Ton ist herablassend: Für Lessing ist die Liebe keine tragische Leidenschaft, und er lobte Tasso dafür, daß sein Liebespaar am Ende weiterleben durfte. Die Liebe, wie Lessing sie darstellt, ist zwar ein verständlicher und sogar ganz hübscher Charakterfehler in einem jungen Mann, und auch als Motiv, sein Leben zu riskieren, ist sie nicht übel. Doch sonderlich bewundernswert ist die Geschlechterliebe nicht. Lessing meinte, die französischen Dramatiker verdürben das griechische Literaturerbe durch galante Zutaten, und Cronegk hätte seiner von Tasso übernommenen Clorinde keine Liebessehnsüchte andichten dürfen. Seine Sittah im ›Nathan‹ hat mit Clorinde den Charakter einer willensstarken, unabhängigen Frau an des Sultans Seite gemeinsam. Lessing nannte die Kriegerin Clorinde einen »Dragoner von Weibe«. (5. Stück, S. 202) In seinem eigenen, unkriegerischen Drama wird aus ihr eine kluge, intellektuelle Geschäftsfrau, die mit dem Sultan Schach spielt und sich mit ihm über Kriegskosten und diplomatische Möglichkeiten, Frieden zu stiften, unterhält. Sittah würde nie und nimmer in ein Märtyrerdrama passen, und zwar nicht etwa aus Mangel an Idealismus, sondern weil sie eine praktische, resolute und wissensdurstige Veranlagung hat – eine vernünftige Frau in einem von weltlichen Sorgen bestimmten Umfeld. Vielleicht war das Vorbild Lessings tüchtige und umsichtige Frau, Eva König, und der Anstoß Clorinde.

Im ›Nathan‹ wird das Liebesmotiv ausschließlich von der halb-lächerlichen Daja getragen. Daja ist eine einzigartige Rollenerweiterung und -vertiefung der traditionellen weiblichen Vertrauensperson, die auch in Cronegks Stück, wie in so vielen anderen der Zeit, zu finden ist. Wenn Daja aus Recha eine Christin machen will, wiederholt und trivialisiert sie die Bekehrungsversuche, die bei Cronegk eine so zentrale Funktion erfüllen. Und ausgerechnet Daja ist es, die Recha einredet, sie sei in den Tempelherrn verliebt. So trivialisiert sie auch die Leidenschaft, und es ist, als ob Lessing dieses Motiv nur auf die Bühne gebracht habe, um davon abzulenken, um uns zu zeigen, daß ein ernstes Drama auch ohne Erotik auskommen könne. Daja und das Theaterpublikum erwarten von einem unverheirateten Mädchen, daß sie sich in einen passenden Theaterhelden verliebt. Doch Recha widersteht allen Bemühungen Dajas und läßt sich, nach ihrer ersten Begegnung mit dem Tempelherrn, keine erotische Liebe zu ihm einreden. (Der uns noch unbekannte tiefere Grund ist natürlich ihr instinktives Wissen um die Blutsverwandtschaft.) Recha, in Verbindung mit Lessings Plot, enttäuscht also unsere Erwartungen und zeigt uns, daß unser Erwartungshorizont nicht höher ist als der Dajas, die ihrerseits besessen ist von Aberglaube und Sentimentalität. Indem Lessing das gängige Motiv aufnimmt, nur um es fallen zu lassen, zeigt er uns noch einmal den Weg zu einem moderneren, neuen Theater.

Der Beziehung von Nathan und Olints Vater Evander liegt ein bestimmtes Theaterproblem zugrunde. Lessing faßte es in folgende Worte: »Ist der Charakter des wahren Christen nicht etwa ganz untheatralisch? Streiten nicht etwa die stille Gelassenheit, die unveränderliche Sanftmuth, die seine wesentlichsten Züge sind, mit dem ganzen Geschäfte der Tragödie, welches Leidenschaften durch Leidenschaften zu reinigen sucht?« (2. Stück, S. 189) Lessing meinte, daß Christen auf der Bühne überhaupt nichts zu suchen hätten. Doch damit ist das Problem nicht gelöst, denn wie Robert Heitner ganz richtig bemerkt, läßt sich diese Charakterisierung eines Christen ebensogut auf den idealen aufgeklärten Menschen anwenden.[5] Heitner meint zu Recht, die Ideen in Cronegks Stück seien »enlightened rather than Christian«, und er zitiert zum Beweis Evanders Vers: »Die Tugend, die Vernunft bracht' erst mein Herz zum Glauben.« (Cronegk, I 2, 77) Hinzuzufügen wäre, daß Lessing von Evanders Gelassenheit, einer stoischen, aufgeklärten Tugend, so fasziniert war, daß er ihr einen Teil des zweiten Stücks, das ganze dritte und vierte Stück und einen Teil des fünften Stücks der ›Hamburgischen Dramaturgie‹ widmete.

Evander wurde von dem damals sehr gefeierten Schauspieler Ekhof gespielt. Lessing analysierte Ekhofs Darstellung nicht nur, weil er sie für vorzüglich hielt, sondern vor allem, weil er dadurch wesentliche Theaterprobleme besprechen konnte. Bei Evander sei zu fragen, schrieb er, wie ein Mensch von innerer oder geistiger Autorität auf der Bühne darstellbar sei. So ein Mensch müsse »Sammlung der Seele und ruhige Überlegung« (3. Stück, S. 195) ausstrahlen, gerade die Eigenschaften, die er selbst in seiner oben zitierten Kritik am Christen als Theaterhelden als undramatisch charakterisiert hatte. Wie würde so ein Mensch sprechen? Schlechte Dramatiker legten ihm »Sittensprüche und allgemeine Betrachtungen, diese langweiligen Ausbeugungen eines verlegenen Dichters« (2. Stück, S. 191) in den Mund. Und doch will Lessing solche Gemeinplätze und Maximen nicht abschaffen, sondern sie nur interessant machen. Ekhof, so Lessing, hatte die Gabe, jede Verallgemeinerung und Abstraktion mit einem konkreten Anlaß so zu verschmelzen, daß die Gedanken nicht »mühsame Auskrahmungen des Gedächtnisses, sondern unmittelbare Eingebungen der gegenwärtigen Lage der Sachen« (3. Stück, S. 193) zu sein schienen. Und darin lag, meinte er, die Lösung des Problems, wie ein im Sinne der Aufklärung tugendhafter Mensch auf der Bühne seine Theaterwirksamkeit bewahren könne. Die Moral dürfe nicht aufgestülpt erscheinen, sondern müsse sich aus der Situation ergeben. »Die Moral ist ein allgemeiner Satz, aus den besondern Umständen der handelnden Personen gezogen.« (4. Stück, S. 199) Ganz leicht ist die Sache nicht. Absichtlich führt Lessing ein Paradox ein und verlangt Gegensätzliches, nämlich eine Mischung von »Begeisterung und Gelassenheit, [von] Feuer und Kälte«. (3. Stück, S. 195) Darüber hinaus muß die gegebene Situation mit den gesprochenen Maximen im Widerspruch stehen. Wenn auf der Bühne Gewalt herrsche, müsse die Maxime mit Zurückhaltung gesprochen werden und doch müsse der Schauspieler »mit Feuer und einer gewissen Begeisterung«

(ebd.) sprechen. Es geht um Theaterprobleme, was schon aus den handwerklichen Metaphern hervorgeht, zum Beispiel, daß »die Stückerey von dem Grunde abstechen muß«. (ebd., S. 196)

Selbst wenn Ekhof der beste Schauspieler seiner Zeit war, so ist diese Beschreibung so weit entfernt von der schwerfälligen, feierlichen Evander-Rolle, die er zu spielen hatte, daß man annehmen darf, Lessing dachte an Möglichkeiten, an Gestalten, die noch zu schreiben wären, die ihm zunächst nur vorschwebten. Er war ja selbst ein Meister des Epigramms und des Aphorismus und wußte, wie man eine allgemeine Wahrheit leicht und witzig vorträgt. Im ›Nathan‹ schuf er schließlich die praktische Lösung zu dem Problem der undramatischen Idealgestalt der Aufklärung. Nathan demonstriert eben diese Mischung, oder Spannung, von Distanz und Anteilnahme, die Lessing von einer solchen Autoritätsfigur im zweiten bis fünften Stück der ›Hamburgischen Dramaturgie‹ forderte. Im ganzen Drama sind Beispiele dafür zu finden. Schon ganz am Anfang (1. Akt, 2. Szene) lernen Recha und Daja einen allgemein gültigen Satz über den Wunderglauben anhand der vor kurzem stattgefundenen Rettung Rechas. Da heißt es:

[...] Der Topf
Von Eisen will mit einer silbern Zange
Gern aus der Gluth gehoben seyn, um selbst
Ein Topf von Silber sich zu dünken. [...]
(I 2, 293 – 296)

Die Kritik am menschlichen Stolz ist eingebettet in das Trauma der überstandenen Gefahr und die Sorge um das Wohlergehen des Retters. Das sind die Umstände, die dem allgemeinen Satz das Interesse des Besonderen verleihen und ihn spannend machen, da er auf noch bevorstehendes Handeln hin orientiert ist. Ähnlich steht es in II 5, wo Nathan den Tempelherrn zum ersten Mal trifft. Der alte Mann nimmt die Beleidigungen des jüngeren gelassen hin und begegnet dem Vorurteil mit überlegener Weisheit, in zitierbaren Sätzen gesprochen. Doch plötzlich beim Anblick eines verbrannten Stück Mantels, wortloser Zeuge der guten Tat, verliert er die Fassung und bricht in Tränen aus. Diese Mischung aus Sensibilität, ja Verwundbarkeit, einerseits und rationaler Sachlichkeit andererseits macht Nathans Einmaligkeit aus, gibt ihm seinen außerordentlichen Stellenwert unter den Vätern der Weltliteratur. Er kann sich immer über seine Emotionen hinwegsetzen und ist ihnen doch immer nah. Die in der ›Hamburgischen Dramaturgie‹ vertretene Auffassung von der spezifischen Anwendbarkeit des Allgemeinen kann sogar in den beiden Teilen einer einzigen Zeile vertreten sein: »Kein Mensch muß müssen, und ein Derwisch müßte?« (I 3, 385) Und wenn Nathan an zentraler Stelle die Form der Parabel verwendet, so doch nur, um eine Idee von allgemeiner Gültigkeit durch konkrete Bilder zu verdeutlichen.

Es ist jedoch nicht der in sich selbst ruhende Nathan, der die Handlung vorantreibt, sondern der innerlich geplagte, unsichere Tempelherr, ein unverläßlicher Bursche, der doch der eigentliche Held des Stücks ist und auch die einzige Gestalt, die sich im Lauf der Handlung ändert. Wenn der Tempelherr sich in Maximen ergießt, so drückt er eine weitere, von Lessing im 3. Stück der ›Hamburgischen Dramaturgie‹ beschriebene, Möglichkeit aus, nämlich die einer Person, die den Sturm der Emotionen mit Reflexion unterbricht. Ein Beispiel:

Der Aberglaub', in dem wir aufgewachsen,
Verliert, auch wenn wir ihn erkennen, darum
Doch seine Macht nicht über uns. – Es sind
Nicht alle frey, die ihrer Ketten spotten.
(IV 4, 377 – 380)

Der Tempelherr meint Nathan mit dieser aphoristisch zugespitzten Verallgemeinerung, doch Leser oder Zuschauer wissen, daß sie auf Curd selber zutrifft. Hier gelingt Lessing eine komplexe Verquickung, die uns eine konzentrierte Aufmerksamkeit abfordert und uns mit einer Einsicht in die Psychologie der Ratlosigkeit belohnt. Man könnte anhand der zahlreichen Beispiele sogar den Beweis erbringen, die angewandte Maxime, vielfach variiert und differenziert, sei das eigentliche Kommunikationsprinzip im ›Nathan‹.

Wir wissen von der Schule her, daß die Originalität von Lessings ›Nathan‹ auf zwei Neuheiten, dem guten Juden und dem deutschen Blankvers beruht. Ich versuche hier zu zeigen, daß das Stück schon vom Ansatz her innovativ war. Lessing wollte einen neuen Dramentyp entwickeln, eine Art Anti-Märtyrerstück, untragisch, ohne Gewalttätigkeit und Erotik, auch wenn alle diese Motive in der Negation eine Rolle spielen sollten. Der Tod und die Liebe, d.h. die wesentlichsten Bestandteile von Tragödie und Komödie, sind im Hintergrund zwar schattenhaft erkennbar, dringen aber nicht bis ins Rampenlicht des Vordergrunds.

›Nathan der Weise‹ hat keine Nachahmungen gefunden, wofür man Lessing keine Vorwürfe machen kann. Die Zeit für solche Stücke war vorbei, bevor sie angefangen hatte. Die Helden kehrten auf die Bühne zurück.[6] Lessing hatte versucht, einen passenden Rahmen für ein echtes »aufgeklärtes« Drama zu finden, nämlich eines, das von Vernunft und Unvernunft handelte. In der ›Hamburgischen Dramaturgie‹ beschrieb er sein Vorhaben. Im ›Nathan‹ führte er es aus. Cronegks mittelmäßiges Machwerk dürfte der Katalysator gewesen sein.

II.

Eigentlich wird aber gar keine »Toleranz gepredigt«. Auf jeden Fall wird nicht behauptet, daß alle Religionen gleichwertig seien. Die Religion der eigenen Väter, sagt Nathan als Fazit der

Ringparabel, sei immer noch die beste. Und die Verbrüderung, beziehungsweise Verschwisterung aller Menschen? Auch die wird nicht gepredigt. Bei genauerem Hinsehen erweist sich jedenfalls, daß den herkömmlichen Familienbanden und Verwandtschaften eine zumindest ebenso große Rolle zukommt wie den freiwilligen Freundschaften und der Adoption von fremden Kindern. Das sind zwei Motivkreise, die gegeneinander ausgespielt werden.

Beginnen wir mit dem Familienhintergrund des Tempelherrn, den Leser und Zuschauer nur nach und nach erfahren. Er selber weiß natürlich mehr als wir, und was er weiß, beeinflußt seine oft undurchsichtige Gemütsverfassung. Seine Geschichte begann mit Assad, der sich später Wolf von Filnek nannte, ein Bruder des Sultans Saladin und der Vater von Curd und Recha. Assad hatte sich in die Schwester eines deutschen Tempelherrn verliebt und war ihr nach Europa gefolgt. Vor dieser Ehe gab es für ihn schon im Morgenland eine Reihe von mehr oder minder unschuldigen Liebschaften mit Christinnen, die an des Sultans Hof Befremden auslösten. Saladin erinnert sich:

[...] Denn Assad war
Bey hübschen Christendamen so willkommen,
Auf hübsche Christendamen so erpicht,
Daß einmal gar die Rede ging – Nun, nun;
Man spricht nicht gern davon. [...]
(IV 5, 453 – 457)

Für Saladin ist das Gerücht einer seriöseren Bindung seines Bruders, von der in den letzten zwei Zeilen die Rede ist, nur ein Gerücht. Jedenfalls verschwand Assad eines Morgens, nachdem er sich besonders zärtlich von seiner Lieblingsschwester verabschiedet hatte. Selbst in dieser Rückschau taucht das Motiv des eng vertrauten Schwester-Bruder-Paares auf, das in der Bühnenhandlung zweimal vertreten ist, einmal durch Recha und Curd, dann wieder durch Saladin und Sittah. Da Assad nie wiederkehrte, mußte man von offizieller Seite annehmen, er sei tot. Doch Saladin wird die Zweifel nicht los:

> [...] Der Tod ists nicht allein,
> Der einem Jüngling seiner Art das Ziel
> Verrückt. Er hat der Feinde mehr; und oft
> Erliegt der Stärkste gleich dem Schwächsten. [...]
> (IV 3, 258 – 261)

Anders ausgedrückt, vielleicht war Assad ein »Opfer« der Liebe. Hier, wie überall, wenn von Assad die Rede ist, wird ihm keine religiöse Bekehrung zum Christentum als Motiv seines Verschwindens unterstellt. Man kann sich Assad kaum als einen überzeugten Christen denken, obwohl er der Ehemann einer Christin wird. Diese Feststellung gewinnt an Bedeutung angesichts der heftigen Debatte um die ursprüngliche, von den Eltern gegebene Religion seiner Kinder, Curd und Recha, die das ganze Stück durchzieht. So erscheint Recha anfänglich einfach als ein Christenmädchen, das von einem Juden erzogen wurde, nach allgemein gültigen moralisch-religiösen Grundsätzen. Doch später entpuppt sich eine ganz andere väterliche Herkunft, nämlich Recha als Tochter von Nathans arabischem Freund, der zwar seiner Frau zuliebe einen europäischen Namen angenommen hatte, aber seine orientalische Herkunft nie verleugnete, in Europa nicht leben konnte oder wollte und auch die Sprachen seiner Heimat bevorzugte:

SALADIN
> Und war auch sonst kein Frank? kein Abendländer?

NATHAN
> O! daß er der nicht sey, gestand er wohl. –
> Er sprach am liebsten Persisch [...]
> (V 8, 674 – 676)

Wenn Nathan die Tochter eines solchen Mannes so erzieht, daß sie sich in beiden Glaubensgemeinschaften zurechtfinden kann, so folgt er damit nicht nur seinen eigenen Neigungen, sondern bewahrt auch Rechas wahres, doppeltes Erbe. Er sagt von ihr mit Stolz: »Sie, / Die jedes Hauses, jedes Glaubens Zierde / Zu seyn erschaffen und erzogen ward. –« (IV 7, 711 – 713)

Assad zog zwar nach Europa, doch nach der Geburt seines Sohnes verließ er Deutschland, von Heimweh geplagt, mit seiner Frau, doch ohne das Kind, und kehrte ins Heilige Land zurück. Assads Heimweh nach dem Nahen Osten ist somit das Gegenstück zu Dajas dauernden Klagen um das heimatliche Europa. Curd verblieb bei einem Onkel mütterlicherseits, einem Tempelherrn:

[…] Euer Ohm, der Euch erzogen,
Dem Eure Aeltern Euch in Deutschland liessen,
Als, von dem rauhen Himmel dort vertrieben,
Sie wieder hier zu Lande kamen: – Der
Hieß Curd von Stauffen […]
(V 8, 621 – 625)

Es wird nun zu zeigen sein, daß der Tempelherr, der den Namen dieses Onkels, seines Adoptivvaters, angenommen hat, trotzdem sehr gut weiß, und zwar von frühester Kindheit an, wie und wo seine Eltern sich kennenlernten, daß er selbst ein halber Araber und sogar, daß er mit dem Sultan verwandt ist. (Man fragt sich übrigens, warum er auf der Bühne immer so urdeutsch aussieht. Als einer, der zwischen den Kulturen hin- und herschwankt, sollte gerade sein Aussehen den Orientalen im Kreuzritter betonen.) Er kennt die Tatsachen, aber er kann sie nicht voll verarbeiten. Sie scheinen ihm zu phantastisch und vor allem unvereinbar mit seiner Erziehung und seinem Beruf. Schließlich ist er Tempelherr und Kreuzfahrer. Seine frühesten

Erinnerungen bezeichnet er gerne als »Märchen« und »Träume«. Seine letzten Worte im Drama richten sich an Saladin und lauten:

> Ich deines Bluts! – So waren jene Träume,
> Womit man meine Kindheit wiegte, doch –
> Doch mehr als Träume! […]
> (V 8, 694 – 696)

Der stockende Rhythmus dieser Verse erhält eine prosaischere Wendung in Saladins jovialer Antwort:

> […] Seht den Bösewicht!
> Er wußte was davon, und konnte mich
> Zu seinem Mörder machen wollen! Wart!
> (V 8, 696 – 698)

So fällt der Vorhang erst nach der ausdrücklichen Bewußtmachung der schemenhaften Vorstellungen, die den Tempelherrn bis dahin heimgesucht hatten.

Eine ähnliche Wortwahl findet sich in Curds Monolog nach der Begegnung mit Recha. Er hat sich Hals über Kopf in sie verliebt und meint nun, er fange an

> […] so zu denken, wie mein Vater hier
> Gedacht muß haben; wenn man Mährchen nicht
> Von ihm mir vorgelogen. – Mährchen? – doch
> Ganz glaubliche; die glaublicher mir nie,
> Als itzt geschienen, da ich nur Gefahr
> Zu straucheln lauffe, wo er fiel. […]
> (III 8, 628 – 633)

Diese »Mährchen«, die ihm erzählt wurden, beziehen sich auf die Liebe seiner Eltern. Wie einst der Vater, so läuft jetzt auch der Sohn Gefahr, mit einer Andersgläubigen eine Verbindung einzugehen. Wenn wir die Worte zuerst hören, ist ihre Bedeutung noch unklar und wird erst im weiteren Verlauf des Stückes deutlich. Der Tempelherr fährt fort:

[...] Er fiel?
Ich will mit Männern lieber fallen, als
Mit Kindern stehn. – Sein Beyspiel bürget mir
Für seinen Beyfall. [...]
(III 8, 633 – 636)

Hier vergleicht er die Ehe seiner Eltern mit seinen eigenen Heiratsplänen. Die nur scheinbar militärische Formel vom »mit Männern fallen« ist bezeichnend für den pazifistischen Grundton des ›Nathan‹. Schließlich gibt es noch eine merkwürdige Stelle, nämlich dort, wo Curd sich fragt, ob Recha den Mut haben würde,

[...] mir zu folgen; – wenn
Sie drüber eines Muselmannes Frau
Auch werden müßte. [...]
(V 5, 360 – 362)

Hier wechselt er offenbar seine Identität von der mütterlich-christlichen zur väterlich-mohammedanischen Seite.

Aus solchen Passagen ergibt sich, daß Saladins Neffe mit einem bestimmten, wenn auch teils verdrängten Wissen um seine Herkunft ins Heilige Land kam. Der Gnadenakt des Sultans, der den jungen Mann in der Stunde der Hinrichtung rettete, weil er ihn an seinen Bruder erinnerte, brachte Verschüttetes an die Oberfläche, erinnerte Curd an Kindheitsszenen, die er vergessen glaubte. Dem Rest der Menschen mag des Sultans Eingriff als die Laune eines Autokraten erschienen sein, für Curd war er eine Bestätigung seines muslemischen Erbes und eine Infragestellung seiner Identität als Christ und Kreuzfahrer. Auf welche Seite gehörte er in diesem Krieg? Mit folgenden Worten beschreibt er seine Rettung:

> [...] Schon
> Den Hals entblößt, kniet' ich auf meinem Mantel,
> Den Streich erwartend: als mich schärfer Saladin
> Ins Auge faßt, mir näher springt, und winkt.
> Man hebt mich auf; ich bin entfesselt; will
> Ihm danken; seh' sein Aug' in Thränen: stumm
> Ist er, bin ich; er geht, ich bleibe. [...]
> (I 5, 583 – 589)

Saladin, der sich in einer späteren Unterredung mit Nathan als der Vernunftmensch schlechthin gibt, handelt hier spontan und intuitiv, aus Erinnerung und brüderlicher Pietät. Genau diese Eigenschaften sind es, die Nathan gegen Saladin, in ihrer Diskussion über die Religionen, in Schutz nehmen wird. So greifen die Stränge der Bluts- und der geistigen Verwandtschaft, beziehungsweise Feindschaft, ineinander. Es lohnt sich daher, den Wirren und Verwicklungen der Handlung genau zu folgen.

Der Tempelherr kann sich den starken Eindruck, den der Sultan auf ihn gemacht hat, nicht nur als Auswirkung seiner Großmut erklären. Sind doch die anderen Gefangenen, seine Kriegskameraden, sämtlich hingerichtet worden. Etwas anderes muß eine Rolle gespielt haben. Etwas Entscheidendes ist geschehen. – Seine Rettung hat einen anderen Menschen aus ihm gemacht:

> Der Kopf, den Saladin mir schenkte, wär'
> Mein alter? – Ist ein neuer; der von allem
> Nichts weiß, was jenem eingeplaudert ward,

Was jenen band. – Und ist ein bessrer; für
Den väterlichen Himmel mehr gemacht.
(III 8, 622 – 626)

Das, was seinen »alten Kopf band«, ist das militante Christentum der Kreuzzüge, während sein neuer Kopf zum Himmel über Jerusalem, unter dem er jetzt seine Datteln verzehrt, aufblickt. Den Übergang vom Krieger zum Kriegsgegner verdankt er aber nicht seiner Begegnung mit Nathan, wie man oft hört, sondern seiner Begnadigung durch den Bruder seines Vaters.

So zeigt Lessing ganz folgerichtig den Tempelherrn bei seinem ersten Auftritt als einen Soldaten im Niemandsland, zwischen den Parteien. Der Patriarch versucht ihn durch den Klosterbruder zum Verrat, ja zum Mord an Saladin anzustiften. Doch der Tempelherr empfindet den Sultan seit seiner Rettung nicht mehr als Feind schlechthin:

[...] Ah, Saladin! –
Wie? die Natur hätt' auch nur Einen Zug
Von mir in deines Bruders Form gebildet:
Und dem entspräche nichts in meiner Seele?
(I 5, 703 – 706)

Er lehnt den Auftrag des Patriarchen ab, teils, weil er unvereinbar ist mit seiner ritterlichen Ehre, aber vor allem, weil er sich Saladin verwandt fühlt. Er, der in diesen ersten Auftritten fast nur Verächtliches über die Menschen sagt, macht eine Ausnahme für den Sultan und geht so weit zu behaupten, daß der Sultan alle, die ihn je besucht haben, beglückt habe. (vgl. III 8, 641 f.)

Nachdem er aus der Gefangenschaft entlassen wurde, hat er seine Zeit damit verbracht, sich Gehör bei Saladin zu verschaffen, allerdings bislang erfolglos:

> Noch hab ich selber ihm nicht danken können:
> So oft ich auch ihm in den Weg getreten.
> Der Eindruck, den ich auf ihn machte, kam
> So schnell, als schnell er wiederum verschwunden.
> Wer weiß, ob er sich meiner gar erinnert.
> Und dennoch muß er, einmahl wenigstens,
> Sich meiner noch erinnern, um mein Schicksal
> Ganz zu entscheiden. […]
> (II 7, 570 – 577)

Sein Fall, wie er ihn hier beschreibt, hat eine fatale Ähnlichkeit mit Rechas, die ja auch ihre liebe Not hat, dem Mann zu danken, der ihr das Leben rettete. Er hat recht in seiner Vermutung, der Sultan habe ihn vergessen. Denn Saladin, von Nathan an diesen Freispruch erinnert, ruft aus: »Ah! woran erinnerst / Du mich! – Hab' ich doch diesen Jüngling ganz / Vergessen!« (III 7, 574 – 576) Ähnlich Curd über Recha: »Des Mädchens Bild / Ist längst aus meiner Seele.« (I 6, 778 f.) Die beiden Wohltäter, Saladin und Curd, lassen den beiden Menschen, die sie gerettet haben und die ihnen danken wollen, nämlich Curd und Recha, dieselbe vergeßliche Ablehnung zuteil werden. Nathan zieht, von Rechas Fall ausgehend, allgemein gültige Schlüsse über die seelischen Auswirkungen einer solchen Ablehnung:

> […] Sich so verschmäht
> Von dem zu finden, den man hochzuschätzen
> Sich so gezwungen fühlt; so weggestoßen,
> Und doch so angezogen werden; – Traun,
> Da müssen Herz und Kopf sich lange zanken,
> Ob Menschenhaß, ob Schwermuth siegen soll.
> (I 1, 129 – 134)

Die Verse lassen sich auf den Gemützustand beider Geschwister anwenden. Curd hat, wie er sagt, »Augenblicke / Des

Kummers und der Galle« (III 2, 107 f.), die sich ja decken mit Schwermut und Menschenhaß. Seine selbstmörderische Verzweiflung war ein Motiv unter anderen, als er sich für Recha ins Feuer stürzte: »Mein Leben war mir ohnedem / In diesem Augenblicke lästig.« (II 5, 428 f.) Sein Menschenhaß äußert sich in seiner unnachgiebigen Einstellung gegenüber Nathans Familie, einschließlich Daja, und in seinen bitteren Bemerkungen über seine eigenen Verwandten, auf die wir weiter unten noch zurückkommen werden. Man könnte sagen, daß der Tempelherr, den Nathan unter Palmen aufsucht, in einer regelrechten Identitätskrise steckt. Sein Humor ist so schwarz wie Tellheims berühmtes Lachen, das Minna ganz richtig als ein Symptom der Verzweiflung deutet.

Nathan wird es gelingen, ihn aus der Isolation herauszulocken und ihn zu seiner Sippe zu führen. Doch die übliche Interpretation, nach der Nathan ihn zum Geist der Toleranz bekehrt, wird vom Text widerlegt. Denn der Tempelherr ist schon vor seiner Begegnung mit Nathan vom Toleranzgedanken besessen und wirft den Juden seinerseits Intoleranz vor. Seine anfängliche Judenfeindlichkeit rührt von seinem Vorurteil, daß die Juden die Begründer religiöser Unduldsamkeit seien, dessen, was er »Menschenmäckeley« nennt (II 5, 501). Das »auserwählte Volk« (II 5, 503), meint er, sei dank seiner Hybris verantwortlich für den Krieg, in dem sich die beiden anderen großen Religionen jetzt zerfleischten. Was den Krieg, den Kreuzzug, betrifft, so ist er ohne Illusion: Er sei eine »fromme Raserey«. (II 5, 510) Seit er ins Heilige Land kam, seien ihm die Schuppen von den Augen gefallen. Kein fanatischer Christ beleidigt Nathan, sondern einer, der einen fanatischen Juden in Nathan sieht. Auch noch als Nathan ihm versichert, er sehe keinen sittlichen Unterschied zwischen Menschen verschiedenen Ursprungs oder Anhängern der verschiedenen Religionen, setzt Curd seine Angriffe unter Hinweis auf die jüdische Geschichte fort. Er ergeht sich in einem Redeschwall gegen ideologisch begründete Kriege und metaphysischen Stolz. Und das alles, *bevor* er Nathan überhaupt richtig zugehört hat, ja im Zuge seines Angriffs auf Nathan, den er natürlich falsch einschätzt. Nicht seiner christlichen Erziehung verdankt er seine derzeitigen Ansichten. Im Gegenteil: »Ihr stutzt, / Daß ich, ein Christ, ein Tempelherr, so rede?« (II 5, 508 f.) Geändert hat er sich seit seiner folgenschweren Begegnung mit Saladin. Er hat erfahren, oder ist daran erinnert worden, daß er mit dem vermeintlichen Feind blutsverwandt ist. So verstrickt ist er in seine eigenen Gedanken und seine eigene Krise, daß er sich schon abwendet mit den Worten: »Doch / Sey blind, wer will! – Vergeßt, was ich gesagt; / Und laßt mich« (II 5, 515 – 517), als es Nathan endlich gelingt, sich Gehör zu verschaffen. Die Worte, die der Tempelherr jetzt aufnimmt, machen ihn von einer Minute zur anderen zum begeisterten Freund Nathans, weil sie mit dem übereinstimmen, was er selber denkt. Nathan sagt:

[…] Wir haben beyde
Uns unser Volk nicht auserlesen. Sind
Wir unser Volk? Was heißt denn Volk?
Sind Christ und Jude eher Christ und Jude,
Als Mensch? Ah! wenn ich einen mehr in Euch
Gefunden hätte, dem es gnügt, ein Mensch
Zu heissen!
(II 5, 520 – 526)

Der dramatische Kontext des Stückes erlaubt uns nicht, diese Worte als unproblematisches und unwidersprechliches Zeugnis für die Eigenständigkeit des einzelnen hinzunehmen. Denn der sie spricht, ist derselbe Nathan, der im nächsten Akt darauf bestehen wird, daß jeder den Sitten und dem Glauben seines eigenen Volkes folgen soll und darf, statt sich von der Vernunft im traditionsleeren Raum leiten zu lassen.

Den eben zitierten Versen stellen wir die folgenden gegenüber:

Wie kann ich meinen Vätern weniger,
Als du den deinen glauben? Oder umgekehrt. –
Kann ich von dir verlangen, daß du deine
Vorfahren Lügen strafst, um meinen nicht
Zu widersprechen? Oder umgekehrt.
(III 7, 469 – 473)

Die beiden Zitate widersprechen einander zwar nicht geradezu, doch verliert jedes seinen Absolutheitsanspruch durch das andere. Zusammen sind sie Teil einer dialektischen Struktur und durchleuchten die Probleme, von denen das Stück nicht nur handelt, sondern die es auch ausspielt. Diese sind Vernunft gegen Intuition einerseits, freigewählte Freundschaften und Adoptionen gegen Familienbande und Blutsverwandtschaft andererseits. Derselbe Nathan, der daran glaubt, daß alle Menschen vor Gott gleich sind, weiß auch, daß jeder Mensch anders ist und andere Wurzeln hat.

Für den Tempelherrn hingegen hat das Evangelium einer unbelasteten Menschlichkeit einen besonderen Stellenwert an diesem Punkt in seinem Leben. Der Gedanke, daß wir uns alle unser Volk nicht ausgesucht haben, bedeutet, daß wir uns auch nicht mit unserem Volk identifizieren müssen. Damit aber wird auch die Loyalität zur Familie irrelevant. Wenn es ausreicht, Mensch zu sein, dann muß man die Vergangenheit nicht mühselig bewältigen. Der Tempelherr muß noch lernen, daß Nathan nichts für Anonymität übrig hat. Zunächst scheint ihm der ältere Mann mit seiner Formel vom »Mensch sein« einen Ausweg aus dem Dilemma seines gemischten Stammbaums zu bieten. Daher wird aus seiner Verachtung für die Juden schlagartig heiße Bewunderung für diesen bestimmten Juden, diesen Menschen.

Wer ihn nach seinem Namen und Ursprung fragt, verringert seinen Wert als Mensch. Es klingt wie ein Fehler in Lessings Dramatik, doch ist es folgerichtig, wenn man Curds Situation in Rechnung stellt. Sein Elend kommt vom Vater, und so lügt er ganz bewußt, wenn er seinen Familiennamen nennen soll.

NATHAN
 Und Euer Name? – muß ich bitten.
TEMPELHERR
 Mein Name war – ist Curd von Stauffen. – Curd!
(II 7, 586 f.)

Es ist der Name seines deutschen Onkels, nicht seines arabischen Vaters. Zwar ist Curd von seinem Onkel adoptiert worden, doch er kennt den Unterschied, und darum zögert er in seiner Antwort und wechselt vom Präteritum zum Präsens. Dieselbe Fehlleistung wiederholt er ein paar Zeilen später noch deutlicher: »Mein Oheim selbst, – mein Vater will ich sagen.« (II 7, 592) Und nun merkt Curd, daß Nathan sich Gedanken macht: »Doch warum schärft sich Euer Blick auf mich / Je mehr und mehr?« (II 7, 593 f.) Es ist eben nicht nur Saladin, dem die Ähnlichkeit des jungen Mannes mit seinem Vater, den er verleugnet, auffällt. Was denkt sich Nathan? Er sagt es dem Tempelherrn erst in der letzten Szene des Dramas: »Argwohn folgt auf Mißtraun! – / Wenn Ihr mich Euers *wahren* Namens gleich / Gewürdigt hättet …« (V 8, 610 – 612)

Mit diesem neugefaßten Mißtrauen verabschiedet sich Nathan im zweiten Akt von Curd, um sich zu Saladin, der ihn rufen ließ, zu begeben, während sein neuer Freund Recha aufsucht. Bei ihrer nächsten Begegnung hat sich der Tempelherr entschlossen, um Rechas Hand anzuhalten, ermuntert durch seines Vaters Beispiel. Sein Monolog endet mit einem Übergang vom biologischen Vater zum neuen, adoptierten Vater, dem zukünftigen Schwiegervater Nathan:

[...] Sein [i.e. Assads] Beyspiel bürget mir
Für seinen Beyfall. Und an wessen Beyfall
Liegt mir denn sonst? – An Nathans? – O an dessen
Ermuntrung mehr, als Beyfall, kann es mir
Noch weniger gebrechen. [...]
(III 8, 635 – 639)

Nach diesem Übergang vom einen zum anderen Vater erklärt der junge Mann dem alten seine Absichten, und zwar so, als seien die Gefühle von Mann zu Mann stärker als die für die gewünschte Braut:

TEMPELHERR *nach einer kurzen Pause ihm plötzlich um den Hals fallend*
Mein Vater!
NATHAN
      – Junger Mann!
TEMPELHERR *ihn ebenso plötzlich wieder lassend*
           Nicht Sohn? –
(III 9, 662)

Nathan scheint ihn im Stich zu lassen, weigert sich, ihn zu »adoptieren«, und Curd sagt sich ganz richtig, daß die Frage nach seinem wirklichen Vater wieder aufkommen wird. Daß Nathan einen Bruder-Schwester-Inzest zu vermeiden sucht, kann er nicht wissen. So zitiert er Nathan gegen Nathan:

[...] Ich beschwör'
Euch bey den ersten Banden der Natur! –
Zieht ihnen spätre Fesseln doch nicht vor! –
Begnügt Euch doch ein Mensch zu seyn! [...]
(III 9, 664 – 667)

Fast im selben Atemzug verleugnet er seinen Vater zum dritten Mal:

Ich heisse selber ja nach meinem Vater: Curd
Ist Conrad. [...]
(III 9, 686 f.)

Doch Curd von Stauffen war ein Tempelherr und daher unverheiratet, wendet Nathan ein.

Um zu verstehen, was folgt, nämlich die verächtliche Herabsetzung der eigenen Herkunft, muß man sich veranschaulichen, daß Curd um das Recht auf Freiheit kämpft, die es ihm scheinbar erlauben würde, sich seiner Vergangenheit und damit des Dilemmas, in das der Krieg ihn stürzt, zu entledigen. Nathan hingegen glaubt an die Kraft von Wurzeln und Bindungen des einzelnen in der Gesellschaft. Das Stück gibt ihm recht, wenn er den Inzest zwischen Curd und Recha verhindert. Der Tempelherr sagt im Grunde: ›Ich bin ein Mensch und das reicht aus. So hast du selber mir versichert. Jetzt gib mir eine Familie. Dich will ich zum Vater.‹ Worauf Nathan zurückfragt: ›Wer bist du wirklich? Wer gab dir das Leben? Wer hat dich gezeugt?‹ Eine wahrheitsgetreue Antwort würde den Tempelherrn zwingen, seine arabische Herkunft und den damit verbundenen Konflikt einzugestehen, von dem Nathan ihn anscheinend befreit hatte. Nathan seinerseits hat aber auch ein persönliches Anliegen, das ihn daran hindert, die wahren Gründe zu nennen, die ihn diese Fragen gerade jetzt stellen lassen. Er will nicht zugeben, daß Recha adoptiert ist. »Ich bliebe Rechas Vater / Doch gar zu gern!« (IV 7, 534 f.) Und:

[...] (Wüßt' ich nur
Dem Tempelherrn erst beyzukommen, ohne
Die Ursach meiner Neugier ihm zu sagen!
Denn wenn ich sie ihm sag', und der Verdacht
Ist ohne Grund: so hab' ich ganz umsonst
Den Vater auf das Spiel gesetzt.) [...]
(IV 6, 527 – 532)

Nathan klammert sich an die Illusion einer falschen Vaterschaft, während der Tempelherr einen wahren Vater verleugnet. Die beiden Geheimnisse ergänzen einander, aber nicht nur als Komödie, sondern vor allem zu einem Spiel mit und über den Sozialkontrakt, ein Grundproblem der Aufklärung. Zwei Problempaare verschränken sich immer augenfälliger: Das eine ist das der Adoption, die auch Freundschaften miteinschließt, im Gegensatz zum Geburtsrecht; das andere ist das der freien Wahl, einschließlich der Religion, im Gegensatz zu den von Gott und Natur bedingten Gegebenheiten menschlicher Existenz.

Die Spannung des Jüngeren nimmt zu, denn Nathan hat sein Versprechen nicht gehalten. Er verweigert seinem neuen Freund das Recht der freien Wahl, das Recht, sich seines »neuen Kopfes« zu bedienen. Außerdem hat er Curd bei einer Lüge ertappt. Der Tempelherr rächt sich, indem er seine ganze aufgestaute Bitterkeit gegen Nathan, gegen die eigene Familie und gegen die Ahnenforschung als solche losläßt. Vielleicht ist er der Bastard eines Tempelherrn, sagt er. »Der Schlag ist auch nicht zu verachten.« (III 9, 694) Nathan sei wohl ein direkter Nachkomme Abrahams. (vgl. III 9, 697 – 700) Der Angriff ist boshaft und die Selbstbezichtigung schneidend, doch steckt dahinter die Enttäuschung über beide »Väter«, den alten wie den neuen. Was den biologischen Vater betrifft, so gebraucht der Sohn einmal eine abwertende Metapher, in der er abstreitet, das Geschöpf eines solchen zufälligen Schöpfers zu sein:

[...] Geschöpf?
Und wessen! – Doch des Sklaven nicht, der auf
Des Lebens öden Strand den Block geflößt,
Und sich davon gemacht? [...]
(V 3, 92 – 95)

Hier spricht das Ressentiment des Waisenkindes, dessen Vater ihn in Europa verließ, um nach Hause, in den Nahen Osten, zurückzukehren. Man sollte solche Stellen nicht aus ihrem dramatischen Kontext herausnehmen und nur als Maximen behandeln. Sie sind, wie schon gesagt, eben *angewandte* Maximen, und die Anwendung ist oft vieldeutig. Es stimmt einfach nicht, daß bei Lessing »Blutsverwandtschaft [...] rücksichtslos entwertet wird«.[7] Eine solche Entwertung findet nur versuchsweise und in dialektischem Zusammenhang statt. Sein ›Nathan‹ ist ein weit differenzierteres Schauspiel als Brechts ›Kaukasischer Kreidekreis‹, um ein Stück zu nennen, das eine solche Entwertung anhand einer unwürdigen biologischen Mutter radikal vertritt. Man vereinfacht das Stück, wenn man, verleitet durch die hervorragenden Formulierungen, gewisse Sätze oder Scheinmaximen verabsolutiert. Lessing war kein Radikaler.

Nachdem Curd einmal den Verdacht geschöpft hat, daß Nathan nicht nur ein Vernunftsmensch ist, sondern sich auch von Pietät und Tradition leiten läßt, wird er plötzlich für Daja zugänglich und läßt den billigsten Verdacht auf sich einwirken, nämlich, daß Nathan seine Adoptivtochter nur angenommen habe, um eine Jüdin aus ihr zu machen. Wie anfänglich ausgeführt, soll ja das Bekehrungsmotiv der Märtyrertragödien bloßgestellt werden. Doch auch Saladin glaubt eine Weile lang, daß Nathans gute Tat ideologische, sprich fanatisch-religiöse, Ursachen hatte. (vgl. IV 4, 415 – 417) Dabei geht es um das vielfach angesprochene und variierte Problem der Motive für »gut handeln« im Gegensatz zu »andächtig schwärmen«. (vgl. I 2, 359 – 361) Die reine gute Tat wird immer wieder gefordert und immer wieder bezweifelt. Recha wirft dem Tempelherrn vor, er sei vielleicht wie ein »etwas besser zugelernter« Hund (vgl. III 2, 105) für sie ins Feuer gesprungen. Auch Saladins berühmte Freigebigkeit kommt unter schweren Beschuß in Al-Hafis Kritik:

[...] Ey was! – Es wär' nicht Geckerey,
Bey Hunderttausenden die Menschen drücken,

Ausmärgeln, plündern, martern, würgen; und
Ein Menschenfreund an Einzeln scheinen wollen?
(I 3, 480 – 483)

Selbst Nathan erweist sich als pessimistischer Lutheraner, der den Wert der guten Taten für das Seelenheil anzweifelt, wenn er im Gebet spricht:

[...] der du allein den Menschen nicht
Nach seinen Thaten brauchst zu richten, die
So selten seine Thaten sind, o Gott! –
(V 4, 180 – 182)

All diese Aussagen relativieren im dramatischen Zusammenhang ihre Gegensätze, von denen sie ihrerseits relativiert werden.

Nachdem der Tempelherr vor der Unnachgiebigkeit des Christentums in Gestalt des Patriarchen zurückgeschreckt ist und von Saladin wegen seiner Engstirnigkeit gerügt wurde, befindet er sich wieder am Anfang, nämlich bei der Auffassung, Eltern und Herkunft seien uninteressant. Recha sei nun einmal Nathans Tochter, wenn auch nur im geistigen Sinne. Dabei wiederholt er, was schon bei seinem ersten Heiratsantrag zur Sprache kam, nämlich, daß er Nathan in Recha liebt:

[...] Ach! Rechas wahrer Vater
Bleibt, trotz dem Christen, der sie zeugte – bleibt
In Ewigkeit der Jude. – Wenn ich mir
Sie lediglich als Christendirne denke,
Sie sonder alles das mir denke, was
Allein ihr so ein Jude geben konnte: –
Sprich, Herz, – was wär' an ihr, das dir gefiel?
(V 3, 98 – 104)

Er meint, das Problem gelöst zu haben, obwohl er in Wahrheit nur ein Extrem für das andere eingetauscht hat, »ein junger Laffe, / Der immer nur an beyden Enden schwärmt«. (V 5, 250 f.) Hatte er vorher Nathan jedes Recht auf Recha streitig gemacht, so will er jetzt überhaupt nicht mehr wissen, woher Recha stammt und behauptet, kein Blutsverwandter hätte hier etwas zu suchen. Gegen Ende ironisiert Lessing dies mit der komischen Wendung, daß Curd von Rechas Bruder, der er ja selber ist, nichts hören will und klagt:

[...] Nathan, Nathan!
Welch einen Engel hattet Ihr gebildet,
Den Euch nun andre so verhunzen werden!
(V 5, 340 – 342)

Indem er Recha gewinnen und sie gleichzeitig ihrem Bruder verweigern möchte, verlangt er Unmögliches. Indem er in seiner Unwissenheit verharren will, macht er sich lächerlich. Gleichzeitig ignoriert er seinen eigenen Instinkt, denn intuitiv empfindet er die Anziehung von Recha als etwas Traumhaftes, das ihn mit bislang unbekannten Gefühlen konfrontiert. In einem Prosaentwurf des Stückes spielte Lessing mit dem Gedanken, eine bewußte Erinnerung an die Mutter der Geschwister einzuführen, deren Züge Recha tragen sollte.[8] Statt dieses vereinfachend kruden Motivs schrieb er glücklicherweise die lyrisch ansprechendsten Verse des Dramas, darunter:

[...] Sie sehn, und das Gefühl,
An sie verstrickt, in sie verwebt zu seyn,
War eins. – Bleibt eins. [...]
(III 8, 608 – 610)

Er suggeriert das Geheimnis der Geschwisterliebe, mit einem Anflug von Erotik gegen einen Hintergrund von unbewußter

Tiefe, nicht unähnlich den Versen, die Goethe, ungefähr um
dieselbe Zeit, an die Geliebte, Charlotte von Stein, schrieb, die
die Schwester der deutschen Literatur, die Iphigenie, inspirierte:

> Ach, du warst in abgelebten Zeiten
> Meine Schwester oder meine Frau.[9]

Man denkt selten, daß Lessing auch eine lyrische Ader hatte.
Doch gerade in diesen halbbewußten Verwandtschaftsver-
hältnissen erweist er sich als erstaunlich sensibel für unter-
schwellige Gefühlsströmungen und erfindet für sie eine Mär-
chen- und Bildsprache. So sagt Saladin zu seinem noch nicht
ganz erkannten Neffen:

> […] Sieh! ich könnte
> Dich fragen: wo du denn die ganze Zeit
> Gesteckt? in welcher Höhle du geschlafen?
> In welchem Ginnistan, von welcher guten
> Div diese Blume fort und fort so frisch
> Erhalten worden? Sieh! ich könnte dich
> Erinnern wollen, was wir dort und dort
> Zusammen ausgeführt […].
> […] Nun, mags!
> Von dieser süssen Träumerey ist immer
> Doch so viel wahr, daß mir in meinem Herbst
> Ein Assad wieder blühen soll. […]
> (IV 4, 287 – 294 und 298 – 301)

Die Stelle wird leicht übersehen, weil sie nicht in das rationale
Bild paßt, das man sich von diesem Stück gemeinhin macht.
Sie ist ein Schmelztiegel von persönlichem und kollektivem
Erinnern, von Wahrheit und Zauber, eigener Kindheit und
Folklore, bis zu der Feenhöhle, wo die Zeit stillsteht dank Träu-
men und vergangenen Erlebnissen.

Der Text legt uns nahe, daß Vernunft und Phantasie sich ergänzen. Auch Nathan spricht ja die »Wahrheit« als »Mährchen« aus. »Nicht die Kinder blos, speist man / Mit Mährchen ab« (III 6, 373 f.), sagt er, als man ihm eine rationale Begründung seines Glaubens abverlangt, und erzählt seine Fabel über einen Vater, drei Söhne und einen magischen Opal. Im ersten Akt war es umgekehrt: da war es die Tochter, die an ein Märchen glaubte, nämlich das vom Engel, der sie gerettet hatte. Da mußte die Vernunft die »Schwärmerei« besiegen, und Nathan forderte einen Vernunftakt von Recha, der aber immer noch das Vorstellungsvermögen, die Phantasie, ins Spiel brachte, nämlich, sie möge sich vorstellen, daß ihr menschlicher Retter ihrer Hilfe bedürfe, während sie einen Engel anbete.

Anders der Patriarch. Auf Curds Frage, was wäre, wenn ein Jude ein Christenmädchen adoptierte, geht er nicht ein und verlangt schroff zu wissen, ob es sich um »ein Faktum oder eine Hypothes'« handle. (IV 2, 133) Der Tempelherr meint darauf, es gehe hier nicht um Aktualitäten, sondern um Grundsätze, doch der Patriarch widerspricht sofort:

[…] Da seh der Herr
Wie sich die stolze menschliche Vernunft
Im Geistlichen doch irren kann. […]
(IV 2, 138 – 140)

Sowohl Vernunft wie Phantasie lehnt er ab. Es gibt eben bei Lessing Menschen, die sich durch sinnvolle Fiktionen belehren lassen, und solche, die sich weigern. Recha und Saladin gehören den ersteren an, während der Patriarch – und mit ihm orthodoxe Theologen wie Goeze –, eine »theatral'sche Schnurre« (IV 2, 148) verachten. Das Theaterpublikum, für das Lessing schrieb, sollte sich wohl zur ersten Gruppe zählen.

Die Rolle des Nathan hat für die Handlung des Stücks zwei Funktionen: Erstens adoptiert er ein Kind und vereinigt eine getrennte Familie. Ganz analog zu dieser Funktion ist die zweite: Er ist sowohl ein Mann der Vernunft wie des Glaubens. So schlägt er Brücken zwischen Gegensätzen, die von den anderen Figuren parteiisch verteidigt, beziehungsweise bekämpft werden. Die erwähnte Diskussion mit Recha im ersten Akt zeigt ihn als Erzieher – ein Vater mittels Geist und Seele. Das ist der Mann, der stolz von sich behauptet, er habe auf nichts, was ihm gehöre, einen größeren Anspruch als auf Recha:

[...] Alles, was
Ich sonst besitze, hat Natur und Glück
Mir zugetheilt. Dieß Eigenthum allein
Dank' ich der Tugend. [...]
(I 1, 33 – 36)

(Es wäre übrigens anachronistisch, Lessing an dieser Stelle seine Wortwahl vorzuwerfen, sein Nathan behandle das Kind als Eigentum. Es geht hier ja um Wohltaten, nicht um Willkür, und Recha ist nicht unfrei im gesellschaftlichen Sinne.)
Damit ist die Frage nach dem, was uns rechtmäßig gehört, jedoch erst angeschnitten. Sultan Saladin meint in der zentralen Szene des Stückes, daß der »Zufall der Geburt«, also das, was Nathan eben »Natur und Glück« nannte, überhaupt keine Rolle im rationalen Denken des Einzelmenschen spielen sollte:

[...] Ein Mann, wie du, bleibt da
Nicht stehen, wo der Zufall der Geburth
Ihn hingeworfen: oder wenn er bleibt,
Bleibt er aus Einsicht, Gründen, Wahl des Bessern.
(III 5, 329 – 332)

Wenn die Sache so provozierend einfach dargestellt wird, so wissen wir schon, daß der Sultan unrecht haben muß. Nathan, auf ein paar Augenblicke allein gelassen, um seine Antwort zu überdenken, klagt auch sogleich über die Naivität eines solch unverwässerten Rationalismus. Der Sultan wolle die Wahrheit, als sei sie Geld, und noch dazu nur gezähltes, nicht einmal gewogenes Geld. Wiegen ist besser als zählen, genauer, differenzierter. Der menschliche Kopf ist keine Geldbörse zum Aufbewahren von Wahrheiten, weil die Wahrheit nicht reduzierbar ist:

> [...] er will – Wahrheit. Wahrheit!
> Und will sie so, – so baar, so blank, – als ob
> Die Wahrheit Münze wäre! – Ja, wenn noch
> Uralte Münze, die gewogen ward! –
> Das ginge noch! Allein so neue Münze,
> Die nur der Stempel macht, die man aufs Bret
> Nur zählen darf, das ist sie doch nun nicht!
> Wie Geld in Sack, so striche man in Kopf
> Auch Wahrheit ein? [...]
> (III 6, 351 – 359)

Die Stelle, von der Demetz schreibt, es sei unmöglich, »ihre Metaphorik ganz zu lösen«[10], wird nur dann obskur, wenn man jedesmal von Nathan Allgemeingültiges erwartet, statt der einander relativierenden Wahrheiten, die er tatsächlich ausspricht. Hier spricht er für die Tradition. Er zieht das gewogene Gold der Urväter dem gestempelten Geld der Neueren vor. Die dunklen Vokale von »uralt« und »gewogen« passen auf die Nostalgie der Ahnenpietät, die auch in der folgenden Ringparabel mitschwingt. Saladin hatte ausdrücklich das Bild des Fortschritts angewandt: »Ein Mann, wie du, bleibt da / Nicht stehen [...]« Nathan erwidert: »Nun wessen Treu und Glauben zieht man denn / Am wenigsten in Zweifel? Doch der Seinen? / Doch deren Blut wir sind?« (III 7, 463 – 465) An anderer Stelle ist Nathan willens, sein Kind dem zu geben, der Ansprüche hat, »die ihm Natur und Blut ertheilen«. (IV 7, 707) Seiner

Hochachtung für Familienbande entsprang ja auch sein Wunsch, als Rechas natürlicher Vater zu gelten.

Die Unzulänglichkeit, ja Verlogenheit absoluter Positionen wird gegen Ende des Dramas immer deutlicher. Auch der Sultan verwickelt sich in Widersprüchlichkeiten. Er, der so verächtlich vom »Zufall der Geburt« (III 5, 330) gesprochen hatte, läßt sich von seiner Zuneigung zu Curd verleiten, ihm Recha geben zu wollen, auch ohne Nathans Zustimmung. Denn, fragt er seine Schwester Sittah: »Was hätte Nathan, / So bald er nicht ihr Vater ist, für Recht / Auf sie?« (IV 5, 462 – 464) Von dieser Position kommt er wieder auf die bekanntere und häufiger zitierte: »Das Blut allein / Macht lange noch den Vater nicht! macht kaum / Den Vater eines Thieres!« (V 7, 511 – 513) Auch das eine impulsive Reaktion, vorgebracht, um Recha zu trösten. An anderer Stelle, wo er entscheiden muß, ob er Curd und Recha in seine Familie aufnehmen will, vertritt er die gegensätzliche Ansicht:

> Ich meines Bruders Kinder nicht erkennen?
> Ich meine Neffen – meine Kinder nicht?
> Sie nicht erkennen? ich? Sie dir wohl lassen?
> (V 8, 684 – 686)

In der rhetorischen Wendung »Sie dir wohl lassen?« drückt sich ein Verständnis für Nathans Verlust aus. Saladin besteht darauf, daß er von Blutsverwandten geliebt wird, wie es sich gehört:

> SALADIN *zum Tempelherrn*
> Nun mußt du doch wohl, Trotzkopf, mußt mich lieben!
> *zu Recha*
> Nun bin ich doch, wozu ich mich erboth? [i.e. ihr Vater]
> Magst wollen, oder nicht! […]
> (V 8, 690 – 692)

Das ist ein Muß für beide Geschwister. Hingegen ist Nathans Anspruch auf Liebe abhängig von dem guten Willen der Beteiligten:

> Denn meiner Tochter Bruder wär mein Kind
> Nicht auch, – sobald er will?
> (V 8, 662 f.)

Die letzte Szene wird oft als Darstellung der idealen menschlichen Harmonie gesehen. Doch Nathan und Saladin gehören nicht derselben Familie an. Nathan gehört nämlich überhaupt nicht zu dieser Familie. Hätte Lessing hier alle mit allen verbinden wollen, dann hätte er Nathan einen persischen Cousin oder eine schwäbische Tante an die Seite gestellt. Doch vielleicht ist er der geistige Vater in diesem Gruppenbild? In dem Fall stehen die Blutsbande nicht stellvertretend für geistige Verwandtschaft. Und wenn wir sie als repräsentativ für die ursprüngliche Verwandtschaft aller Menschen nehmen sollen, dann fragt sich, warum der Muslim, aber nicht der Jude ein natürlicher Verwandter des Christen ist.

Der Fehler liegt nicht im Stück, sondern in der Interpretation. Lessing betont das Opfer des Mannes, der für das Glück der anderen zahlt, wenn er eine Familie stiftet und sich selbst einer solchen beraubt. In fast jeder Szene ist Nathan der Gebende, in materieller wie in geistiger Hinsicht. Manchmal spricht er davon, daß er auch ein Verlierender sei, besonders an der Stelle, wo er den Verlust seiner ersten Familie betrauert. (IV, 7) Die Vorstellung, Recha aufgeben zu müssen, zieht ein Echo dieses ersten Verlusts nach sich:

> Ob der Gedanke mich schon tödtet, daß
> Ich meine sieben Söhn' in ihr aufs neue
> Verlieren soll [...]
> (IV, 7, 696 – 698)

Die Freundschaft und Dankbarkeit der anderen kompensieren den Verlust, aber nur teilweise. Sie sind ihm genug, weil sie genug sein müssen. Der freie Wille verschränkt sich mit der Notwendigkeit, nach dem Paradox: »Ich will! / Willst du [d.i. Gott] nur, daß ich will« (IV 7, 680 f.), ein Satz, der das berühmtere: »Kein Mensch muß müssen« (I 3, 385) dialektisch ergänzt. Lessing, der erst kurz zuvor erfahren hatte, was es heißt, Frau und Kind zu verlieren, fordert uns nicht die Kitschreaktion ab zu glauben, daß moralische Überlegenheit ein wirksames Schutzmittel sei gegen Einsamkeit und Kummer. Nathan steht am Ende allein da, weil Lessing in ihm einen unter anderem auch einsamen Menschen darstellen wollte. Es ist bezeichnend, daß er der einzige Jude in dem Stück ist, während die beiden anderen Religionen mehrere Vertreter aufweisen.

›Die Erziehung des Menschengeschlechts‹ enthält den bekannten, halb pessimistischen Satz: »Geh deinen unmerklichen Schritt, ewige Vorsehung! Nur laß mich dieser Unmerklichkeit wegen an dir nicht verzweifeln. Laß mich an dir nicht verzweifeln, wenn selbst deine Schritte mir scheinen sollten, zurückzugehen.« (§ 91) Die Stelle läßt dem Text sein fortschrittliches Pathos und hat keine Wirkung auf sein triumphierendes Ende. Wenn aber derselbe Ton in einem Drama angeschlagen wird, als Teil einer dialektischen Struktur, dann bedeutet es eine wesentliche Einschränkung komischer Motive und auch des Happy-End.

Der pessimistische Ton ist schon anfangs zu hören, wenn Nathan über Rechas Zustand nach dem Trauma des Feuers grübelt. Daja sagt:

[...] Im Schlafe wacht,
Im Wachen schläft ihr Geist: bald weniger
Als Thier, bald mehr als Engel. [...]
(I 1, 67 – 69)

Das sei eine Beschreibung für den Menschen schlechthin, meint Nathan, wenn er ausruft: »Armes Kind! / Was sind wir Menschen!« (I 1, 69 f.) Menschliche Schwächen sind eins seiner Lieblingsthemen. Es kann ja gut sein, daß Lessing Friede und Harmonie am Ende seines Dramas in den Vordergrund rücken wollte, aber davor hatte sogar der bescheidene Richter der Ringparabel seine Zweifel an einer Zukunft, in der die intoleranten drei Brüder das Sagen haben. In jeder Wendung bestätigt uns der Text, daß er in einer Welt von Vorurteilen und Feindseligkeiten gesprochen wird. Eine der letzten Szenen (V 2) hat nur die eine Funktion, uns an die Fortsetzung der Kreuzzüge zu erinnern, und ist uns noch im Kopf während des letzten Tableaus mit seinen allseitigen Umarmungen, dieses Augenblicks der Harmonie, getrübt von einem großzügig und lächelnd getragenen Verlust. Es ist nicht Utopia, nur ein Moment des Glücks für ein paar Privilegierte während eines provisorischen Waffenstillstands.

Anmerkungen

1 ›Hamburgische Dramaturgie‹, 7. Stück. Zitiert nach: ›Gotthold Ephraim Lessings sämtliche Schriften‹, 3., durchgesehene und vermehrte Auflage, hrsg. von Karl Lachmann und Franz Muncker, Bd. 9, Stuttgart 1893, S. 210.
2 Brief vom 11. August 1778 an Karl Lessing. Zitiert nach: Muncker/Lachmann, Bd. 18, Leipzig 1907, S. 285.
3 Der Text des Dramas, einschließlich des fünften Aktes von Roschmann, ist abgedruckt in ›Lessings Jugendfreunde‹, hrsg. von Jacob Minor (Deutsche Nationalliteratur, Bd. 72), S. 136 – 199. Eine scharfe Kritik am letzten Akt findet sich bei Robert Heitner, ›German Tragedy in the Age of the Enlightenment‹, Berkeley/Los Angeles 1963, S. 214.
4 Zitiert nach Muncker/Lachmann, Bd. 3, Stuttgart 1887.
5 Heitner (s. Anm. 3), S. 209.

6 In einem Artikel, der den bezeichnenden Titel ›Die Folgenlosigkeit Lessings‹ führt, erklärt Peter Demetz zu Schillers Bühnenversion des ›Nathan‹, sie sei ein Versuch, dem Stück etwas von den monumentalen und heroischen Qualitäten zu geben, die Lessing bewußt vermieden hatte. In: Merkur, Bd. 27 (1971), S. 739 – 740.

7 So Peter Demetz in: ›Nathan der Weise (Text und Dokumentation)‹, hrsg. von Peter Demetz, Berlin 1966, S. 150 (›Dichtung und Wirklichkeit‹, Bd. 25).

8 Vgl. Wolf Hartmut Friedrich, »Menander Redivivus. Zur Wiedererkennung im Nathan«, in: ›Euphorion‹, Bd. 64 (1970), S. 167 – 180.

9 Aus dem Gedicht ›Warum gabst du uns die tiefen Blicke‹ aus dem Jahr 1776 (27 f.).

10 Demetz (s. Anm. 7), S. 147. Demetz interpretiert die »geprägte Münze« als ein Symbol für die »persönliche Einsicht«, eine Deutung, bei der er selbst einräumen muß, es sei unmöglich, »die Metaphorik ganz zu lösen«.

Erstveröffentlichungsnachweis

Gibt es ein »Judenproblem« in der deutschen Nachkriegsliteratur? Erstdruck in englischer Sprache in: ›Modern Judaism‹, Bd. V (1985), S. 215 – 233. Erstdruck der deutschen Übersetzung in: ›Neue Sammlung. Vierteljahres-Zeitschrift für Erziehung und Gesellschaft‹, 26. Jahrgang, Heft 1 (1986), S. 22 – 40. Übersetzt von der Autorin.

Thomas Manns jüdische Gestalten. Erstdruck in englischer Sprache unter dem Titel »Jewish Characters in Thomas Mann's Fiction« in: ›Horizonte. Festschrift für Herbert Lehnert‹, hrsg. von Hannelore Mundt et. al., Tübingen 1990, S. 161 – 172. Übersetzt von der Autorin.

»Die Ödnis des entlarvten Landes«: Antisemitismus im Werk jüdisch-österreichischer Autoren. Erstdruck in englischer Sprache unter dem Titel »The Theme of Anti-Semitism in the Work of Austrian Jews« in: ›Anti-Semitism in Times of Crisis‹, hrsg. von Sander L. Gilman und Steven T. Katz, New York 1991, S. 173 – 187. Übersetzt von der Autorin.

Die Leiche unterm Tisch: Jüdische Gestalten aus der deutschen Literatur des neunzehnten Jahrhunderts. Erstdruck in: ›Kontroversen, alte und neue. Akten des VII. Internationalen Germanisten-Kongresses‹, hrsg. von Albrecht Schöne, Tübingen 1986, Bd. 1, S. 84 – 96.

Der eingerichtete Mensch: Innendekor bei Adalbert Stifter. Erstdruck in: ›Germanisch-Romanische Monatsschrift‹, Neue Folge, Bd. 30 (1986), S. 22 – 40.

Freiheit, die ich meine: Fremdherrschaft in Kleists ›Hermannsschlacht‹ und ›Verlobung in St. Domingo‹. Erstdruck in englischer Sprache unter dem Titel »Kleist's Treatment of Imperialism: ›Die Hermannsschlacht‹ and ›Die Verlobung in St. Domingo‹« in: ›Monatshefte‹ (Wisconsin), Bd. 69 (1977), S. 17 – 33. – Eine nicht autorisierte Übersetzung ist im Programmbuch Nr. 38 (1982) des Schauspielhauses Bochum zu Claus Peymanns Inszenierung der ›Hermannsschlacht‹ erschienen: ›Kleist über Sklaverei und imperialistische Herrschaft‹, S. 153 – 176. Hier übersetzt von der Autorin.

Tellheims Neffe: Kleists Abkehr von der Aufklärung. Erstdruck in: ›Kleist-Jahrbuch‹ 1987, S. 98 – 114.

Kreuzzug und Kinderträume in Lessings ›Nathan der Weise‹ ist eine überarbeitete Fassung zweier in englischer Sprache erschienener Aufsätze: »›Dreams that were more than dreams‹ in Lessings ›Nathan‹« in: ›Lessing Yearbook‹, Bd. 3 (1971), S. 108 – 127 und »Lessing's Criticism of Cronegk: Nathan in Ovo?« in: ›Lessing Yearbook‹, Bd. 4 (1972), S. 27 – 36. Übersetzt von der Autorin.

Editionen im Wallstein Verlag

Gertrud Kolmar

Briefe

*Herausgegeben
von Johanna Woltmann*

248 Seiten,
geb., Schutzumschlag
DM 48,–; ÖS 355,–; SFr 45,00
ISBN 3-89244-232-0

Gertrud Kolmars Briefe, die erstmals 1970 veröffentlicht wurden, erscheinen hier in zweiter, jetzt vollständiger Ausgabe. Sie bilden das wichtigste autobiographische Dokument, das von der in Auschwitz verschollenen Dichterin existiert. Aufbewahrt wurden die Briefe von der Schwester Hilde Wenzel, der 1938 die Flucht in die Schweiz gelang.

Neben den Briefen an Familienangehörige, die im Zentrum der Edition stehen, präsentiert Johanna Woltmann auch die wenigen erhaltenen frühen Briefe und Briefnachschriften Gertrud Kolmars sowie ihre in den jeweiligen Dichternachlässen gefundenen Briefe an Walter Benjamin und Jakob Picard.

Der Band ist mit einem ausführlichen Kommentar sowie einer Stammtafel und einem umfangreichen Namenregister versehen.

Fordern Sie unser Gesamtverzeichnis an.

Wallstein Verlag, Planckstr. 23, 37073 Göttingen

Ruth Klüger im dtv

»Jeder Tag ist wie ein Tor, das sich hinter mir schließt
und mich ausstößt.«
Ruth Klüger

weiter leben
Eine Jugend
dtv 12261 und dtv großdruck 25106

»Mir ist keine vergleichbare Biographie bekannt, in der mit solcher kritischen Offenheit und mit einer dichterisch zu nennenden Subtilität auch die Nuancen extremer Gefühle vergegenwärtigt werden.« (Paul Michael Lützeler in der ›Neuen Zürcher Zeitung‹)

Frauen lesen anders
Essays · dtv 12276

Frauen lesen anders als Männer, weil sie anders leben. Daher kann der weibliche Blick, in der Literatur wie im Leben, manches entdecken, woran der männliche vorübersieht. Ruth Klüger beweist dies in elf ebenso ungewöhnlichen wie klugen Essays. Deutsche Literatur in anderer Beleuchtung.

Katastrophen
Essays · dtv 12364

»Ein sehr empfehlenswertes Buch, es sollte, muß aber nicht, im Anschluß an ›weiter leben‹ gelesen werden, und es spricht nicht nur zu den Fachwissenschaftlern, sondern zu allen, die, und vollkommen zu Recht, von der Literatur Aufschluß über die Katastrophen der Gegenwart erhoffen.« (Burkhard Spinnen in der ›Frankfurter Allgemeinen Zeitung‹)

»Ruth Klüger stellt ganz einfach andere Fragen an Texte,
eine Methode, die zu ebenso plausiblen wie spannenden
Antworten führt, manchmal auch zu süffisant amüsanten.«
Barbara von Becker in der ›Süddeutschen Zeitung‹

Margriet de Moor im dtv

»Ich möchte meinen Leser genau in diesen zweideutigen
Zustand versetzen, in dem die Gesetze der
Wirklichkeit aufgehoben sind.«
Margriet de Moor

Erst grau dann weiß dann blau
Roman · dtv 12073

Eines Tages ist sie verschwunden, einfach fort. Ohne Ankündigung verläßt Magda ihr angenehmes Leben, die Villa am Meer, den kultivierten Ehemann. Und ebenso plötzlich ist sie wieder da. Über die Zeit ihrer Abwesenheit verliert sie kein Wort. Die stummen Fragen ihres Mannes beantwortet sie nicht.

Der Virtuose
Roman · dtv 12330

Neapel zu Beginn des 18. Jahrhunderts – die Stadt des Belcanto zieht die junge Contessa Carlotta magisch an. In der Opernloge gibt sie sich, aller Erdenschwere entrückt, einer zauberischen Stimme hin: Es ist die Stimme Gasparo Contis, eines faszinierend schönen Kastraten. Carlotta verführt den in der Liebe Unerfahrenen nach allen Regeln der Kunst.

Rückenansicht
Erzählungen · dtv 11743

Doppelporträt
Drei Novellen · dtv 11922

»De Moor erzählt auf unerhört gekonnte Weise. Ihr gelingen die zwei, drei leicht hingesetzten Striche, die eine Figur unverkennbar machen. Und sie hat das Gespür für das Offene, das Rätsel, das jede Erzählung behalten muß, von dem man aber nie sagen kann, wie groß es eigentlich sein soll und darf.«
Christoph Siemes in der ›Zeit‹

Aleksandar Tišma im dtv

»Radikal und intelligent und künstlerisch groß.«
Ursula März, Frankfurter Rundschau

Der Gebrauch des Menschen
Roman · dtv 11958

Bis zum Zweiten Weltkrieg kommen die Menschen in Novi Sad relativ friedlich miteinander aus, Serben, Ungarn, die deutschsprachigen »Schwaben« und Juden. Erst durch die »neue Zeit« wird die aufstrebende Provinzstadt aus ihren Träumen gerissen, durch Krieg, Terror und Unmenschlichkeit. Am Ende gibt es keine Sieger, sondern nur Erniedrigte und Beleidigte.

Die Schule der Gottlosigkeit
Erzählungen · dtv 12138

In Extremsituationen zeigt sich die Natur des Menschen unverhüllt; deshalb sind die Geschichten aus dem Krieg so aufschlußreich für das menschliche Verhalten. In den vier vorliegenden Geschichten geht es nicht nur um den Krieg, auch wenn er überall zwischen den Zeilen durchscheint. Es geht um Menschen am Rande des Abgrunds.

Das Buch Blam
Roman · dtv 12340

Dieses Psychogramm eines Überlebenden spielt in Novi Sad nach dem Zweiten Weltkrieg. Blam durchwandert die bekannten Wege und Straßen seiner Heimatstadt als aufmerksamer, melancholischer Betrachter und kehrt in Gedanken zurück in eine untergegangene Welt, zu den Menschen aus der ehemaligen Judengasse, zu seinen Eltern, seiner Schwester, seinen Verwandten. Dann kam die Nazi-Okkupation in der Vojvodina 1941 bis 1944. Es entsteht das Bild einer geschichtlichen Epoche, deren Spuren nicht tilgbar sind.

Doris Lessing im dtv

»Nicht außergewöhnliche Charaktere rufen die enorme Wirkung ihrer Bücher hervor, sondern Menschen in vielfältiger Gebrochenheit.«
Siegfried Lenz

Martha Quest
Roman · dtv 12242
Die Geschichte der Martha Quest, die vor dem engen Leben auf einer Farm in Südrhodesien in die Stadt flieht.

Eine richtige Ehe
Roman
dtv 10612

Sturmzeichen
Roman
dtv 10784
Martha Quest als Mitglied einer kommunistischen Gruppe gegen Ende des Zweiten Weltkriegs.

Landumschlossen
Roman
dtv 10876
Martha sucht in einer Welt, in der es keine Normen mehr gibt, für sich und die Gesellschaft Lösungen.

Die viertorige Stadt
Roman · dtv 11075
Martha Quest geht nach London.

Vergnügen
Erzählungen · dtv 10327

Wie ich endlich mein Herz verlor
Erzählungen · dtv 10504

Zwischen Männern
Erzählungen · dtv 10649

Nebenerträge eines ehrbaren Berufes
Erzählungen
dtv 10796

Die Höhe bekommt uns nicht
Erzählungen
dtv 11031

Auf der Suche
Eine Dokumentation
dtv 11582
»Was ist eigentlich England?«
Mit dieser Frage und einem kleinen Kind im Gepäck kommt Doris Lessing 1949 nach London. Sie hat zwar kein Geld, dafür aber die feste Absicht, Schriftstellerin zu werden...

Isaac B. Singer im dtv

»Ohne Leidenschaft gibt es keine Literatur.«
Isaac B. Singer

Feinde, die Geschichte einer Liebe
Roman · dtv 1216
Ein Mann lebt in einer fatalen Konstellation zwischen drei Frauen.
1990 erfolgreich verfilmt.

Das Landgut
Roman · dtv 1642
Kalman Jacobi, ein frommer Jude, pachtet 1863 ein Landgut in Polen und gerät mit seiner Familie in den Sog der neuen Zeit.

Schoscha
Roman · dtv 1788
Eine Liebesgeschichte aus dem Warschau der dreißiger Jahre.

Das Erbe
Roman · dtv 10132
Kalman Jacobis Familie im Wirbel der politischen und sozialen Veränderungen der Jahrhundertwende.

Eine Kindheit in Warschau
dtv 10187
Singer erinnert sich an seine Kindheit im Warschauer Judenviertel.

Verloren in Amerika
dtv 10395
Singer als einsamer Emigrant in New York.

Die Familie Moschkat
Roman · dtv 10650
Eine Familiensaga aus der Welt des osteuropäischen Judentums.

Old Love
Geschichten von der Liebe
dtv 10851

Der Kabbalist vom East Broadway
dtv 11549
Geschichten, die Singer in seiner geliebten Cafeteria am East Broadway erzählt bekam.

Der Tod des Methusalem
und andere Geschichten vom Glück und Unglück der Menschen
dtv 12312

Der König der Felder
Roman · dtv 24102
Mythenartig und humorvoll erzählt Singer von der Entstehung des polnischen Volkes.

Marcel Reich-Ranicki im dtv

»Man hat mir früher vorgeworfen, ich sei ein Schulmeister.
Man wirft mir heute vor, ich sei ein Entertainer.
Beides zusammen ist genau das, was ich sein will.«
Marcel Reich-Ranicki

Entgegnung
Zur deutschen Literatur
der siebziger Jahre
dtv 10018

**Deutsche Literatur in
West und Ost**
dtv 10414

Nachprüfung
Aufsätze über deutsche
Schriftsteller von gestern
dtv 11211

**Literatur der kleinen
Schritte**
Deutsche Schriftsteller in
den sechziger Jahren
dtv 11464

Lauter Verrisse
dtv 11578

Lauter Lobreden
dtv 11618

Über Ruhestörer
Juden in der deutschen
Literatur
dtv 11677

Ohne Rabatt
Über Literatur aus der
DDR
dtv 11744

Mehr als ein Dichter
Über Heinrich Böll
dtv 11907

**Die Anwälte der
Literatur**
dtv 12185

**Meine Schulzeit im
Dritten Reich**
Erinnerungen deutscher
Schriftsteller
dtv 12365

Jens Jessen (Hrsg.)
**Über
Marcel Reich-Ranicki**
Aufsätze und
Kommentare · dtv 10415

Peter Wapnewski (Hrsg.)
Betrifft Literatur
Über Marcel Reich-
Ranicki · dtv 12016

Volker Hage,
Mathias Schreiber
Marcel Reich-Ranicki
Ein biographisches Porträt
dtv 12426